ULRIKE DÖPFNER

Der Schatz des Selbstwerts

ULRIKE DÖPFNER

Der Schatz des Selbstwerts

Was Kinder ein Leben lang trägt

BELTZ

Alle Fallbeispiele sind rekonstruiert und zum Teil geändert, um die Anonymität der genannten Personen zu wahren.

Die im Buch veröffentlichten Hinweise wurden mit größter Sorgfalt und nach bestem Gewissen von der Autorin erarbeitet und geprüft. Eine Garantie kann jedoch weder vom Verlag noch von der Verfasserin übernommen werden. Trotz sorgfältiger inhaltlicher Kontrolle können wir auch für den Inhalt externer Links keine Haftung übernehmen. Für den Inhalt der verlinkten Seiten sind ausschließlich deren Betreiber verantwortlich. Die Haftung der Autorin bzw. des Verlages und seiner Beauftragten für Personen-, Sach- oder Vermögensschäden ist ausgeschlossen.

MIX
Papier aus verantwortungsvollen Quellen
FSC www.fsc.org FSC® C089473

Klimaneutral
Papier
ClimatePartner.com/13732-1910-1001

Dieses Buch ist erhältlich als:
ISBN 978-3-407-86713-1 Print
ISBN 978-3-407-86714-8 E-Book (EPUB)

1. Auflage 2022

Lektorat: Petra Dorn
Umschlaggestaltung: www.anjagrimmgestaltung.de
Umschlagfoto: © plainpicture/Almag
Herstellung: Sarah Veith
Satz: Publikations Atelier, Dreieich
Layout: www.anjagrimmgestaltung.de
Druck und Bindung: Beltz Grafische Betriebe, Bad Langensalza
Beltz Grafische Betriebe ist ein klimaneutrales Unternehmen (ID 15985-2104-100).
Printed in Germany

Weitere Informationen zu unseren Autor_innen und Titeln
finden Sie unter: www.beltz.de

In Liebe für meine Söhne

INHALT

EINFÜHRUNG

Als kleines Kind schüchterten mich fremde Menschen ein; ich wurde ängstlich und zurückhaltend, wenn ich auf sie traf. Neue Situationen waren eine große Herausforderung für mich; ich wollte sicherstellen, dass ich tatsächlich erwünscht war. So musste meine Mutter mir beispielsweise immer und immer wieder bestätigen, dass ich wirklich einfach bei der Turnstunde des örtlichen Turnvereins mitmachen könne – ich hatte vor meiner ersten Turnstunde große Zweifel, dass ich da einfach so auftauchen durfte. Im Kindergarten integrierte ich mich in die Gemeinschaft, weil ich die Regeln verstand und befolgte, nicht weil ich mich wohlfühlte und gern hinging. Ein Schüchternheitsgefühl, das mich daran hinderte, meine Wünsche zu äußern oder ihnen nachzugehen, war mein täglicher Begleiter.

Ich erinnere mich an einen Jungen, der mich damals ungeheuer beeindruckte. Jürgen war etwas älter als ich, etwa fünf Jahre alt, blond und der Inbegriff von Selbstsicherheit. Er war fröhlich, lebhaft, offen, und alle wollten mit ihm spielen. Jürgen machte Ansagen, verteilte Rollen und war in der Lage, mit allen Kindern gut umzugehen. Besonders im Gedächtnis ist mir ein Ausflug geblieben, bei dem Jürgen das Zentrum darstellte und alle Kinder sich um ihn scharten.

Die Worte Selbstsicherheit, Selbstbewusstsein und Selbstwert kannte ich damals noch nicht, dennoch kann ich aus heutiger Sicht erkennen, dass all diese Begriffe auf Jürgen zutrafen – er konnte seine Wünsche äußern, konnte auf die Wünsche von anderen Menschen eingehen und mit positiver Kraft kommunizieren. Selbstbewusste Menschen haben ein natürliches Selbst-Verständnis: Sie überlegen nicht hin und her, ob sie dies oder jenes dürfen oder sollen – es ist für sie einfach selbstverständlich, ihrem Inneren zu folgen. So war auch Jürgen – er war im Einklang mit sich und in Verbindung mit seiner Umwelt; das machte ihn attraktiv für die Gemeinschaft. Die Bestätigung durch die anderen Kinder, die alle mit ihm spielen wollten, verstärkte seine Selbstsicherheit. Und Jürgen war auch bei den Erwachsenen beliebt; die Erzieherinnen wählten ihn stets als »Gruppenleiter«, wenn es darum ging, Verantwortung an ein Kind zu übertragen. Dies hat seine Selbstsicherheit wahrscheinlich weiter bestärkt.

Ich selbst empfand mich so ganz anders als Jürgen. Ich traute mich nicht, vor fremden Menschen zu sprechen, hielt mich bei Spielen zurück, an denen ich eigentlich gern teilgenommen hätte. Die Gefühle der Schüchternheit, des Mich-nicht-Trauens machten mich traurig. Ich fühlte mich in vielen Situationen ausgeschlossen. Dass ich mich selbst ausschloss, konnte ich damals noch nicht begreifen. Ich war offensichtlich nicht in der Lage, meine Bedürfnisse zu äußern. Umso mehr bewunderte ich Jürgen, der so frei äußerte und tat, was er wollte.

Selbstunsicherheit löst unangenehme Gefühle aus – Traurigkeit, Ängstlichkeit, Gefühle der Isolation und Scham. Selbstsicherheit hingegen bewirkt Gelassenheit, Zuversicht, Vertrauen und Tatkraft. Außerdem macht Selbstsicherheit attraktiv – als »beliebte« Kinder gelten die, die sozial sicher sind. Sie sind als Spielpartner begehrt und können sich aussuchen, mit wem sie spielen möchten. So tragen diese positiven Reaktionen der Umwelt auf die selbstsicheren Kinder weiterhin zu einer Verstärkung ihrer Selbstsicherheit bei, während unsichere Kinder weniger positive Rückmeldungen von ihrer Umwelt bekommen, was ihre Unsicherheit verstärkt. Erhalte ich positive Rückmeldungen von meiner Umwelt, so fühle ich mich gemocht, geliebt und wertgeschätzt. Mein Selbstwertgefühl wird genährt.

Dieses Buch gibt Empfehlungen und Anregungen, wie Eltern dazu beitragen können, den Selbstwert ihres Kindes zu stützen und zu fördern. Jede Leserin, jeder Leser kann aus der Palette der Vorschläge die ausprobieren, die sie oder ihn überzeugen und die zu ihnen passen. Die Bande, die Eltern und Kinder miteinander knüpfen, sind immer hoch individuell, und nicht jeder Ansatz passt zu jeder Familie.

Ich bin jedoch überzeugt von zwei Grundlagen, die für jede selbstwertfördernde Erziehung gelten:

- Es gibt ein sehr einfaches, aber existenzielles Prinzip: *Bedingungslose Elternliebe ist die Basis einer gesunden Entwicklung jeden Kindes.* Liebe ist ein Schutzmantel, der Kindern hilft, dem Leben gegenüber gewappnet zu sein. Dabei kann Liebe auf viele unterschiedliche Arten ausgedrückt werden. Wenn wir unseren Kindern bedingungslose Liebe vermitteln, schaffen wir die Basis für einen gesunden Selbstwert.

- *Mit unseren Gedanken gestalten wir unser Leben.* Die Gedanken, die ich über mich, meine Umwelt und überhaupt über das Leben denke, entscheiden darüber, wie erfüllt ich mein Leben lebe. Ich kann das Glas immer halb leer oder aber auch halb voll sehen. Wie ich mich dem Leben gegenüber positioniere, beginnt bei meinen Gedanken und somit bei mir selbst. Meine Gedanken führen zu entsprechenden Gefühlen und entsprechendem Verhalten. Durch das, was ich denke, habe ich also Einfluss auf mein Leben – meine Lebensfreude und Lebensqualität. Vermitteln wir unseren Kindern, dass und wie sie positiven Einfluss auf ihr Leben nehmen können, so unterstützen wir die Entwicklung eines guten Selbstwerts.

Aus meiner Sicht lassen sich diese Prinzipien für die Erziehung eines jeden Kindes anwenden und ich werde sie in diesem Buch ausführlich erörtern.

Da Eltern ihren Kindern gegenüber immer als Vorbild agieren und niemals *nicht* Vorbild sein können, komme ich in diesem Buch auch sehr häufig auf die Haltung, Einstellung und das Verhalten von dir als Vater oder Mutter zu sprechen. Ich bin der Ansicht, dass wir als Eltern immer wieder innehalten und uns in unseren Reaktionen und Haltungen überprüfen können, um unseren Kindern in der jeweiligen Situation ein möglichst gutes Vorbild zu sein. Das geht hin und wieder auch schief – da wir alle nicht perfekt sind, sind es Versuche, die mal besser, mal schlechter gelingen. Wichtig ist nur, dass wir diese Versuche tatsächlich unternehmen und nicht in unreflektierten Automatismen funktionieren. Wir sind nicht als Eltern geboren, entsprechend müssen wir in diese Rolle erst hineinwachsen und für uns herausfinden, wie wir sie gestalten möchten. Häufig sind unsere Verhaltensweisen von unbewussten Motiven geprägt, die nicht selten in unserer eigenen Erziehung und Kindheit begründet liegen, und es ist überaus hilfreich, uns damit immer wieder auseinanderzusetzen. Das ist ein hoher Anspruch an uns selbst und auch sehr anstrengend! Es vermittelt jedoch spannende Erkenntnisse auch für die eigene Entwicklung und ist auf jeden Fall einer positiven Beziehung zum Kind förderlich.

Um die Lektüre des Buches nicht allzu anstrengend, sondern auch immer wieder leicht und spielerisch zu gestalten, habe ich im Anhang Geschichten für Kinder im Kindergarten- und Grundschulalter zusammengestellt, die einige der im Buch behandelten Themen in Form von kindgerechten Geschichten aufnehmen. Über diese Geschichten habt ihr die Möglichkeit, euch gemeinsam mit eurem Kind mit diesen Themen zu befassen und euch darüber auszutauschen. Eltern und Kinder können auf diese Art und Weise spielerisch ins Gespräch kommen. An einigen Passagen in den folgenden Kapiteln findet ihr Verweise zur jeweiligen Geschichte.

Die aufgeführten Vorschläge und Anregungen im Umgang mit deinem Kind sollten immer eine freiwillige und spielerische Komponente haben. Übungen oder Gespräche lassen sich nicht erzwingen – dein Kind sollte sich immer freiwillig und gern darauf einlassen. All die vorgeschlagenen Ansätze sind konzipiert, um Leichtigkeit, Vertrauen und Nähe zu befördern, und sollen unter keinen Umständen zu Zwang und Druck führen.

Geht dein Kind nicht auf einen Vorschlag von dir ein, ist es vielleicht gerade der falsche Moment dafür, der falsche Ort, oder es herrscht nicht die passende Stimmung – es gibt vielfältige Gründe, warum ein Kind sich nicht auf den einen oder anderen Ansatz einlassen kann, und das muss überhaupt nicht an dir oder deiner Art liegen. Lass dich deshalb nicht entmutigen, wenn ein Gesprächsansatz vielleicht nicht gleich gelingen sollte. Gib nicht auf, aber erzwinge auch nichts. Du kannst dein Glück dann einfach zu einem anderen Zeitpunkt, an einem anderen Ort oder mit einer veränderten Stimmung noch einmal versuchen.

Der Mangel an Selbstwert gilt, neben anderen Faktoren, als Risikofaktor für die Entwicklung von psychischen Störungen. Im Rahmen von Therapien kommt dem Aufbau des Selbstwertgefühls eine große Bedeutung zu. In Deutschland erkranken innerhalb eines Jahres rund 20 Prozent der Kinder und Jugendlichen an einer psychischen Störung, das betrifft jedes fünfte Kind. Dabei ist nur jeder zwanzigste unter Achtzehnjährige in psychotherapeutischer Behandlung.[1] Seit Beginn des Jahres 2020 sorgte die Pandemie für zusätzliche Belastungen – fast jedes dritte Kind zeigte auch zehn Monate nach ihrem

Beginn noch psychische Auffälligkeiten.[2] Weil ein guter Selbstwert als *der* protektive Faktor für die gesunde psychische Entwicklung von Kindern gilt, kann durch eine selbstwertstärkende Erziehung von Anfang an viel individuelles und auch gesellschaftliches Leid verhindert werden.

Durch meine therapeutische Arbeit mit Kindern und Jugendlichen habe ich wertvolle Erfahrungen mit der Förderung des Selbstwertgefühls bei jungen wie älteren Kindern machen dürfen. Therapeutische Anregungen, die in der Regel auf eine Veränderung bisheriger unangemessener – das heißt das Kind und/oder seine Umwelt belastender – Einstellungen oder Verhaltensmuster abzielen, können von einem Kind nur dann angenommen werden, wenn es sich in seinem Selbstwert nicht massiv infrage gestellt fühlt. Insofern ist eine Stabilisierung des Selbstwerts notwendig, um therapeutisch etwas bewirken zu können. Als Therapeutin weiß ich, dass man nicht jedes Kind auf dieselbe Art und Weise erreicht; es geht immer wieder darum, die Persönlichkeit des Kindes zu erfassen, um ihm konstruktiv und hilfreich begegnen zu können. Und auch als Eltern, die wir glauben, unser Kind in- und auswendig zu kennen, können wir neugierig bleiben und immer wieder zu erfassen versuchen, wer und wie das eigene Kind tatsächlich ist. Immer wieder sollten wir überprüfen: Ist mein Kind tatsächlich so, wie ich mir das denke, oder ist diese oder jene Einschätzung nur eine Wunschvorstellung von mir? Kinder durchleben ständig neue Phasen – sie sind kleine Persönlichkeiten in Entwicklung, nichts ist »in Stein gemeißelt«.

In vielen Situationen sind selbst die wohlmeinendsten unter uns Eltern sich nicht bewusst, dass wir uns unser Kind auf eine bestimmte Art und Weise wünschen (gesellig, ehrgeizig, kämpferisch, sportlich, musikalisch …) und in dem Bestreben, es möglichst in diese Richtung zu lenken, versäumen, das authentische Wesen unseres Kindes zu erfassen. Wenn wir unsere Kinder in ihrem Selbstwertgefühl unterstützen wollen, tun wir gut daran, sie in ihrer Individualität zu erkennen und anzunehmen.

Ich habe heute drei fast erwachsene Söhne. Natürlich habe ich nicht annähernd all das, was ich in diesem Buch Eltern rate, als Mutter selbst einlösen können – vieles, von dem ich hier schreibe, war mir als junge Mutter nicht bewusst, viele Erkenntnisse sind mit den Jahren und mit der Erfahrung gereift. Während des Schreibens kamen mir einige Situationen mit meinen Kindern in Erinnerung, von denen ich mir wünschte, sie noch einmal mit der größeren Ruhe, Erfahrung und Gelassenheit von heute angehen zu dürfen.

Selbstverständlich lässt sich aus der Perspektive einer Mutter mit »großen« Kindern vieles elegant herunterschreiben, was sich im harten Überlebensalltag mit kleinen Kindern zwischen Windeln, Schlaflosigkeit, Quengeln, Job-Stress und Partnerschaftsansprüchen nicht so geschmeidig umsetzen lässt, wie es hier beschrieben ist. Der Alltag mit Kindern ist wunderschön – und super anstrengend. Nicht immer läuft alles so, wie wir es uns wünschen, und nicht immer verhalten wir uns so, wie wir es uns wünschen würden. Das ist normal. Alle Eltern erleben das. Insgesamt geht es aus meiner Sicht nicht um Perfektion, sondern darum, eine bestimmte Erziehungshaltung einzunehmen – wenn die Grundrichtung klar und stabil ist, unsere Kinder merken, dass wir uns immer wieder bemühen, auf sie einzugehen, und sie unsere zuverlässige Zuwendung und Liebe spüren, dann ist eine emotionale Familienbasis geschaffen, die auch stressige Zeiten und Konflikte gut bewältigen lässt.

Wir Eltern sind immer die besten, die wir gerade sein können. Entscheidend ist, dass wir nicht stagnieren – auch in schwierigen Phasen, die alle Familien auf die eine oder andere Art durchleben –, dass wir uns nicht entmutigen lassen und uns immer wieder hinterfragen und weiterentwickeln. Und dass wir großzügig sind – mit uns und unseren Kindern.

WAS IST EIGENTLICH SELBSTWERT?

Im Alltag verwenden wir viele mit »Selbst« zusammengesetzte Wörter: Selbstwert, Selbstbewusstsein, Selbstsicherheit und etliche mehr. Diese Begriffe assoziieren wir mit positiver Stärke, Annahme und Vertrauen in uns selbst. Wir verwenden sie oft synonym, obwohl sie unterschiedliche Bedeutungen haben. Diese möchte ich im Folgenden kurz erläutern.

SELBSTSICHERHEIT

Die Französischlehrerin der siebten Klasse eines Gymnasiums fragt in die Klasse, wer bereit wäre, die angereiste Schulklasse aus Frankreich, die zum Austausch an die deutsche Schule gekommen ist, im Namen der Schülerschaft zu begrüßen. Betretenes Schweigen. Keiner meldet sich. Alle gucken weg. Vor vielen Menschen sprechen, und dann auch noch auf Französisch? Nach einem kurzen Moment meldet sich Leonie: »Ja, klar mache ich das.« Ohne große Aufregung und mit einer freundlichen und offenen Art heißt sie wenig später die französischen Gäste im Namen der Schülerschaft willkommen. Sie wirkt dabei nicht aufgeregt, ihr Auftreten ist selbstsicher und hat eine gewisse Selbstverständlichkeit.

Selbstsicherheit bedeutet, dass man sich in unterschiedlichen sozialen Kontexten sicher, das heißt ohne Angst und auch ohne Aggression, angemessen verhalten kann. Ein selbstsicheres Kind geht offen auf andere Menschen zu und weiß, wie es sich in unterschiedlichen Situationen angemessen verhält. Das müssen nicht solche herausfordernden Situationen wie im oben genannten Beispiel sein; im Alltag eines Kindes gibt es genug unterschiedliche soziale Kontexte, auf die es sich immer wieder neu einstellen muss und in denen es entsprechend angemessen reagieren sollte. Wenn es eine Gruppenarbeit mit anderen Kindern in der Schule macht, wenn es in der Schulpause mit anderen Kindern spielen möchte, wenn es auf dem Spielplatz auf neue Kinder trifft, wenn es im Verein einen Teamsport macht, wenn es sich nachmittags mit Freunden trifft: Immer wieder geht es darum, sicher und angemessen auf die anderen zuzugehen und ebenso auf sie zu reagieren.

SELBSTVERTRAUEN

Es ist der Beginn eines neuen Schuljahres, Ben und Alex besuchen beide die 5. Klasse ihrer neuen Schule. Ben ist vergnügt und freut sich auf das Neue, Alex ist etwas nervös und macht sich Sorgen, ob er den Schulstoff wohl schaffen wird. Obwohl beide einen ähnlichen Notendurchschnitt hatten, denkt Ben: Ich werde das schon packen, auch die neuen Fächer – bisher habe ich ja auch alles gut geschafft. Alex denkt sich: Na, hoffentlich schaffe ich alles. Ich habe etwas Angst vor den neuen Fächern. Bisher hat zwar alles geklappt, aber die Fächer werden immer schwieriger und der Stoff wird immer mehr – hoffentlich komme ich gut mit an der neuen Schule. Ben geht mit Selbstvertrauen in das neue Schuljahr, Alex startet mit Selbstzweifeln.

Beim Begriff *Selbstvertrauen* geht es um unsere Kompetenzen: Selbstvertrauen bezieht sich auf *mein* Vertrauen in *meine* eigenen Fähigkeiten. Je häufiger ich die Erfahrung mache, dass mir etwas gelingt, desto mehr werde ich in meine Kompetenzen vertrauen. Erlebte Erfolge fördern das Selbstvertrauen. Mein Selbstvertrauen hängt stark von meinem Anspruch ab. Habe ich einen hohen Anspruch an mich selbst, dann kann es sein, dass ich trotz objektiver Erfolge und guter Leistungen kein hinreichendes Selbstvertrauen in meine Fähigkeiten entwickle. So haben Perfektionisten einen immens hohen Anspruch an sich selbst, dem sie nur mit größter Anstrengung, wenn überhaupt, gerecht werden können. Nie finden sie sich gut genug, ständig zweifeln sie an ihrer Leistung, überprüfen und korrigieren ihre Leistung immer wieder. Und haben entsprechend Schwierigkeiten, in ihre Fähigkeiten zu vertrauen. Dass man unterschiedliche Ansprüche an sich und seine Leistung hat, erklärt auch, warum jeder Mensch etwas anderes als Erfolg wahrnimmt. Dieselbe Leistung mag für das eine Kind ein riesiges Erfolgserlebnis sein, während sie für ein anderes Kind mit einem höheren Anspruch vielleicht nur ein Okay-Erlebnis darstellt.

Ein Kind mit einem guten Selbstvertrauen traut sich etwas zu und ist überzeugt: Ich schaffe das, was ich mir vornehme. Es trägt in sich eine Selbstwirksamkeitserwartung: Es hat Vertrauen in seine Fähigkeiten und geht davon aus, dass es Schwierigkeiten, die auftreten können, überwinden und von ihm anvisierten Ziele erreichen kann – so wie Ben im oben genannten Beispiel.

SELBSTBEWUSSTSEIN

In der Schülervertretung sollen sich die Schüler, die für das Schulsprecher-Amt kandidieren, den anderen in der Runde vorstellen. Leila gelingt es, sowohl ihre Stärken als auch ihre Schwächen zu benennen: »Ich bin offen, habe viele Freunde, komme gut mit Lehrern zurecht und setze mich gern für andere ein.«

Und: »Ich erledige meine Pflichten oft auf den letzten Drücker und gerate deshalb manchmal in stressige Situationen, manchmal drängle ich mich gern in den Vordergrund.«

Leilas Auftreten ist selbstbewusst.

Selbstbewusstsein hat zwei Bedeutungen: Zum einen – im Sinn des englischen Begriffs »self consciousness« – wird das aktive Erkennen der eigenen Persönlichkeit beschrieben. Bin ich mir meiner selbst bewusst, so habe ich ein Bewusstsein darüber, wer ich bin – was ich denke, was ich fühle, was ich kann und was nicht, was meine Bedürfnisse sind, wie ich mit anderen zurechtkomme. Diese Erkenntnisse werden von inneren und äußeren Prozessen gesteuert: Kinder erlangen sie durch Erfahrungen und Gedanken, die sie sich machen, aber ganz wesentlich auch durch Einsichten, die sich aus Interaktionen ergeben – zunächst besonders aus Interaktionen mit ihren Eltern und Geschwistern, später, wenn sich der soziale Radius ausweitet, auch aus solchen mit Freundinnen und Freunden, Lehrpersonen, Kita- und Kindergartenpersonal und anderen Menschen. Durch die Rückmeldungen all dieser Personen wird das Bild, das Kinder sich von sich selbst machen, geformt und geprägt. Je jünger die Kinder sind, desto stärker wiegen die Einschätzungen der für sie wichtigen erwachsenen Bezugspersonen. Ein in diesem Sinn selbstbewusstes Kind kann sich angemessen einschätzen. Es weiß, wer es ist, was es mag und was nicht, was ihm wichtig ist und wie es auf andere wirkt. Es hat eine gute Selbstwahrnehmung und kann seine Gefühle einordnen: Es fühlt sich nicht nur »gut«, »okay« oder »mies«, sondern weiß, dass es sich traurig oder ärgerlich fühlt, es kann unterscheiden zwischen fröhlich oder stolz.

Zum anderen bedeutet Selbstbewusstsein, vom eigenen Wert und den eigenen Fähigkeiten überzeugt zu sein, hier wird also das Selbstvertrauen miteingeschlossen. Ein in diesem Sinn selbstbewusstes Kind vertraut in sich und blickt seiner Zukunft mit Zuversicht und Optimismus entgegen. Leila bewirbt sich um das Amt der Schulsprecherin mit der Zuversicht, dass sie dafür geeignet ist und sicherlich viele Kinder für sie stimmen werden.

Im allgemeinen Sprachgebrauch werden Selbstbewusstsein und Selbstwertgefühl meist synonym verwendet.

SELBSTWERT

Der etwas übergewichtige Leopold wird wieder einmal nicht gewählt und bleibt als Letzter von der Klasse übrig, als es im Sportunterricht darum geht, unterschiedliche Mannschaften für ein Spiel zusammenzustellen. Leopold ist das gewohnt. Er weiß: Ich bin nun mal nicht der Sportlichste, für mein Team wäre ich deshalb kein Gewinn. Ich weiß aber, dass meine Kumpels mich trotzdem mögen, weil ich ein guter Freund bin: Ich bin zuverlässig, mutig und lustig. Die anderen lachen oft über meine schlagfertigen Witze. Ich bin eine Null in Sport, aber ich habe andere Stärken, und insgesamt mag ich mich, auch wenn ich nicht schlank und sportlich bin. Und obwohl ich dick bin, habe ich ein schönes Gesicht und kleide mich cool. Leopolds Übergewicht und seine sportlichen Misserfolge können seinem insgesamt stabilen Selbstwert nichts anhaben.

Selbstwert bezeichnet den Wert, den wir uns selbst beimessen. Hierbei geht es um unsere Einstellung uns selbst gegenüber und die Frage, inwieweit wir uns mit all unseren Schwächen und Stärken annehmen und schätzen können. Der Selbstwert ergibt sich aus den Einschätzungen, die eine Person über ihre Fähigkeiten, Eigenschaften und insgesamt über ihr Wesen entwickelt. Diese ergeben sich aus Vergleichen mit anderen Menschen und auch aus Vergleichen, die sie zwischen ihrem Real- und ihrem Ideal-Selbst anstellt.

> Eine Person mit einem guten Selbstwert empfindet sich als wertvoll so, wie sie ist. Weder überschätzt sie sich, noch unterschätzt sie sich. Sie akzeptiert und schätzt sich.

Unser Selbstwert beeinflusst unsere Gedanken, Gefühle und Handlungen. Ein Kind mit einem guten Selbstwert fühlt sich geliebt und findet sich gut so, wie es ist. Es ist nicht von der Erfahrung geprägt, dass es sich verstellen, anstrengen oder beweisen muss, um angenommen und geliebt zu werden. Es kann sich authentisch verhalten und erfährt Anerkennung und Liebe. Unser Selbstwertgefühl wird gestärkt, wenn wir erleben, dass wir angenommen und geliebt werden, wie wir sind: *Ich liebe dich, weil du du bist. Du bist einzigartig und wunderbar, genauso, wie du bist.*

Selbstbewusstsein, Selbstsicherheit, Selbstvertrauen und *Selbstwert* ergänzen sich in einer Persönlichkeit zu einer sehr individuellen Persönlichkeits-Komposition. So kann ein Kind mit einem schwachen Selbstvertrauen in seine schulischen Leistungen trotzdem einen guten Selbstwert entwickeln, da es sich über seine schulischen Leistungen hinaus als eine hilfsbereite und freundliche Person erlebt, die von ihren Mitmenschen gemocht und geschätzt wird.

Ein Kind mit einem selbstsicheren Auftreten kann möglicherweise trotzdem einen schlechten Selbstwert besitzen, da es zwar soziale Kompetenz besitzt und nach außen hin selbstsicher auftritt, sich aber zum Beispiel aufgrund von erlebten Ablehnungserfahrungen nicht als liebenswert empfindet.

Ein Jugendlicher, der selbstunsicher in neuen sozialen Kontexten ist, kann trotzdem Selbstvertrauen in seine schulischen Leistungen haben, da er dort gute Erfolge erzielt. Er kann aber möglicherweise einen geringen Selbstwert haben, da er sich als ungelenk und unbeliebt empfindet und ihm die Anerkennung der Gleichaltrigengruppe sehr wichtig ist, viel wichtiger als seine schulischen Leistungen.

Wenn wir über unseren Selbstwert sprechen, nennen wir ihn häufig Selbstwertgefühl, obwohl der Selbstwert streng genommen kein Gefühl ist. Er ist jedoch mit Gefühlen verbunden. Wir alle wünschen uns für unsere Kinder einen positiven Selbstwert, denn dieser ist gekoppelt an angenehme Gefühle wie Wohlbefinden, Freude, Zutrauen und Sicherheit, die sich aus der eigenen Selbstakzeptanz und Selbstachtung entwickeln. Ein schlechter Selbstwert hingegen ist verbunden mit belastenden Gefühlen wie Angst, Traurigkeit, Mutlosigkeit, Wut, Scham und Unsicherheit.

Selbstwert ist zum Teil Veranlagung, er wird uns also zu einem gewissen Anteil mit in die Wiege gelegt, zum anderen und wohl entscheidenderen Teil entwickelt er sich aus den Erfahrungen, die wir im Leben machen. Grundlegend wichtig ist die Liebe, die Kinder von ihren Eltern erfahren: Fühlen sie sich bedingungslos von ihren Eltern geliebt, so stärkt das ihren Selbstwert und stabilisiert ihn. Später kommen Erfahrungen der Annahme oder Ablehnung durch andere Menschen wie Erzieher, Lehrerinnen und andere Kinder hinzu, die einen Einfluss auf den Selbstwert haben. Kinder, die von anderen angenommen werden, entwickeln einen besseren Selbstwert als solche, die viel Ablehnung erfahren.

Ein starker Selbstwert unterstützt eine gesunde Persönlichkeitsentwicklung. Er ist verbunden mit positiven Auswirkungen auf Freundschaften und Partnerschaften, auf Schulleistungen und Erfolg im Beruf sowie auf die psychische Gesundheit. Ein niedriger Selbstwert hingegen ist ein Risikofaktor für Probleme in sozialen Beziehungen, für Leistungen in Schule und Beruf und die Entstehung von Depressionen.

DESHALB IST EIN GUTER SELBSTWERT WICHTIG

Entwicklungspsychologe Professor Ulrich Orth von der Universität Bern erforscht das Selbstwertgefühl. Er hat herausgefunden[3], dass der Selbstwert typischerweise vom Vorschulalter bis zum Alter von etwa zehn bis zwölf Jahren steigt und in den Jahren der Pubertät auf dem dann erreichten Niveau bleibt. Auch wenn man typischerweise denken würde, dass der Selbstwert in der von Zweifeln und manchen Krisen geschüttelten Pubertät absinken würde, zeigen die Untersuchungsergebnisse, dass er über diese Jahre stabil bleibt. Im späteren Jugendalter und im Erwachsenenalter steigt das Selbstwertgefühl in der Regel weiter an bis zum Alter von etwa 60,70 Jahren, wobei besondere Lebensereignisse wie beispielsweise der Beginn einer Partnerschaft, eine Trennung oder eine schwere Erkrankung den Verlauf individuell positiv oder auch negativ beeinflussen können. Insgesamt steigt das Selbstwertgefühl im Erwachsenenalter an. Menschen scheinen mit wachsendem Alter das Leben zu führen, das zu ihnen passt, und das könnte der Grund sein, warum der Selbstwert steigt. Typischerweise nimmt der Selbstwert erst wieder im hohen Alter ab, nämlich dann, wenn die Gesundheit schlechter wird und die Selbstständigkeit eingeschränkt wird oder verloren geht.

Forschungsergebnisse zeigen außerdem, dass sich anhand der Qualität des Erziehungsverhaltens der Eltern das spätere Selbstwertgefühl der Kinder am besten vorhersagen ließ. Was viele vermuteten, wurde durch Studien belegt: Die Rolle der Eltern für die Entwicklung des Selbstwerts ist von fundamentaler Bedeutung. Die Art, wie wir unsere Kinder erziehen, wie wir mit ihnen kommunizieren und mit ihnen umgehen, hat einen immensen Einfluss auf ihren Selbstwert, diesen Schutz- und Kraftfaktor ihrer persönlichen Entwicklung. Professor Orth hat außerdem bei der Auswertung diverser Langzeitstudien festgestellt, dass ein hohes Selbstwertgefühl auch im späteren Leben zu Erfolg in Partnerschaften und Beruf beiträgt und sich positiv auf die Gesundheit auswirkt.[4]

Warum die Unterstützung eines guten Selbstwerts der größte Schatz ist, den wir Eltern unseren Kindern mitgeben können, das sollen die folgenden Kapitel im Detail beleuchten. Beginnen möchte ich mit einem Überblick, in dem ich zeige, weshalb ein starker Selbstwert für eine gesunde kindliche Persönlichkeitsentwicklung von Bedeutung ist.

Kinder und Jugendliche mit einem guten Selbstwert leben ihr Potenzial. Kinder mit einem schlechten Selbstwert haben Angst vor Misserfolg, da dieser ihren ohnehin schon instabilen Selbstwert noch mehr schwächen würde. Oft verhalten sie sich deshalb passiv, gehen keine Risiken ein und meiden Herausforderungen. Sie bleiben oft unter ihrem vollen Potenzial, da sie sich zu wenig zutrauen. Vor eine neue Aufgabe gestellt, resignieren sie oft: *»Das schaffe ich sowieso nicht.« »Das brauche ich erst gar nicht zu versuchen.« »Ich bin einfach zu dumm/zu langsam/zu ungeschickt dafür und würde mich sowieso nur blamieren.«* Kinder und Jugendliche mit einem guten Selbstwert nehmen Herausforderungen als etwas Spannendes an. Ein möglicher Misserfolg hält sie nicht davon ab, Dinge, die sie erreichen möchten, trotzdem auszuprobieren und anzupacken. Sie wissen: Wenn ich das nicht schaffe, geht die Welt auch nicht unter. Zumindest habe ich es dann versucht.

Kinder und Jugendliche mit einem guten Selbstwert sind in der Lage, Beziehungen auf Augenhöhe einzugehen. Haben Kinder keinen guten Selbstwert, kann ihre Strategie darin bestehen, andere abzuwerten, um sich selbst besser zu fühlen. *»Linda ist dick und lahm, ich bin viel sportlicher.«* Das verursacht Kränkungen und ist keine Basis für ein gutes Miteinander. Ein anderes Beziehungsmuster von Kindern mit einem schlechten Selbstwert kann der soziale Rückzug sein – weil sie sich selbst nicht wertvoll, nicht gut genug finden, wagen sie nicht, Beziehungen zu anderen Kindern einzugehen. *»Keiner mag mich.« »Ich passe nicht zu den anderen.« »Ich bleibe lieber allein.«* So werten sie also entweder andere oder sich selbst ab und sind deshalb nicht in der Lage, erfüllende Freundschaften oder einfach gute soziale Kontakte zu anderen Kindern zu pflegen. Kinder mit einem guten Selbstwert werten weder andere noch sich selbst ab. Sie können anderen Kindern auf Augenhöhe begegnen, die Grundlage für ein gutes Miteinander.

Kinder und Jugendliche mit einem guten Selbstwert sind keine »Mitläufer«. Sie haben einen eigenen Kompass und ein eigenes Wertesystem. Sie wissen, was ihnen wichtig ist und was nicht, und sind auch in der Lage, dafür einzustehen. Ihr guter Selbstwert hilft ihnen, eigenständige Entscheidungen zu treffen, die ihren Vorstellungen und Werten gemäß sind. Das kann bedeuten, dass sie sich weigern, beim Mobben eines anderen Kindes mitzumachen, obwohl es alle anderen Kinder tun. Jugendliche mit einem guten Selbstwert sind – wenn sie es wollen – in der Lage, Gruppendruck zu widerstehen und Abstand von Drogen zu halten, auch wenn alle anderen kiffen oder andere Drogen konsumieren. Kinder und Jugendliche mit einem guten Selbstwert nutzen Social Media nach ihren Vorstellungen und posten nicht Dinge, die sie eigentlich nicht posten wollen, nur weil sie den Eindruck haben, dass es in ihrer Peergroup gut ankommen würde.

Kinder und Jugendliche mit einem guten Selbstwert achten auf sich. Wenn etwas Wert hat, behandelt man es besonders vorsichtig und aufmerksam. Das ist so mit wertvollen Gegenständen: einem von der Großmutter geerbten Schmuckstück, einem Design-Kleidungsstück oder einem neuen Möbelstück. Man passt auf diese Dinge besonders auf, da sie einen hohen Wert haben. Wenn sie eine Schramme oder einen Fleck bekämen oder ganz kaputtgehen würden, entstände ein hoher Wertverlust, und der Besitzer wäre sehr traurig über den Schaden. So ist es auch mit Menschen: Empfinden sie sich als wertvoll, kümmern sie sich um sich selbst und passen auf sich auf.

Kinder mit einem niedrigen Selbstwert sind anfälliger dafür, Opfer von missbräuchlichem Verhalten zu werden. Sie empfinden sich nicht als wertvoll, sind bedürftig nach Liebe, Anerkennung und Wertschätzung. Für sie ist jede Form von Beziehung zunächst eine Aufwertung, deshalb haben manche von ihnen Schwierigkeiten, sich vor missbräuchlichem Verhalten anderer zu schützen.

Kinder mit einem guten Selbstwert sagen rechtzeitig »nein«, wenn jemand über ihre persönlichen Grenzen geht; sie sind willens und in der Lage, sich zu wehren oder abzugrenzen, wenn jemand sie abschätzig oder schädigend behandelt.

Kinder und Jugendliche mit einem guten Selbstwert sind aktiv. Kinder mit einem schlechten Selbstwert sind oft der Ansicht, dass sie nichts bewirken können, dass ihre Meinung nicht zählt, dass ihr Einsatz keinen Unterschied macht. Diese Annahmen führen zu einer passiven Haltung – sie meiden Anstrengung und Initiative, da sie sich und ihre Aktionen als wertlos empfinden. »*Warum soll ich mich anstrengen, wenn es sowieso nichts bringt?*« »*Was kann ich schon bewirken?*« Kinder mit positivem Selbstwert wissen, dass sie Dinge in Gang setzen und bewegen können. Sie wissen, dass sie mit ihrem Handeln Dinge verändern und gestalten können. Sie wissen, dass sie Einfluss auf ihr Leben nehmen können. Deshalb sind sie aktiv und initiativ. »*Ich weiß, dass ich etwas bewegen kann, deshalb engagiere ich mich in der Schülervertretung.*«

Kinder und Jugendliche mit einem guten Selbstwert können konstruktiv mit Kritik umgehen. Kinder mit wenig Selbstwert lassen sich schnell verunsichern und sind leicht gekränkt, da sie bei Kritik kein oder nur ein geringes Reservoir an Selbstliebe haben. Wer leicht kränkbar ist, kann weniger konstruktiv mit Kritik umgehen. Kritik verunsichert diese Kinder fundamental, sie stellen sich als gesamte Persönlichkeit infrage. »*Ich habe es doch gewusst, dass ich alles falsch mache.*« »*Keiner mag mich.*« Kinder mit einem guten Selbstwert können sachlicher mit Kritik umgehen. Sie stellen sich nicht als gesamte Person infrage und sind deshalb in der Lage, sich mit Kritikpunkten auseinanderzusetzen. »*Es stimmt, dass ich oft dazwischenquatsche. Das sollte ich mir abgewöhnen – ich mag es ja auch nicht, wenn andere mich unterbrechen.*« Gut mit Kritik umgehen zu können, ermöglicht Entwicklung, da diese Kinder die Möglichkeit haben, an unangemessenen Einstellungen oder Verhaltensmustern zu arbeiten.

Kinder und Jugendliche mit einem guten Selbstwert ruhen in sich. Kinder mit einem schlechten Selbstwert sind sich ihrer Position nicht sicher und vergleichen sich deshalb ständig mit anderen, um herauszufinden, wie ihr Status im sozialen Gefüge ist. Sie gleichen sich mit anderen ab, da sie sich nicht vollends vertrauen und nicht wissen, ob sie und ihr Empfinden, ihre Einstellung, ihre Gedanken, ihre Handlungen richtig sind. Diese auf Unsicherheit beruhenden Verhaltensmuster kosten Energie und strengen an, und sie machen unfrei, da man sich vom Verhalten und der Meinung der anderen abhängig macht. *»Wenn Lara später zum Geburtstag kommt, mache ich das auch. Ich will auf keinen Fall als Einzige zu früh da sein.«* Kinder mit einem guten Selbstwert akzeptieren und mögen sich. Sie müssen sich nicht ständig mit anderen vergleichen, um zu überprüfen, an welcher Position der sozialen Rangordnung sie stehen. Sie müssen sich auch nicht ständig mit anderen Menschen abgleichen, um herauszufinden, ob sie »richtig« sind oder nicht – sie folgen ihrer Intuition, vertrauen auf sich. Sie müssen keine Energie für anstrengende ver- und abgleichende Verhaltensweisen aufwenden. Dafür bleibt ihnen mehr Kraft und Energie, um Dinge zu verfolgen, die ihnen wichtig sind. *»Ich gehe gleich am Anfang zum Geburtstag. Ich mag es gern, zu den Ersten zu gehören und nichts zu verpassen.«*

Kinder und Jugendliche mit einem guten Selbstwert können authentisch sein. Kinder mit einem positiven Selbstwert geben sich so, wie sie sind. Sie müssen sich nicht verstellen oder verbiegen, um von den Eltern geliebt zu werden oder anderen zu gefallen. Kinder mit einem niedrigen Selbstwert geben sich oft nicht, wie sie sind. Sie wenden viel Energie und Kraft auf, um so zu sein, wie sie denken, dass andere es von ihnen erwarten. »*Meine Mutter sagt immer, ich soll mich zusammenreißen, wenn ich traurig bin. Also versuche ich, immer fröhlich zu sein und es nicht zu zeigen, wenn ich traurig bin.*« Kinder, die ihr authentisches Selbst nicht leben können oder dürfen, sind anfälliger für Verhaltensauffälligkeiten und psychische Störungen.

Sein authentisches Wesen leben zu dürfen und sich in dieser Weise geliebt zu fühlen, ist die Grundlage eines gesunden Selbstwerts.

DIE KRAFT, DIE KINDER TRÄGT

Wenn Selbstwert bedeutet, dass ich mich annehme und mich mag, so wie ich bin – mit all meinen wunderbaren Stärken und ebenso meinen möglicherweise kraftzehrenden Schwächen –, dann impliziert das zweierlei:

* Ich muss mich kennen mit all meinen Stärken und Schwächen, mit meinen leichten und schwierigen Seiten, mit meinen Vorlieben und Abneigungen, mit dem, was Bedeutung für mich hat im Leben, mit meinen fröhlichen und meinen traurigen Gefühlen, mit meinen großzügigen und meinen kleinlichen Gefühlen – kurzum, einfach mit all dem, was mich ausmacht.

* Wenn ich mich mit diesem Bewusstsein annehme, kann ich mich als wertvoll empfinden und liebevoll mit mir umgehen.

Mich selbst zu kennen, mich im Großen und Ganzen anzunehmen und gut zu finden, heißt nicht, dass es nicht manches gibt, was mir nicht so sehr an mir gefällt. Diese Anteile bekommen aber nicht zu viel Gewicht. Sie sind vorhanden, und es ist auch in Ordnung für mich, dass sie da sind. Dies impliziert eine gewisse Großzügigkeit uns selbst gegenüber, so wie wir sie auch anderen Menschen gegenüber walten lassen, die wir lieben.

Eltern können in diesem Zusammenhang beide oben genannte Prozesse unterstützen: Sie können ihrem Kind behilflich sein, seine individuelle Persönlichkeit zu entdecken, auszudrücken und anzunehmen. Sie können ihm den Raum geben, eine authentische Version seiner selbst zu leben und sich nicht zu verstellen oder anzupassen, um von anderen die Annahme zu erhoffen, die es sich selbst nicht zu geben imstande ist. Und sie können ihrem Kind vermitteln, dass sie es lieben und annehmen, so wie es ist. Kinder sind existenziell von der Liebe ihrer Eltern abhängig. Vermitteln die Eltern ihnen, dass sie gut sind, so wie sie sind, dass sie geliebt sind, genauso, wie sie sind, wirkt dies als Grundlage für eine positive Selbstannahme und ein stabiles Selbstwertgefühl.

Im weiteren Verlauf des Buches werde ich veranschaulichen, wie Eltern diese Prozesse unterstützen können. Denn darum geht es ja auch im Leben mit einem Kind: Wir Eltern haben gute Vorsätze, wissen um die Bedeutung unserer Handlungen. Aber wie setzen wir unsere Haltungen um? Hier möchte ich Ideen, Inspirationen und Kommunikationsanregungen beisteuern, die im Alltag umsetzbar sind und die Freude und Nähe in der Familie befördern.

SCHATZSUCHE: WIE WIR KINDER BEIM ENTDECKEN IHRES SELBST UNTERSTÜTZEN

Kinder mit einem guten Selbstwert handeln aus dem Bewusstsein ihrer selbst – im Großen und Ganzen gelten ihnen *ihre* (nicht die anderer Menschen) Bedürfnisse, Wünsche, Einstellungen, Meinungen und Werte als Orientierung für ihr Handeln. Sie verlassen sich auf sich selbst. Um sich seiner selbst bewusst zu sein, muss man sich kennen. Wie bin ich? Was gefällt mir? Worauf lege ich Wert? Was kann ich nicht ausstehen? Mit wem bin ich gern zusammen? Antworten auf diese und so viele andere Fragen geben uns ein Gefühl für unser Selbst. Dieses Bewusstsein muss ein Kind erst entwickeln. Fühlt sich der Säugling in der Zeit nach der Geburt noch als eins mit seiner Bezugsperson, so nimmt er mit etwa zwei, drei Monaten seinen Körper als seinen eigenen wahr. Sein körperliches Selbstgefühl entwickelt sich in der Folge zunehmend und das Kind fängt an, sich als jemanden zu erleben, der selbst in Aktion treten kann und einen eigenen Willen hat. Frühestens in der Mitte des zweiten Lebensjahres erkennt ein Kind sich erstmals selbst im Spiegel, während es vor diesem Zeitpunkt dachte, dass das Kind im Spiegel eine andere Person sei. Im Alter von etwa 2 ½ Jahren sprechen Kinder von sich in der Ich-Form.

In den ersten Lebensjahren erfolgen die prägenden Bindungserfahrungen eines Kindes. Diese Erfahrungen beeinflussen, ob ein Kind ein sicheres Bindungsverhalten entwickelt. Dafür ist das Bindungsverhalten der Haupt-Bezugsperson – meist Mutter oder Vater – entscheidend: Erkennt sie die Bedürfnisse des Säuglings, kann sie Hunger, Durst, Müdigkeit oder den Wunsch nach Aktivität richtig deuten und die Bedürfnisse des Kindes stillen? Geht sie auf seine Emotionen – Wut, Freude, Traurigkeit, Langeweile – feinfühlig und angemessen ein? Kann sie durch körperliche Nähe Sicherheit und Geborgenheit vermitteln? Kommuniziert sie angemessen mit dem Säugling – verbal und auch nonverbal? Wie ist ihre Stimmlage? Wie ist ihre Mimik? Drücken diese Zugewandtheit, Wärme und Liebe aus oder eher Distanz, Stress und Unbehagen? Ist ihre Zuwendung kontinuierlich und zuverlässig oder sprunghaft, unberechenbar und launisch? Reagiert sie prompt, sobald ihr Kind seine Emotionen zum Ausdruck bringt? Weiß das Kind, dass es von Mutter oder Vaters getröstet wird, wenn es fällt, sich stößt oder andere unangenehme Erfahrungen macht? All dies entscheidet mit darüber, ob ein Kind sich sicher gebunden und geborgen fühlt und das sogenannte Urvertrauen entwickelt. Die sichere Bindung ist der Hafen, von dem aus Kinder die Welt erkunden und an den sie immer wieder andocken können.

Eine sichere Bindung ist die Basis für eine gesunde Entwicklung des Kindes.

Fühlt ein Kind sich sicher gebunden, so ist es in der Lage, eigenständige Erkundungen und Lernerfahrungen zu machen, die zur Entdeckung seiner Umwelt und der Entwicklung seiner Selbsterkenntnis beitragen. Wir können unsere Kinder bei der Entwicklung dieser Prozesse unterstützen.

KINDER IHR LEBEN MITGESTALTEN LASSEN

Manchmal sieht man kleine Kinder »wild« angezogen – mit unterschiedlichen Socken und ungewöhnlichen Kombinationen von Kleidern: das geblümte T-Shirt über dem Streifenpullover oder das Holzfällerhemd zum Rüschenrock und dazu Gummistiefel im Hochsommer. Jungs, die eine Haarspange tragen oder einen Rock, Mädchen, die ihre Haare bleistiftkurz tragen. Stolz laufen sie in ihren selbst gewählten und nicht gerade dem gängigen Geschmack der Erwachsenen entsprechenden Outfits und Frisuren umher. In eher autoritären Erziehungsstrukturen, in denen Kinder zu Gehorsam erzogen werden, wird auf die Entfaltung der eigenen Persönlichkeit mit ihren Bedürfnissen, Vorlieben und Abneigungen weniger Wert gelegt, denn Kinder sollen vorzugsweise »funktionieren«, und das unabhängig von ihrer individuellen Unterschiedlichkeit. Möchten wir unser Kind zu einer selbstbewussten Persönlichkeit erziehen, ist es wichtig, dass es tatsächlich ein Gefühl für sein Selbst entwickelt. Dies lernt es, indem es Gelegenheiten erhält, über sich, seine Wünsche, Abneigungen und Bedürfnisse nachzudenken, auch durch Erzählen über sich und über eigene Entscheidungen, die es trifft. Zur Entwicklung eines Selbstbewusstseins ist es wichtig, Kindern viele Gelegenheiten zu bieten, auszuprobieren, was sie mögen oder nicht, auszusuchen, was ihnen gefällt und was nicht, und sich entsprechend auszudrücken.

Es gibt für Kinder kaum etwas Schöneres und Wichtigeres als das aufrichtige Interesse ihrer Eltern, der Menschen, die sie am meisten lieben, an ihrer Person. Durch die zugewandte Haltung, mit der wir unseren Kindern vermitteln: *Du bist uns wichtig, wir sind interessiert an dir, an allem, was dich ausmacht*, spüren sie unsere Liebe und unser aufrichtiges Interesse. Wir vermitteln ihnen: *Du bist wertvoll.*

EIGENE ENTSCHEIDUNGEN FÖRDERN

Eltern können ihren Kindern in vielen kleinen Alltagssituationen altersgemäß Entscheidungs- und Gestaltungsmöglichkeiten lassen.

Wir möchten, dass unser Kind jeden Abend Gemüse isst? Dann können wir es aussuchen lassen, ob es gekochtes oder rohes Gemüse essen möchte. Oder es darf sich eine bestimmte Farbe aussuchen, die das Gemüse haben soll: grün, rot, orange, weiß …

Wir möchten, dass unser Kind morgens rechtzeitig aufsteht, um genug Zeit zum Frühstücken zu haben? Es kann sich aussuchen, ob wir es eine Viertelstunde vor dem notwendigen Aufstehen wecken und es noch etwas döst und Musik hört oder ob wir es wecken zu einem Zeitpunkt, zu dem es sofort aufstehen muss.

»Magst du lieber den blauen oder den roten Pullover anziehen?« »Schmeckt dir der Kakao besser mit warmer oder kalter Milch?« »Wollen wir auf den Spielplatz gehen oder lieber im Park spielen?« Wenn ein Kind zwischen verschiedenen Möglichkeiten auswählt, denkt es über seine Vorlieben und Abneigungen nach und trifft eine Entscheidung für sich.

> Gib deinem Kind, wann immer möglich, Wahlmöglichkeiten.

Die freie Wahl fördert ein Bewusstsein für die eigene Persönlichkeit, das Kind entwickelt ein Gefühl für sein ganz individuelles Selbst. Fast bei jeder Alltagsentscheidung, die wir treffen, können wir unserem Kind Wahlmöglichkeiten anbieten. Es macht Spaß, über diese nachzudenken, regt die Kreativität an und gibt selbst kleinen Kindern ein Gefühl der Gestaltungsmöglichkeit ihres Handelns. Kinder lernen so in jungen Jahren, dass sie Einfluss auf ihr Leben nehmen und es gestalten können. Sie erlangen ein Gefühl der Selbstbestimmung, das ihr Kontrollgefühl und ihr Selbstbewusstsein fördert. Je mehr Gestaltungsmöglichkeiten wir unseren Kindern überlassen, desto größer ist die Wahrscheinlichkeit, dass sie initiativ werden, eigene Ideen zu entwickeln und in den Alltag einzubringen. Ich selbst bin dankbar, durch Kinder und Jugendliche über aktuelle technische, musikalische oder kulturelle Entwicklungen auf dem Laufenden gehalten zu werden, zu denen ich sonst keinen Zugang hätte. So erfahre ich durch Videos, Blogs oder Posts, die mir Kinder und Jugendliche zeigen, etwas über aktuelle Trends, Künstlerinnen und Trendsetter und staune, mit welcher Kreativität und Begeisterung Kinder und Jugendliche immer wieder Neues in ihr Leben holen, was sie interessiert.

»Ja, aber das ist doch viel zu zeitaufwendig und kompliziert, unsere Kinder so viel entscheiden zu lassen«, mag hier die eine oder andere Leserin denken. Ich kann dich hinsichtlich der Zeit beruhigen. Dieser Ansatz ist im Grunde kaum zeitaufwendiger, da man oft Zeit spart durch die Kooperation des Kindes, die gefördert wird, wenn es mitbestimmen darf. Denn in diesem Fall entfallen zeitaufwendige Auseinandersetzungen, die bedingt werden durch die potenzielle Ablehnung des Kindes der von uns getroffenen Entscheidungen. Der Ansatz, dem Kind (altersgemäß und angemessen) viele Entscheidungen zu überlassen, erfordert allerdings ein größeres Bewusstsein von Elternseite – auf eine Art ist es für Eltern einfacher, für das Kind zu entscheiden und sich keine Gedanken über Wahlmöglichkeiten zu machen. Insofern denke ich, dass eine Eltern-Haltung, die Entscheidungen des Kindes fördert, nicht unbedingt zeitaufwendiger ist, sie erfordert jedoch ein stärkeres Bewusstsein, und es wäre gelogen zu behaupten, dass dies nicht mit Anstrengung verbunden wäre.

Die positiven Effekte für die Selbstwert-Förderung des Kindes wiegen stark. Weiterhin tut diese Haltung auch der Eltern-Kind-Beziehung gut, weil ein Umgang auf Augenhöhe stattfindet, in dem das Kind sich ernst genommen und wertgeschätzt fühlt. Es merkt, dass seine Eltern an seinen Empfindungen und Einschätzungen interessiert sind. Und aus meiner Sicht entscheidend: Das Miteinander macht auf diese Art und Weise einfach mehr Freude. Das Kind entdeckt sich und seine Vorlieben, die Eltern entdecken es mit und lassen sich durch seine Individualität inspirieren.

Werden häufig Entscheidungen für ein Kind gefällt – durchaus in wohlwollend und fürsorglich elterlichem Sinn –, mag es zufrieden damit sein, vor allem, wenn es dies so gewohnt ist. Doch man fördert so eine eher passive, folgsame Haltung des Kindes. Ein Bewusstsein des Kindes für das, was seine Einzigartigkeit ausmacht, wird nicht gefördert, denn es wird lernen, sich nach anderen zu richten. Selbstbewusste Menschen sind sich ihrer Individualität bewusst und haben ein positives Verhältnis dazu – ihre Eltern haben ihnen vermittelt: Du bist du, du bist einzigartig und du bist genau richtig so. Selbstunsichere Menschen erleben ihre Individualität häufig als unangenehm und möchten am liebsten nicht auffallen, möchten möglichst in der Gruppe abtauchen.

In therapeutischen Situationen habe ich manche Kinder erlebt, die, vor eine Entscheidungsmöglichkeit gestellt, zu fast allen Wahlmöglichkeiten »egal« antworten. *»Willst du Ball spielen oder kneten?« »Egal.« »Willst du mit dieser oder jener Aufgabe beginnen?« »Egal.«* Dies sind Kinder, die aus den unterschiedlichen Gründen kein Gefühl für ihr Selbst entwickelt haben, die gar nicht wissen, was ihnen lieber ist, und die auch nicht denken, dass dies wichtig sei, weil ihnen dies so nie vermittelt wurde.

Es *ist* wichtig. Es ist die Grundlage für ein gesundes Selbstbewusstsein, zu wissen, was man mag und was nicht, was einem wichtig ist und was nicht, und die Möglichkeit zu haben, entsprechende Entscheidungen zu fällen und sein Leben entsprechend zu gestalten.

Ein selbstbewusstes Kind kann sich, seine Gedanken und Emotionen reflektieren. Sein Selbstbild ist realitätsnah, so kann es Entscheidungen treffen, die zu ihm passen und es glücklich machen.

Es gibt jeden Tag in jedem Kinderleben unzählige Gelegenheiten, in denen Kinder selbstbewusstes Verhalten an den Tag legen können oder eben auch nicht. Das sind Momente, in denen sie für ihre Bedürfnisse einstehen, ohne die Bedürfnisse der anderen zu missachten. Angemessen seine Wünsche einzubringen, heißt nicht zwangsläufig, sich durchzusetzen, es heißt aber, sich seiner selbst sicher genug zu sein und sich als genügend wertvoll zu empfinden, um es zu versuchen. Auch während Gruppenarbeiten im Kindergarten oder im Schulunterricht gibt es immer wieder Möglichkeiten, gegenüber anderen Kindern eigene Vorstellungen zur Arbeit einzubringen. Kinder mit einem schlechten Selbstwert halten sich in diesen Situationen eher zurück oder ordnen sich schnell unter, sie stehen nicht für sich und ihre Meinung ein.

ELTERN KÖNNEN KINDERN FRÜH VERMITTELN, WIE KONSTRUKTIVE KOMMUNIKATION GEHT

Du kannst deinem Kind helfen, indem du ihm erklärst, wie es gut für seine Wünsche einstehen kann. Gerade kleine Kinder wissen noch nicht so genau, wie sie auf eine angemessene Art ausdrücken können, was sie sich wünschen. Manchmal beobachtet man, wie Kinder in hilflosen Versuchen anderen Kindern drohen, wenn sie sie doch eigentlich einladen wollen. Erkläre deinem Kind, wie es seine Wünsche so ausdrücken kann, dass andere sich eingeladen und nicht bedroht fühlen. Statt: *»Ich will jetzt aber nach Hause und dann mit dir mit meiner neuen Playmobil-Feuerwehrstation spielen, und wenn du nicht mitkommst, bist du nicht mehr mein Freund!«* ist es besser zu sagen: *»Ich habe eine neue Playmobil-Feuerwehrstation und möchte so gern damit spielen. Ich fände es schön, wenn wir zu mir nach Hause gehen würden und zusammen damit spielen. Hast du auch Lust darauf?«*

Du kannst deinem Kind auch beibringen, wie es seine Wünsche formulieren kann: nicht durch »bestimmen«, sondern indem es die anderen Gesprächspartner einzubinden versucht. Statt: *»Ich* *will, dass wir mit der Aufgabe 4 anfangen und dann erst die ersten drei Aufgaben bearbeiten«* ist es besser zu sagen: *»Ich fände es gut, wenn wir mit Aufgabe 4 anfangen, weil es die komplizierteste ist, und dann erst die ersten drei Aufgaben machen. Was haltet ihr davon?«*

REFLEXION
Reflektiere dich in diesem Zusammenhang auch selbst und überlege, wie du als Vorbild deinen Kindern deine Wünsche kommunizierst.

Oft sind Eltern, wenn es um unliebsame Themen wie Haushaltspflichten oder Hausaufgaben geht, vorwurfsvoll und machen Ansagen wie: *»Du bist so unordentlich! Räum jetzt endlich dein Zimmer auf!«* Oder wenn wir ganz verzweifelt und erschöpft sind, drohen wir auch mal: *»Wenn du bis heute Abend nicht endlich deinen Saustall aufgeräumt hast, kannst du Kino am Wochenende vergessen.«* Oder wir werden manipulativ: *»Durch den ganzen Stress, den du mir mit deiner Unordnung bereitest, kriege ich wieder Kopfschmerzen.«*

Erfolgsversprechender und selbstwertstärkender für unser Kind ist es, wenn wir in der jeweiligen Situation, in der wir uns etwas von unserem Kind wünschen, von unseren objektiven Beobachtungen, unseren Gefühlen, unseren Bedürfnissen sprechen und eine Bitte formulieren: *»Ich sehe, dass dein Zimmer nicht aufgeräumt ist«* (objektive Beobachtung). *»Ich bin verärgert«* (Gefühl). *»Das ist so, weil ich ein Bedürfnis nach Ordnung* (Bedürfnis) *in unserer Wohnung habe, deshalb bitte ich dich, jetzt dein Zimmer aufzuräumen«* (Bitte). Wenn wir so kommunizieren, drücken wir aus, dass das Verhalten des Kindes zwar der Auslöser für unser Gefühl sein kann, die Ursache jedoch unser nicht befriedigtes Bedürfnis ist. Meine Gefühle hängen also mit mir und meinen Bedürfnissen zusammen und nicht mit dem Verhalten des anderen. Eine Person, der Ordnung nicht so wichtig ist, könnte locker über ein unordentliches Kinderzimmer hinwegsehen.

Die objektive Beobachtung beschreibt die Umstände der Situation, das Gefühl und das Bedürfnis spiegeln mein Innenleben wider, und die Bitte bezieht sich auf das, was ich mir von meinem Kind wünsche. Kommuniziere ich dementsprechend, wende ich die Prinzipien der Gewaltfreien Kommunikation (GFK) nach Rosenberg an. Ich übe keine sprachliche Gewalt mittels Drohungen, Anschuldigungen oder passiv-aggressiver Manipulation aus, sondern versuche, über das Darlegen der objektiv erfahrbaren Beobachtung, über das Offenlegen meiner Gefühle und Bedürfnisse, mein Gegenüber mit einer entsprechenden Bitte zu erreichen.[5] Beherzigen müssen wir dabei, dass Bitten abgelehnt werden können. Werden sie jedoch erfüllt, können wir sicher sein, dass unser Kind sie aus intrinsischer Motivation erfüllt. Gewöhnen wir uns eine friedliche Kommunikation mit unseren Kindern an, werden sie eher geneigt sein zu kooperieren als bei Bedrohungen, Manipulation oder Vorwürfen. Wenn Kinder erleben, wie wir dergestalt kommunizieren, lernen sie an unserem Vorbild, wie sie angemessen für ihre Bedürfnisse einstehen können.

Diese Form der Kommunikation erscheint zunächst umständlich und ungewöhnlich. Die Umstellung auf diese Form des Sprechens erfordert viel Konzentration. Das ist zweifelsohne anstrengend, hat aber den Vorteil, dass es uns dabei unterstützt, nicht reflexhaft zu kommunizieren. Sei hier geduldig mit dir – wir funktionieren in sehr eingefahrenen Mustern, insbesondere solchen, mit denen wir auch erzogen wurden, und es kostet ganz schön viel Bewusstsein, um nicht in die alten Automatismen zu verfallen. Ich denke, das geht uns allen so, und hier ist noch kein Meister vom Himmel gefallen … Also: Erkenne deine Erfolge an, wenn es dir gelungen ist, bewusst gewaltfrei und nicht reflexartig zu formulieren.

WENN KINDER SICH KEINE ENTSCHEIDUNGEN ZUTRAUEN

Manche Kinder trauen sich selbst sehr wenig zu. Weil sie Angst haben, falsche Entscheidungen zu fällen, stellen sie ihrem Umfeld gern und oft rückversichernde Fragen – *»Ist das richtig so?« »Wie soll ich am besten mit dieser Situation umgehen?« »Meinst du, es ist okay, wenn ich …?«* Wenn Eltern auf diese Fragen bereitwillig immer und immer wieder antworten, kann es ungewollt geschehen, dass diese Kinder immer unselbstständiger und somit auch immer unsicherer werden. Solltest du dieses rückversichernde Muster bei deinem Kind feststellen, ist es hilfreich, wenn du ihm seine Entscheidungen nicht abnimmst, sondern versuchst, mit ihm über *seine* Sicht der Dinge zu sprechen. Manche Kinder brauchen etwas mehr Unterstützung als andere, vielleicht, weil sie empfindsamer sind und sich deshalb leichter verunsichern lassen.

> Unterstütze dein Kind bei seiner Meinungsbildung und Entscheidung, nimm sie ihm aber nicht ab.

Wenn es sagt: *»Ich weiß nicht, was meinst du?«*, antworte nicht als Erstes mit Ratschlägen oder deiner Einstellung, sondern versuche, dein Kind zunächst dabei zu unterstützen, seine Gedankengänge zu artikulieren: »Ich bin zunächst neugierig/gespannt zu hören, was du darüber denkst.« »Überleg mal, wie du das findest/dazu stehst.« Du kannst deinem Kind dabei helfen, sich selbst mehr zu vertrauen, indem du wichtig nimmst, was es denkt, und es dabei anleitest, dies zu formulieren.

Vieles entscheiden wir gern für unsere Kinder, sei es aus Gewohnheit oder auch aus Zeitgründen. Oft tun wir es reflexhaft, ohne ein Bewusstsein dafür zu haben, dass wir es tun. Überlassen wir ihnen Entscheidungen, so fördern wir ihre Selbstständigkeit. Hierbei soll Selbstständigkeit nie als »Alleinsein« verstanden werden – auch wenn wir unsere Kinder zu eigenen Entscheidungen anregen, heißt das nicht, dass wir ihnen unsere Unterstützung entziehen. Wir können sie durchaus bei ihrer Entscheidungsfindung unterstützen und als »sicherer Hafen« ansteuerbar sein, wenn es Probleme oder Fragen gibt.

So sieht es aus, wenn wir dem Kind die Entscheidung abnehmen:
Max: »*Tom und August wollen auf dem Bolzplatz im Wald kicken, ich will aber nicht da hingehen. Meinst du, ich sollte trotzdem mitgehen?*«
Vater: »*Der Bolzplatz im Wald ist doch cool, der ist richtig groß. Da könnt ihr mit den Rädern hinfahren und euch auf dem Rückweg ein Eis kaufen.*«
Max: »*Ich weiß nicht …*«
Vater. »*Doch, glaub mir, das macht richtig Spaß. Das schweißt euch zusammen, wenn ihr mal woanders spielt als sonst. Coole Idee!*«
Max: »*Hm, wenn du meinst. Tom und August wollen es auch unbedingt, dann mach ich es halt.*«

Hier hat der Vater einen Ratschlag gegeben und versucht, seinem Sohn diese Idee schmackhaft zu machen. Er ist nicht auf die Gründe eingegangen, weshalb Max nicht zu dem Platz möchte. Der Vater versucht (sicher wohlmeinend), ihn in einer Entscheidung zu bekräftigen, und übergeht (bewusst oder auch unbewusst) die Signale der Unsicherheit/Abneigung, die Max sendet. Vielleicht macht Max dennoch eine positive Erfahrung dort, er hat jedoch keine eigenständige Entscheidung getroffen und lernt, auf Empfehlungen von anderen zu vertrauen, statt zu seinen Gefühlen zu stehen und zu einer eigenen Einschätzung zu gelangen.

So sieht es aus, wenn wir das Kind durch aktives Zuhören bei seiner Entscheidungsfindung unterstützen:

Max: »*Tom und August wollen auf dem Bolzplatz im Wald kicken, ich will aber nicht da hingehen. Meinst du, ich sollte trotzdem mitgehen?*«

Vater: »*Hm, du fühlst dich unwohl dort?*«

Max: »*Ja, schon. Der Weg ist so weit, und ich mag den Boden da nicht, da rutsche ich immer aus.*«

Vater: »*Und du willst gern mit Tom und August spielen, aber nicht so gern dort?*«

Max: »*Genau. Deshalb weiß ich nicht, ob ich mitgehen oder hierbleiben soll. Was würdest du denn machen?*«

Vater: »*Hast du eine Idee, wie du das Problem lösen könntest?*«

Max: »*Ne! Ich bin einfach so hin und her gerissen, ich möchte gern mitspielen, aber eben nicht da. Hm, meinst du, ich könnte einen anderen Platz vorschlagen?*«

Vater: »*Na, klar! Gute Idee! Fällt dir einer ein?*«

Max: »*Na, entweder bei uns im Garten oder halt auf dem Schulhof. Das mögen die nicht so gern, aber ich versuche es mal.*«

Vater: »*Ja, versuch das, ich finde es gut, wenn du Vorschläge machst.*«

Hier ist der Vater auf die Abneigung des Sohnes eingegangen und hat mit ihm seine Zerrissenheit herausgearbeitet. Anstatt ihm sofort einen Rat zu geben oder eine Lösung zu präsentieren, hat er ihm geholfen, die Ursache seiner Unsicherheit zu benennen, und ihm genug Raum gelassen, eine eigene Lösung zu entwickeln. Der Vater bestärkt ihn hier, initiativ zu sein und seine eigenen Vorschläge einzubringen.

Langfristig trägt jede Entscheidung, die ein Kind delegiert, zu seiner Unsicherheit bei, da es sich selbst nicht als fähig erlebt, Entscheidungen zu treffen und Verantwortung dafür zu übernehmen. Es kann so kein Gefühl von Selbstwirksamkeit entwickeln, das zu einem guten Selbstwertgefühl beiträgt. Wenn Kinder Entscheidungen delegieren, können sie sich auch nie vollständig über einen Erfolg freuen, denn letztendlich haben sie keine eigene Idee umgesetzt, sondern sind der Empfehlung von jemand anderem gefolgt.

REFLEXION

Eltern können sich überprüfen: Nehmen wir unseren Kindern gern Entscheidungen ab? Verstärken wir also möglicherweise die Tendenz unseres Kindes, Entscheidungen zu delegieren? Was könnten unsere – uns häufig nicht bewussten – Motive hierfür sein?

* Trauen wir unserem Kind wenig zu? Indem wir für es entscheiden, verstärken wir seine Unselbstständigkeit, und es traut sich selbst immer weniger zu. So entsteht ein Teufelskreis, den wir durch mangelndes Vertrauen aufrechterhalten: Unser Kind fragt uns nach einer Entscheidung – wir trauen ihm wenig zu und entscheiden – unser Kind lässt für sich entscheiden und traut sich in Folge selbst immer weniger zu – wir wiederum erleben unser Kind als unselbstständig und trauen ihm noch weniger zu usw. Nur wenn wir unseren Kindern etwas zutrauen, können sie die Zuversicht in ihre eigenen Fähigkeiten entwickeln.
* Wollen wir unser Kind vor Enttäuschungen, Misserfolgen oder Fehlern bewahren? Dies ist ein ganz natürlicher elterlicher Impuls. Wir sollten uns jedoch immer wieder bewusst machen, dass Enttäuschungen, Misserfolge und Fehler zum Leben dazugehören. Kinder, die in der Kindheit lernen, resilient damit umzugehen, haben eine größere Chance, auch als Erwachsene besser mit den kleinen und gegebenenfalls auch größeren Rückschlägen des Lebens umzugehen.

* Übertragen wir durch unsere starke Fürsorge möglicherweise ein Bedürfnis, das während unserer Kindheit bei uns selbst nicht gestillt wurde? Mit anderen Worten: Haben wir uns als Kinder von unseren Eltern nicht fürsorglich behandelt gefühlt und versuchen nun, diese Fürsorge – in übersteigerter Form – unseren Kindern zukommen zu lassen? Nach dem Motto: Ich möchte bei meinen Kindern nicht dieselben Fehler machen, die meine Eltern gemacht haben? Behindern wir sie dadurch, dass wir ihnen Entscheidungen aus intendierter Fürsorge abnehmen, in ihrer Selbstständigkeits-Entwicklung?

Erlauben wir unseren Kindern, Erfahrungen zu machen, die auf eigenen Entscheidungen beruhen, erlauben wir ihnen auch, – vertretbare – Risiken einzugehen. Kinder, die nicht fallen, können nicht lernen, aufzustehen und weiterzugehen. Und man beraubt sie des Erfolgserlebnisses des Wiederaufstehens, bei dem sie merken: Fallen ist gar nicht so schlimm, Hauptsache, man steht wieder auf! Manche Kinder scheuen sich so sehr, zu versagen, dass die Angst vor dem Versagen zur viel größeren Belastung wird als ein mögliches tatsächliches Versagen. Angst und Unsicherheit lähmen Kinder in ihrer Persönlichkeitsentwicklung. Um dies zu verhindern, ist es gut, wenn wir ihnen eine grundsätzliche Haltung vermitteln, die signalisiert:

»Ich habe Vertrauen in dich.«
»Trau dich, Dinge anzugehen und auszuprobieren.«
»Ich bin da, um dich zu begleiten und zu unterstützen, wenn du mich brauchst.«
»Falls es nicht klappt – auch nicht schlimm! Dann hast du es wenigstens versucht.«

DEM KIND EINE STIMME GEBEN

Wenn wir Erwachsenen unseren Kindern eine Stimme geben, erhalten sie Gelegenheiten, zu üben, ihre Meinung zu äußern, zu belegen und zu verteidigen. Es tut Kindern gut, wenn wir ihnen vermitteln, dass ihre Ansichten wichtig sind, deshalb sollten wir Interesse zeigen und dem, was sie sagen, Aufmerksamkeit schenken. Wenn du den Äußerungen deines Kindes Bedeutung und Wert beimisst und dies durch deine Zugewandtheit zeigst, so wird es lernen, dass das, was es zu sagen hat, wertvoll ist. Es wird durch dein wertschätzendes Verhalten lernen, sich selbst Wert zu schenken. Darüber hinaus wird es an Sicherheit gewinnen, denn je mehr ein Kind Gelegenheiten dazu hat, sich zu artikulieren, desto geübter und selbstverständlicher wird es darin.

Rege deshalb dein Kind an, seine Meinung zu äußern, und frage es danach. Das kann zu allen möglichen Angelegenheiten des Alltags geschehen, je nach Alter des Kindes.

- *Meinst du, der Schnee wird nachher so hoch sein, dass wir zusammen einen Schneemann bauen können?*
- *Findest du es schöner, wenn wir einen Blumenstrauß nur mit einer Blumensorte pflücken oder mit vielen verschiedenen?*
- *Meinst du, Hunde lächeln, wenn sie mit dem Schwanz wedeln?*
- *Warum, denkst du, ist der Mann eben so schnell gerannt?*
- *Was meinst du – an welcher Kasse geht die Wartezeit schneller vorbei?*

Nimm dir immer wieder einen Moment Zeit, um Beobachtungen und Erlebnisse aus deinem Alltag aufzugreifen und mit deinem Kind darüber zu sprechen. In meinem Buch »Der Zauber guter Gespräche. Kommunikation mit Kindern, die Nähe schafft« habe ich zahlreiche Fragen aufgelistet, die zu vertrauens- und fantasievollen

Gesprächen mit Kindern anregen. Oft sind wir so mit unseren Themen beschäftigt, dass wir wertvolle gemeinsame Zeit ungenutzt lassen. Spricht unser Kind uns an, hören wir häufig nur mit halbem Ohr hin und antworten entsprechend unkonzentriert. Dabei bietet der Alltag wunderbare Möglichkeiten, um sich miteinander auszutauschen.

In so einer Atmosphäre gedeiht eine Diskussionskultur, in der im Laufe der Jahre, je älter die Kinder werden, selbstverständlich auch komplexere Themen, seien es politische, wirtschaftliche, kulturelle, wissenschaftliche oder andere Fragen, je nach eigenem Interesse und auch dem des Kindes, besprochen und diskutiert werden. Nutze gemeinsame Familienmahlzeiten zum Austausch, an dem auch die Kinder beteiligt sind. In Runden mit fremden Erwachsenen, sei es mit Freunden oder Verwandten, ist es wunderbar, wenn Kinder oder Jugendliche mit ins Gespräch einbezogen werden. Kinder lernen so, dass sie keine Scheu haben müssen, vor Erwachsenen außerhalb der Familie zu sprechen.

Was manche Erwachsene sich mühsam antrainieren müssen, nämlich das Sprechen vor Gruppen, kann so schon im Kindesalter selbstverständlich erfahren werden. Kinder lernen ein Selbst-Verständnis, das zu Selbst-Bewusstsein führt.

→ Pamela, 34 Jahre, Mutter von Anton, 8 Jahre

»Meine Eltern hatten früher oft Abendessen, zu denen sie Bekannte oder Freunde einluden. Sie legten Wert darauf, dass wir Kinder bei diesen Abendessen dabei waren, integrierten uns aber nie in das Gespräch. Ich war zu schüchtern, um von mir aus etwas zu sagen, und kam mir einfach nur klein, dumm und überflüssig vor. Meine Eltern hatten bestimmt eine gute Intention, das Ergebnis aber war voll verfehlt. Bei meinem Sohn mache ich es von Anfang an anders: Wenn Anton mit am Tisch sitzt, integrieren wir ihn in das Tischgespräch und führen eben nicht nur Gespräche unter uns Erwachsenen. Ich freue mich zu sehen, wie selbstverständlich er sich an den Gesprächen beteiligt und wie frei er seine Meinung sagt.«

Es gibt im Alltag leider immer noch viele Situationen, in denen mit Kindern nicht auf Augenhöhe kommuniziert wird und in denen sie nicht als gleichwertige Gesprächspartner ernst genommen und respektiert werden. So war ich im Laufe der Jahre immer wieder erstaunt, wie oft meine Kinder mir von despektierlichem Verhalten fremder Erwachsener, beispielsweise in Einkaufssituationen, erzählten, wenn sie ohne Erwachsenenbegleitung unterwegs waren. Der Ton und die Haltung, die ihnen da manchmal entgegengebracht wurden, waren einfach respektlos, und so hätte man nie mit ihnen gesprochen, wenn ein Erwachsener dabei gewesen wäre. Wie traurig, dass es nach wie vor verbreitet zu sein scheint, dass man mit Kindern weniger respektvoll und höflich kommuniziert als mit Erwachsenen. Ich bin überzeugt davon, dass Respekt Respekt fördert. Wer von jungen Menschen Respekt erwartet, sollte seinerseits respektvoll mit ihnen umgehen.

DER KOMPASS DER INNEREN STIMME

Damit Kinder ihre Stimme nach außen einsetzen, sie also ihre Gedanken, Gefühle und Bedürfnisse nach außen hin kommunizieren, ist es wichtig, dass sie auf ihre innere Stimme hören. Oft liest man in Ratgebern, unabhängig davon, mit welchem Thema sie sich befassen, man solle seiner inneren Stimme folgen. Viele Erwachsene wissen mit diesem Begriff nichts anzufangen. Innere Stimme? Fehlanzeige! Sie hören keine innere Stimme, dafür aber die mahnenden Leitsätze ihrer Eltern, die sie in ihrer Kindheit so oft hörten und die sich im Laufe des Lebens zu sogenannten Glaubenssätzen verfestigten: »*Trau keinem außerhalb der Familie!*«, »*Ohne Erfolg bist du nichts*«, »*Lieber anpassen anstatt anecken*« und, und, und …

Wenn wir Kindern die Möglichkeit geben wollen, zu lernen, auf ihre innere Stimme zu hören, sollten sie sich auf den Moment, das Empfinden der Gegenwart und ihre aktuellen Gefühle besinnen können.

Eltern können dieses Bewusstsein schärfen, indem sie etwa fragen:
»Hör in dich hinein, was fühlst du?«
»Wie geht es dir mit dieser Entscheidung – was empfindest du?«
»Wie fühlt sich das gerade für dich an?«
»Wie fühlst du dich, wenn du dir das vorstellst?«

Auch können Eltern in Alltagssituationen selbst »laut denken« und dabei ihre Gefühle ausdrücken:
»Ich merke, ich werde gerade wütend.«
»Das fühlt sich für mich gerade unangenehm an.«
»Mit dieser Entscheidung bin ich wirklich glücklich, das fühlt sich alles so richtig an.«

Kinder erleben so am Vorbild ihrer Eltern, auf ihre Gefühle zu achten und sie zu artikulieren. Unsere innere Stimme verweist uns auf unser Bauchgefühl, auf unsere Emotionalität. Lernen Kinder, diesem nachzuspüren, so lässt es sich in eine innere Stimme übersetzen, auf die die Kinder hören können. Die innere Stimme gibt Hinweise auf die eigenen Gefühle und die damit zusammenhängenden Bedürfnisse. Lernen Kinder, auf ihre Gefühle zu achten, hilft ihnen das, ihre Bedürfnisse zu erkennen.

BELASTENDE GEFÜHLE ERKENNEN UND VALIDIEREN

Sind unsere Kinder belastet, also etwa enttäuscht, ängstlich oder nervös, fällt es uns häufig schwer, uns mit diesen Gefühlen auseinanderzusetzen. Manchmal besteht unsere Strategie dann einfach darin, über diese Gefühle hinwegzugehen. Das kann ganz nachvollziehbare und sehr unterschiedliche Gründe haben.

Manchmal negieren Eltern die Gefühle ihrer Kinder, weil sie ihren Kindern etwas vermitteln wollen – beispielsweise, dass sie in einer bestimmten Situation keine Angst haben müssen oder dass es klüger wäre, sich über eine bestimmte Situation nicht so aufzuregen. Auch wenn dies ein gut gemeinter elterlicher Reflex ist, wird sich ein so behandeltes Kind mit großer Wahrscheinlichkeit von seinen Eltern unverstanden fühlen und wird tendenziell weniger offen auf das eingehen, was die Eltern ihm vermitteln möchten.

Wenn der Siebenjährige etwa Angst hat, allein in den Keller zu gehen, und wir der Ansicht sind, dass er doch eigentlich alt genug sei, um das allein zu bewerkstelligen, hilft es ihm nicht, wenn wir sagen: *»Das kann doch gar nicht sein, dass dir das Angst macht«* oder: *»Das konnte deine Schwester schon, als sie fünf war«*, um ihn zu motivieren, seine Angst zu überwinden. Beide Aussagen, auch wenn sie mit guten Intentionen vorgetragen werden, nehmen die Angst des Kindes nicht ernst, sondern spielen sie herunter.

Ein anderer Ansatz ist, tatsächlich auf die Gefühle des Kindes einzugehen: *»Ich verstehe, du magst nicht in den Keller gehen, weil du Angst hast, richtig?«* Dann können wir mit unserem Kind das Gespräch darüber suchen, wovor es Angst hat: Dunkelheit? Monster? Räuber? Im nächsten Schritt überlegen wir, wie man dieser Angst begegnen könnte: Das Licht die ganze Zeit anlassen? Zunächst in Rufweite bleiben, damit es sich allein traut, und es dann, nach ersten Erfolgserlebnissen, sich sukzessive eigenständiger bewegen lassen?

Wenn wir das Gefühl unseres Kindes erfassen und anerkennen, fühlt es sich verstanden und ernst genommen. Auf dieser Grundlage wird es eher geneigt sein, mit uns Lösungen für schwierige Situationen zu entwickeln, als wenn wir sein Gefühl übergehen oder abstreiten. Nehmen wir sein Gefühl ernst, lernt das Kind, seine eigenen Gefühle ernst zu nehmen und eine eigene, so wichtige innere Stimme zu entwickeln. Und auch darauf zu hören.

Auch in Situationen, in denen Kinder sich physisch verletzen, sich etwa das Knie aufschlagen oder sich bei einem Sturz wehtun, neigen Eltern oft dazu, mit einem *»Das war doch gar nicht so schlimm«* ihr Kind zu beruhigen. Die Ursache, warum Eltern anteilnehmendes Verhalten vermeiden, ist meist die Befürchtung, dass ihr Kind, wenn man seinen Schmerz anerkennt, noch stärker in Wehklagen verfällt, weil es ja in seinem Schmerz bestätigt wird. Es war für mich interessant, den Unterschied zu beobachten, wenn ich beispielsweise nach einem Sturz meines Sohnes vom Fahrrad, der ein blutiges Knie nach sich zog, nicht im oben beschriebenen Sinn runterspielend, sondern anteilnehmend reagierte. Tatsächlich war es nicht so, dass mein Sohn nach meiner anteilnehmenden Reaktion umso heftiger weinte oder schrie. Im Gegenteil, er konnte sich dann relativ schnell beruhigen. Er hatte registriert, dass die Mama seinen Schmerz erfasst hatte, und das ist für jedes Kind beruhigend. Sein Bedürfnis in diesem Moment war, in seinem Schmerz gesehen und getröstet zu werden. So hat es für uns alle etwas Tröstliches, wenn wir merken, dass unser Gegenüber unseren Schmerz erfasst. Oder kannst du dir vorstellen, dich getröstet zu fühlen, wenn du dir in den Finger schneidest, vor Schmerz aufschreist und dein Mann dann zu dir sagt: »Ach, ist doch nicht so schlimm, Schatz. Ist ja nur ein kleiner Schnitt.« Eben! So geht es auch unseren Kindern.

Manchmal negieren Eltern die Gefühle ihrer Kinder schlichtweg, weil es ihnen zu anstrengend ist, sich mit ihnen auseinanderzusetzen. Das ist völlig nachvollziehbar, denn Elternsein ist eine wahnsinnig herausfordernde Aufgabe, die sieben Tage die Woche 24 Stunden am Tag stattfindet. Es geht uns also allen mal so, dass wir einfach keine Energie mehr verspüren, um uns mit anstrengenden Gefühlen unserer Kinder wie Traurigkeit, Wut, Nervosität oder Angst auseinanderzusetzen. Da sagen wir zu unserem enttäuschten Kind schnell mal einen Satz wie: »*Ach, das macht doch nichts, reg dich nicht so auf*«, um unsere Ruhe zu haben. Wenn uns allerdings bewusst ist, wie wichtig es für die gesunde Entwicklung unserer Kinder ist, deren Gefühle anzuerkennen und nicht abzustreiten oder zu minimieren, fällt es uns vielleicht leichter, stattdessen mit einem Anerkennen ihrer Gefühle zu reagieren: »*Komm mal in meinen Arm, ich sehe, dass du gerade ganz traurig bist.*« Dieser Gefühle validierende Ansatz erfordert eine Haltung der Empathie und des Eingehens auf das Kind und natürlich ein bisschen Übung, damit wir im entscheidenden Moment daran denken und nicht in eingefahrenen Mustern reagieren.

SORGEN TEILEN MACHT STARK

Manche Eltern gehen auch nicht auf die belastenden Gefühle ihrer Kinder ein, weil sie Sorge haben, dadurch eben diese Gefühle zu verstärken – nach dem Motto: Beachtet man die Gefühle nicht, verschwinden sie irgendwann von allein. Je mehr man darüber redet, desto mehr bauscht man hässliche Gefühle auf. Umso intensiver nimmt mein Kind diese Gefühle wahr und umso heftiger leidet es darunter. Eltern, die diese Sorge haben, seien versichert, dass Gefühle, nur weil man sie nicht thematisiert, nicht von allein verschwinden. Im Gegenteil, es kann sein, dass Kinder, die belastende Gefühle mit sich selbst ausmachen müssen, sich alleingelassen und überfordert fühlen und dadurch noch stärker leiden. Hier gilt grundsätzlich der alte Spruch: Geteilte Freude ist doppelte Freude, geteiltes Leid ist halbes Leid. Über belastende Gefühle zu sprechen, erleichtert und kann außerdem helfen, Lösungsstrategien zu entwickeln. Manchmal behalten Kinder traurige Gefühle und Probleme für sich, weil sie ihre Eltern nicht belasten wollen, wenn sie sehen, dass diese selbst gestresst oder traurig sind. Wenn Kinder die Fürsorge für ihre Eltern übernehmen, findet eine Rollenumkehr statt, die sie nur überfordern kann, da sie zu jung für solch eine Aufgabe sind. Ich erlebte in Therapiesituationen manche sehr belastete Jugendliche, die sich ihren Eltern mit ihren zum Teil gravierenden Problemen nicht anvertrauten, da sie Angst hatten, sie zu überfordern. Fanden dann mit Einvernehmen der jugendlichen Patienten Elterngespräche statt, fielen diese aus allen Wolken, als sie von den Problemen ihrer Kinder erfuhren.

Nicht erwachsene Kinder sollten nie für ihre Eltern sorgen müssen. Durchlebst du eine Phase, in der du tatsächlich das Gefühl hast, dass du zu belastet bist, um gut für dein Kind zu sorgen, dann suche dir rechtzeitig Hilfe durch andere Erwachsene, die deine häusliche Situation und dein Kind entlasten. Eltern haben keine endlosen Kräfte und können Krisenphasen durchleben, in denen sie nicht belastbar sind und wenig Kapazitäten haben, um einfühlsam auf die Probleme ihres Kindes einzugehen. Sich hier rechtzeitig Hilfe von außen zu holen, entlastet sowohl Eltern als auch Kinder.

Manchmal drücken Kinder unangenehme Gefühle von sich aus weg, denn es ist ein gängiger menschlicher Impuls, sich von unangenehmen Gefühlen durch Zerstreuung bewusst abzulenken. Diese Strategie ist selten von Erfolg gekrönt, denn irgendwann brechen die Gefühle, die man – aus welchen Gründen auch immer – zu unterdrücken versuchte, durch und übermannen einen. Oder man hält sie unter Kontrolle, aber um den Preis, dass man dann nicht mehr in der Lage ist, Zugang zu anderen Gefühlen zu erlangen, da man versucht, seinen »Gefühlshaushalt« durch ständige Ablenkung zu »deckeln«.

> Werden belastende Gefühle nicht geteilt, thematisiert und verarbeitet, begleiten sie uns in jeder Situation wie eine Hintergrundmusik, die immer präsent ist.

Manchmal überhören wir sie, manchmal nicht, und in manchen Momenten wird die Musik lauter und gerät oft mit einem Paukenschlag in den Vordergrund. Häufig dann, wenn der Druck durch die angestauten Gefühle in einer besonders belasteten Situation nicht mehr auszuhalten ist. »Sich zusammenzureißen« oder Gefühle nicht zuzulassen, sind Strategien, die selten zu einem ausgeglichenen psychischen Grundzustand führen. Haltungen wie »sich zusammenreißen« helfen, in manchen Situationen Disziplin zu zeigen und nicht vorschnell aufzugeben. So kann man sich zusammenreißen, um seinen inneren Schweinehund oder seine Lustlosigkeit zu überwinden, und eine Aufgabe anpacken und auch zu Ende bringen. Wenn Kinder allerdings lernen, »sich zusammenzureißen«, wenn es um belastende Gefühle wie Traurigkeit, Wut, Angst oder Scham geht, lernen sie, dass sie ihren Gefühlen keinen Wert beimessen sollen und sie zu unterdrücken haben. Der Zugang zu den eigenen Gefühlen ist eine existenzielle Grundlage psychischer Gesundheit.

→ Lars, 8 Jahre

Manchmal, wenn in der Schule alle fies zu mir sind und ich schon anfangen will zu heulen, denke ich an Mama und Papa. Wie wir abends auf dem Sofa kuscheln und ich ihnen alles erzähle. Zum Glück trösten sie mich immer, und sie verstehen mich. Als Papa so alt war wie ich, hatte er auch oft Ärger mit den anderen Jungs. Er erzählt mir dann, wie er es früher gelöst hat oder was ich machen könnte. Zum Glück bin ich nicht allein.

WENN DAS FRÜHER INS HEUTE RAGT

Manchen Eltern fällt es schwer, sich mit belastenden Gefühlen ihrer Kinder auseinanderzusetzen, und sie reagieren dann oft reflexhaft in den Mustern, in denen sie früher selbst erzogen wurden. In vielen Elternhäusern wurde und wird es auch noch heute als Charakterbildung verstanden, unangenehmen Gefühlen wie Traurigkeit oder Wut nicht zu viel Raum zu geben und dementsprechend nicht auf sie einzugehen oder sie herunterzuspielen. Wurden ihre eigenen Gefühle in ihrer Kindheit von ihren Eltern nicht anerkannt, sondern negiert oder heruntergespielt, gab es überhaupt wenig Austausch zu Gefühlen, fällt es den ehemaligen Kindern auch in ihrer Elternrolle oft schwer, sich mit ihren Kindern über deren Gefühle auszutauschen. Wir agieren unser Leben lang in vielen unbewussten, automatisierten Verhaltensmustern. So wird eine Kette der Gefühlsnegierung von Generation zu Generation weitererzogen und weitergegeben, die Kinder daran hindert, ihre Gefühle auszudrücken und zu verarbeiten.

→ Laura, 42 Jahre

Mein Vater wurde als ältester Sohn im Krieg geboren und mit dem damals vorherrschenden Erziehungsstil erzogen: Jungs hatten tapfer, mutig, diszipliniert und nicht wehleidig zu sein. Gefühle, vielleicht sogar Gefühle der Schwäche, zu äußern, war unüblich, geradezu verpönt. Und so war er immer relativ hilflos, wenn es um seine eigenen oder die Gefühle der Schwäche, Traurigkeit, Ängstlichkeit oder Wut seiner Kinder ging. Als Kind wirkte das irgendwie kalt auf mich. Später habe ich verstanden: Er war nicht kalt, aber einfach hilflos. Man merkte, er hatte kein Vokabular, um über diese Themen zu sprechen. Es war ihm ungewohnt, und eigentlich wollte er es auch nicht, da es ja in seiner Welt Schwäche bedeutete, die man sich nicht zu erlauben hatte. Irgendwie war es ihm fast peinlich, und ich selbst kam mir auch peinlich vor, wenn ich traurig oder wütend war. Wenn du versuchst, mit deinem Vater über für dich schwierige Themen zu reden, und es perlt irgendwie ab an ihm, dann ziehst du dich nach ein, zwei Versuchen zurück und fühlst dich auch irgendwie unpassend mit deinen Gefühlen. Es ist für ein Kind einfach so schwer zu verstehen, warum der eigene Vater nicht in der Lage ist, es zu trösten. Man denkt dann immer, man selbst sei falsch, oder der Vater sei gemein. Oder auch beides. Meine Brüder und ich haben auf jeden Fall besonders als Jugendliche darunter gelitten und tun es irgendwie auch noch als Erwachsene, denn auch wenn ich weiß, dass mein Vater nicht kalt ist, wirkt er in für mich schwierigen Momenten aufgrund seiner Hilflosigkeit immer so unempathisch. Ich habe erst durch eine Therapie gelernt, meine belastenden Gefühle ernst zu nehmen.

HINTER BELASTENDEN GEFÜHLEN VERBERGEN SICH NICHT ERFÜLLTE BEDÜRFNISSE

Berichten Kinder von ihren Gefühlen – positiven wie negativen –, sollten wir diese anerkennen und auf sie eingehen. Werden Bedürfnisse erfüllt, stellen sich angenehme Gefühle wie Freude, Geborgenheit, Entspannung oder Erfüllung ein. Belastende Gefühle offenbaren nicht erfüllte Bedürfnisse unserer Kinder. Solche Gefühle sind etwa Traurigkeit, Verletzung, Rastlosigkeit, Einsamkeit oder Kraftlosigkeit (zu weiteren Gefühlen im Zusammenhang mit Bedürfnissen siehe die Liste im Anhang).

Menschen haben universelle Bedürfnisse wie Essen, Trinken und Schlafen. Sie sind unterschiedlich ausgeprägt – so gibt es Langschläfer, die jede Nacht über zehn Stunden Schlaf benötigen, es gibt aber auch Frühaufsteher, die mit viel weniger Schlaf zurechtkommen. Manch eine isst gern und das Essen spielt eine große Rolle in Verbindung mit Genuss, ein anderer hingegen sieht Essen nur als notwendige Nahrungsaufnahme an. Wir haben weitere Bedürfnisse wie etwa das Bedürfnis nach Wertschätzung, Beziehung, Aufmerksamkeit, Selbstbestimmung, Sinngebung und Harmonie, um nur einige andere Bedürfnisse zu nennen. Kinder haben zum Beispiel auch das Bedürfnis nach Spiel, Vertrauen, Fürsorge und Kreativität. Um ein emotionales Wohlbefinden zu erreichen, hat jeder Mensch ein natürliches Bestreben, seine Bedürfnisse zu verwirklichen und zu erfüllen, und wendet dazu Strategien an. Dadurch, dass Bedürfnisse universell sind, tragen sie zum gegenseitigen Verständnis bei – wir können verstehen, wenn jemand ein Bedürfnis nach Selbstbestimmung oder Wertschätzung äußert, da wir dieses Bedürfnis auch von uns selbst kennen. Nur ist es gar nicht so einfach, diese Bedürfnisse hinter bestimmten Strategien, die Kinder an den Tag legen, oder hinter bestimmten Gefühlen, die wir bei ihnen wahrnehmen, zu erkennen – für uns Erwachsene nicht und für unsere Kinder erst recht nicht. So ist etwa eine Siebenjährige nicht in der Lage, in einer verzweifelten Situation zu sagen: Ich bin traurig, weil mein Bedürfnis nach Freundschaft mit Emilia nicht erwidert wird, und ich wünsche mir jetzt, dass du mich tröstest. Sie weint vielleicht einfach und sagt, dass sie ihr Kuscheltier haben möchte, oder sie wird wütend und zerfetzt ihr gerade gemaltes Bild, ohne erklären zu können, warum sie gerade so wütend ist.

Mit Feinfühligkeit und Zugewandtheit können wir versuchen, auf die Gefühle unserer Kinder einzugehen und ihre Bedürfnisse zu erspüren. Wenn ein Kind fällt und sich wehtut, ist es relativ klar, dass es getröstet werden möchte. In anderen Situationen ist es nicht so offensichtlich, und es bleibt uns dann nichts anderes übrig, als Vermutungen anzustellen. Kinder wenden aus unserer Sicht oft unangemessene Strategien an, um ihre Bedürfnisse zu erfüllen – so schreien, weinen oder quengeln sie, um beispielsweise ihr Bedürfnis nach Aufmerksamkeit oder Zuwendung durchzusetzen. Jede und jeder von uns kennt sicherlich die Situation, in der wir in Ruhe telefonieren möchten und unser Kind gefühlt 100 Mal zu uns kommt und uns mit ganz dringenden Anliegen – *»Ich habe Hunger/Durst«* – *»Wo ist die Schere?«* – *»Wann besuchen wir Oma mal wieder?«* – immer wieder aus unserem Gespräch reißt. Wir können unser Kind dann irgendwann genervt anfauchen: *»Jetzt lass mich doch EIN Mal in Ruhe telefonieren!«*, und es wird sich dann – je nach seinem Temperament und nach Strenge unserer Stimmlage – entweder geknickt zurückziehen oder erst recht in Quengeln ausbrechen. Wenn wir unseren Lass-mich-in-Ruhe-Impuls kurz zurückstellen und erkennen, dass unser Kind einfach nur das Bedürfnis nach unserer Aufmerksamkeit auf diese Art ausdrückt, kann es die Situation sehr erleichtern, wenn wir unser Gespräch kurz unterbrechen, das Kind einmal fest in den Arm nehmen und ihm sagen, dass es jetzt unser Bedürfnis ist, in Ruhe zu telefonieren, dass wir ihm danach aber genau zuhören und ihm helfen werden. Unsere Bedürfnisse angemessen und klar zu formulieren, ist ebenso wichtig, wie die Bedürfnisse unserer Kinder zu erkennen und darauf einzugehen.

Welches nicht erfüllte Bedürfnis sich hinter dem Wutanfall einer Dreijährigen oder dem »Bocken« eines Achtjährigen verbirgt, ist nicht immer auf den ersten Blick zu erkennen. Solltest du also mit einem wütenden oder trotzigen Kind konfrontiert sein und nicht so genau wissen, wie du mit diesen Gefühlen umgehen sollst, könnte es hilfreich sein, seine Gefühle zunächst anzuerkennen: *»Ich merke, du bist gerade sehr sauer/wütend/…«*, und im weiteren Verlauf des Gesprächs zu fragen: *»Was könnte dir denn jetzt helfen, damit es dir besser geht?«* Das Kind würde hier wahrscheinlich einen Wunsch äußern, mit dem es sein Bedürfnis zu erfüllen sucht. So könnte es etwa sagen: Ich möchte auf deinem Schoß sitzen. Dies wäre ein Wunsch, mit dem es versucht, sein Bedürfnis nach Nähe und Aufmerksamkeit zu erfüllen.

Wir können auch, statt nachzufragen, eine Vermutung anstellen: *»Kann es sein, dass du gerade traurig bist, weil du gern auf dem Spielplatz spielen möchtest?«*

Es macht nichts, wenn wir mit unserer Vermutung falschliegen. Unser Kind kann das dann zurechtrücken: *»Nein, ich bin traurig, weil ich auch im Buggy gefahren werden möchte wie Jan. Ich möchte* *auch ein kleines Baby sein und alle kümmern sich nur um mich.«* Unser Kind offenbart so sein Bedürfnis nach Zuwendung und Aufmerksamkeit und äußert den Wunsch, im Buggy gefahren zu werden. Die Tatsache, dass wir auf seine Gefühle eingehen und versuchen zu erfassen, was ihm gerade fehlt, bewirkt in ihm bereits ein wohltuendes Gefühl. Viel zu oft befassen wir uns nämlich eher mit den unangemessenen Strategien unseres Kindes, die es einsetzt, um auf die Befriedigung seiner Bedürfnisse zu pochen, anstatt uns mit seinen Bedürfnissen zu beschäftigen. *»Hör jetzt sofort auf zu quengeln!« »Von deiner Heulerei bekomme ich Kopfschmerzen, lass das jetzt sein …«* Hier liegt unser Augenmerk auf dem Verhalten des Kindes – wir wünschen, dass es sich aus unserer Sicht gut benimmt, und so versuchen wir, sein aus unserer Sicht unangemessenes Verhalten zu regulieren.

Wenn wir uns mit den Bedürfnissen unseres Kindes auseinandersetzen, wird das mit hoher Wahrscheinlichkeit einen positiven Einfluss auf sein Verhalten haben, denn unser Kind fühlt sich von uns gesehen und gehört und ist infolgedessen nicht mehr auf Strategien wie Schreien oder Weinen angewiesen, um auf sich aufmerksam zu machen.

> Uns mit den Bedürfnissen unseres Kindes auseinanderzusetzen, heißt nicht, dass wir alle seine Wünsche erfüllen.

Allein unser aufrichtiges Interesse und unser Versuch, seine Gefühlslage zu verbessern, hat oft schon einen positiven Effekt. Im weiteren Gespräch können Eltern und Kind gemeinsam beratschlagen und nach einer Lösung suchen, die dem Kind helfen könnte, sich wieder besser zu fühlen. Manchmal gibt es diese konkrete Lösung nicht, dann hat das Kind aber unseren Versuch, diese zu entwickeln, sowie unsere Zuwendung erlebt.

→ Gloria, 12 Jahre

Gloria war das, was man eine typische Außenseiterin nennt. Sie war verträumt, hatte Schwierigkeiten, mit Gleichaltrigen in Kontakt zu gehen, und kannte nicht die Regeln, die einem helfen, in einer Gleichaltrigengruppe akzeptiert zu werden. Sie wurde gehänselt und offen abgelehnt. Ihre Schüchternheit und Unbeholfenheit wurden als Schwächen angesehen, und Gleichaltrige nutzten diese, um sich auf ihre Kosten in Szene zu setzen.

Völlig verzweifelt vertraute sie sich ihrer sozial gewandten und beruflich erfolgreichen Mutter an. Ihre Mutter wusste, wie man sich in Gruppen bewegen musste, um Anerkennung und Akzeptanz zu erfahren. Gloria berichtete ihr von der aggressiven Ausgrenzung durch ihre Klassenkameraden. Ihre Mutter war gerade auf dem Sprung zu einem Termin, nahm sich kaum Zeit für ein Gespräch und reagierte unempathisch auf den Schmerz ihrer Tochter: »Irgendetwas musst du ja falsch machen, damit du so behandelt wirst. Lass uns später mal darüber nachdenken, was das sein könnte«, und dann verschwand sie zu ihrem Termin. Gloria war zerschmettert nach dieser Reaktion und noch verunsicherter als zuvor. Ihre Mutter hatte ihre Gefühle der Traurigkeit, ja, der Verzweiflung nicht anerkannt, ging nicht darauf ein und gab ihrer Tochter die Verantwortung für die bösartigen Reaktionen ihrer Klassenkameraden.

Gemeinsam mit ihrer Mutter zu überlegen, wie Gloria ihr Verhalten ändern könnte, um mehr Akzeptanz zu erlangen, war durchaus ein konstruktiver Gedanke, der ihr hätte weiterhelfen können. Die Verantwortung, gewissermaßen die Schuld für das bösartige Verhalten ihrer Umwelt zugewiesen zu bekommen, ließ die Verzweiflung in Gloria jedoch noch größer werden. Sie fühlte sich noch wertloser, als sie es ohnehin schon tat. Ihre Mutter griff das Gespräch nie wieder auf, und Gloria tat es auch nicht, aus Angst, Schuldzuweisungen zu erhalten.

Wäre die Mutter auf die traurigen Gefühle Glorias eingegangen, so hätte sie ihre Tochter in den Arm nehmen und Anteil an deren Schmerz nehmen können. Sie hätte Glorias Bedürfnisse nach Mitgefühl, Trost, Schutz und Unterstützung erkennen und darauf konstruktiv eingehen können. Sie hätte ihr vermitteln können: Ich kann verstehen, dass du auf diese gemeinen Anfeindungen verzweifelt und traurig reagierst. Und es tut mir sehr leid, dass du so fühlen musst. Auf dieser Grundlage hätte sie mit ihrer Tochter über die Gemeinheiten und Herabsetzungen sprechen und mit ihr überlegen können, wie sie sich hätte wehren oder aber möglicherweise ihr Verhalten hätte ändern können oder was man sonst noch unternehmen könnte, um sie zu unterstützen.

Nicht auf die Gefühle der Tochter einzugehen und ihr zu vermitteln, dass sie etwas falsch mache und somit gewissermaßen Verantwortung für die Reaktionen der anderen habe, löste in Gloria Verzweiflung und Verunsicherung aus. Sie gab an, dass diese Reaktion in ihr eine so tiefe Unsicherheit bewirkte, dass sie ihren eigenen Gefühlen nicht mehr vertraute. Ihre Bedürfnisse konnte sie nicht erkennen und auch nicht benennen. Fühlte sie sich traurig und ungerecht behandelt, erklang in ihr nicht ihre eigene, sondern die Stimme ihrer Mutter, die ihr suggerierte: Es liegt an dir – du machst etwas falsch. Sie war sich nicht mehr sicher in dem, was sie fühlte. Sie hatte ihren emotionalen Kompass verloren.

Ob wir die Gefühle unserer Kinder anerkennen und uns damit auseinandersetzen, hat letztendlich auch ganz entscheidend mit der Frage zu tun, ob wir unsere Kinder so sehen, wie wir sie haben wollen (pflegeleicht, unanstrengend, unbelastet, unkompliziert …), oder so, wie sie sind (manchmal ängstlich, wütend, traurig …). Unsere Kinder so zu sehen, wie sie sind, und nicht als Reflexion unserer Idealvorstellung, hilft ihnen dabei, sich selbst zu erkennen und Vertrauen in sich und ihr Selbst zu entwickeln.

EIN GESPRÄCHSKLIMA SCHAFFEN, IN DEM KINDER GERN ERZÄHLEN

Viele selbstunsichere Erwachsene haben in ihrer Kindheit sehr kritische Eltern als Gesprächspartner gehabt, die genau wie der spätere innere Kritiker zur Verunsicherung der Kindesposition führten. Eltern, die systematisch nicht die Ausführungen ihres Kindes unterstützten, sondern die kritischen Punkte hervorhoben, den Schwerpunkt des Gesprächs etwa auf die Risiken oder die möglichen Probleme einer Idee des Kindes legten anstatt auf die möglichen Chancen. Die tendenziell immer sagten: »*Ne, lass das mal lieber*«, anstatt: »*Ja, versuch es.*«

Wachsen Kinder mit sehr kritischen Eltern auf, die das Glas immer eher »halb leer« statt »halb voll« sehen, die vielleicht selbst mit Ängsten oder depressiven Gefühlen zu tun haben, kann es leicht geschehen, dass Kinder diese Haltung internalisieren und lernen, sich selbst auszubremsen, bevor sie überhaupt anfangen, eine eigene Idee zu artikulieren geschweige denn sie zu verfolgen.

Wenn Kinder erzählen – eine Idee, Vorstellung, Meinung –, kann das aktive Zuhören helfen, einen wahrhaftigen Austausch zu fördern, in dem das Kind gern erzählt. Am besten, du fasst zunächst einmal zusammen, was du verstanden hast – auch das Gefühl des Kindes, das bei dir ankommt. So kann dir dein Kind rückmelden, ob du es wirklich verstanden hast oder nicht. Dieses Vorgehen hat auch den Vorteil, dass du dich tatsächlich mit dem befasst, was dein Kind dir sagt, und nicht reflexartig mit eigenen Ideen, Tipps oder Bewertungen reagierst.

Auch wenn du das, was dein Kind sagt, vielleicht anders siehst, ist es hilfreich, wenn du versuchst, es nicht »abzuwürgen«, es seine Gedankengänge ausführen lässt und darauf eingehst. Es ist ein wunderschönes Gefühl, ein aufmerksames und geduldiges Gegenüber vor sich zu haben, das sich die Zeit nimmt, einem wirklich zuzuhören. Erinnerst du dich, wann sich dir ein Gesprächspartner oder eine Gesprächspartnerin das letzte Mal mit voller Aufmerksamkeit gewidmet hat und du das Gefühl hattest: Da ist tatsächlich jemand, der versucht, mich zu verstehen! Sie geht auf mich ein und wiederholt, was ich gesagt habe, um sicherzugehen, dass sie mich richtig verstanden hat. Er benutzt mein Gespräch nicht, um über sich zu erzählen – nein, da ist jemand, der wirklich nur bei mir ist … Großartig, oder? Und selten, richtig?

Dieses großartige Gefühl kannst du deinem Kind durch gutes Zuhören und Auf-es-Eingehen vermitteln.

> Der Zauber entsteht, wenn du mehr bei deinem Kind bist und weniger bei dir. Nicht: Wie finde ich das, was mein Kind erzählt? Sondern: Was möchte mein Kind mir vermitteln?

Interessanterweise, und das wirst du wahrscheinlich auch bei dir selbst festgestellt haben, ist man viel geneigter, Anregungen oder Vorschläge einer Person anzunehmen, die einem zunächst zugehört hat und einem das Gefühl vermittelt, dass sie einen wirklich zu verstehen versucht, als von jemandem, von dem man denkt: Der hört mir ja gar nicht richtig zu und kann mich nicht verstehen. Wie soll denn ausgerechnet der wissen, was gut für mich ist?

Eltern reagieren häufig reflexartig mit Ratschlägen, Einschätzungen oder Berichten über eigene Erfahrungen auf das, was das Kind sagt. Sie verstehen dies als ihren Erziehungsauftrag und tun dies im positiven Bewusstsein, ihr Kind zu unterstützen. Und im passenden Moment des Gesprächs sind diese Tipps oder Empfehlungen auch durchaus hilfreich und angebracht, nur sollten wir zunächst unser

Kind erzählen lassen und sicher sein, dass wir es richtig verstanden haben. Was nämlich durch das Senden von elterlichen Empfehlungen geschieht, ist Folgendes: Die Kinder werden in ihrer Erzählung ausgebremst; sie werden von den Eltern in eine von ihnen gewünschte Richtung gelenkt und kommen gar nicht an den Punkt, selbst nach einer Lösung für ein mögliches Problem zu suchen.

Manchmal passiert auch uns Ähnliches, wenn wir uns mit anderen Erwachsenen unterhalten: Wir berichten etwas, was wir erlebt haben, unser Gegenüber greift ein Stichwort unserer Erzählung auf, um das Gespräch dann zu »kapern« und dieses Stichwort zum Anlass zu nehmen, nur über sich und seine Erfahrungen zu sprechen. Irgendwie fühlen wir uns dabei übergangen, denn obwohl unser Gesprächspartner unser Thema aufgegriffen hat, ist er nicht wirklich auf uns und unsere Erfahrung eingegangen, sondern hat nur über sich geredet. Das ist extrem frustrierend, und manchmal tappen auch wir in diese Falle, wohlmeinend, um unserem Kind einen Rat zu geben. Lassen wir zunächst unser Kind ausführen und gehen dann durch aktives Zuhören auf das ein, was es gesagt hat, fühlt es sich von uns wahrgenommen und im Idealfall auch verstanden. Aktives Zuhören ermöglicht Nähe durch Verständnis, weshalb ich diese schon vorne erwähnte enorm hilfreiche Technik kurz erklären möchte.[6]

Beim aktiven Zuhören versuchen wir das, was das Kind uns mitteilen möchte, genau zu erfassen. Deshalb hören wir aufmerksam zu (zuhören) und fassen dann zusammen, was wir verstanden haben (aktiv). Hierbei gehen wir auch auf die Emotion ein, die wir bei unserem Kind wahrgenommen haben. Unser Kind kann dann entweder bestätigen, dass wir seine Nachricht und seine Gefühle richtig verstanden und erfasst haben, oder es macht uns darauf aufmerksam, dass wir, das, was es uns sagen und vermitteln wollte, falsch verstanden haben. Dann können wir wiederum darauf mit aktivem Zuhören eingehen, bis unser Kind tatsächlich das Gefühl hat, dass wir es richtig verstanden haben.

Dies klingt komplizierter, als es ist, deshalb verdeutliche ich diese Gesprächstechnik an einem Beispiel:

Liam: »*Ich hasse meine Mathelehrerin. Sie ist so unfair und nervig!*«
Vater: »*Wow! Du klingst verärgert. Es klingt so, als ob du dich ungerecht behandelt fühlst.*«
Liam: »*Ja, genau. Ich bin super sauer und finde einfach, dass sie nicht fair ist.*«
Vater: »*Du hältst sie für ungerecht?*«
Liam: »*Ja. Ich habe mich das ganze Jahr über viel gemeldet und gut im Unterricht mitgemacht, und weil ich oft mit Paul gequatscht habe, hat sie mir nur eine 3 als mündliche Note gegeben.*«
Vater: »*Okay, verstehe, du findest es ungerecht, dass sie dein Betragen in deine mündliche Note einfließen lässt.*«
Liam: »*Genau! Das ist doch unfair! Hätte ich im Unterricht nicht mitgemacht und nur gequatscht, dann okay, aber so ist es absolut unfair.*«
Vater: »*Hm, ich kann deinen Ärger verstehen. Was willst du jetzt machen?*«
Liam: »*Ich weiß nicht. Na ja, am besten spreche ich sie mal darauf an, was denkst du?*«
Vater: »*Das würde ich an deiner Stelle auch machen. Du kannst versuchen, ihr deinen Standpunkt zu erklären.*«
Liam: »*Ja, das mache ich morgen nach der Mathestunde.*«

In diesem Beispiel hat der Vater mit seinen Rückmeldungen versucht, seinem Sohn zu spiegeln, wie er ihn verstanden hat und welche Gefühle er bei ihm wahrgenommen hat. Dadurch fühlt sich der Sohn ernst genommen und verstanden, außerdem hat der Vater ihm die Möglichkeit gelassen, selbst eine Lösung für sein Problem zu entwickeln, anstatt reflexhaft einen Rat zu erteilen, was wir Eltern wohlmeinend gern tun. Entwickeln Kinder selbst Lösungen, so stärkt das ihr Selbstvertrauen, da sie feststellen, dass sie selbst in der Lage sind, Strategien für eine Problemlösung zu entwickeln.

Hätte der Vater die Emotion des Sohnes falsch gedeutet, hätte ihn der Sohn korrigieren können, und der Vater hätte das tatsächliche Gefühl aufgreifen und darauf eingehen können.

Liam: »*Ich hasse meine Mathelehrerin. Sie ist so unfair und nervig!*«
Vater: »*Ach, ich verstehe, du bist traurig, weil sie dich nicht mag, richtig?*«
Liam: »*Nein, ich bin nicht traurig. Eigentlich ist mir egal, ob sie mich mag oder nicht. Ich bin sauer, und zwar stinksauer – sie ist einfach so unfair zu mir.*«
Vater: »*Okay, ich verstehe – du bist wütend, weil du dich ungerecht behandelt fühlst?*«
Liam: »*Genauso ist es …*«

Beim aktiven Zuhören geht es darum, sich mit seinen typischen, wohlmeinenden Elternreaktionen zurückzuhalten und tatsächlich auf das einzugehen, was uns unser Kind zu vermitteln versucht. Einige typische Reaktionen, die wir vermeiden sollten, sind beispielsweise folgende:

Ermahnungen

Liam: »*Ich hasse meine Mathelehrerin. Sie ist so unfair und nervig!*«
Vater: »*Liam, es bringt überhaupt nichts, sie zu hassen. Du wirst mit ihr klarkommen müssen.*«
Liam: »*Papa, du machst Scherze, wie soll man denn mit der alten Zicke klarkommen?*«
Vater: »*Gewöhn dir diese respektlose Art ab, Liam – damit wirst du im Leben nicht zurechtkommen.*«
Liam: »*Ich geh dann mal in mein Zimmer.*«

Sicherlich hat der Vater hier seinem Sohn eine wichtige Botschaft vermitteln wollen. Zu diesem Zeitpunkt, an dem Liam emotional sehr aufgewühlt und verärgert ist, ist er für Ermahnungen dieser Art jedoch nicht empfänglich. Durch die moralisierenden Botschaften des Vaters verschließt Liam sich und erzählt nicht, welches Problem er mit der Mathelehrerin hat. Der Vater würgt ihn ungewollt ab und beraubt sich der Chance, etwas Wichtiges aus dem Leben seines Sohnes zu erfahren.

Ratschläge

Liam: »*Ich hasse meine Mathelehrerin. Sie ist so unfair und nervig!*«
Vater: »*Na ja, Liam, Mathe war auch nie mein Lieblingsfach, und ich würde dir einfach empfehlen, arbeite besonders viel in den Fächern, die dir schwerfallen. Da kommst du wirklich nur weiter mit Fleiß und Extradisziplin.*«
Liam: »*Mensch, Papa, du checkst überhaupt nicht, worum es geht. Ich strenge mich doch an, aber sie bewertet mich trotzdem nicht gut.*«
Vater: »*Dann musst du dich eben noch stärker anstrengen. Irgendwann wird sie es schon honorieren.*«
Liam: »*Du kapierst es einfach nicht. Ihr Erwachsenen seid doch alle gleich. Ich geh mal in mein Zimmer.*«

In diesem Beispiel besteht der Vater auf seinen Ratschlag, ohne den Versuch, zu verstehen, was denn eigentlich der Grund für den Ärgers seines Sohnes war. Das führt dazu, dass Liam sich unverstanden fühlt und auch hier nicht von der Ursache seines Ärgers berichten konnte. Unverstanden zieht er sich zurück.

Bewertungen

Liam: »*Ich hasse meine Mathelehrerin. Sie ist so unfair und nervig!*«
Vater: »*Ja, das ist wirklich eine unsympathische Ziege. Ich kann die auch nicht leiden.*«

Liam: »*Eine richtig blöde Ziege. Hoffentlich bekomme ich im nächsten Jahr jemand anders.*«
Vater: »*Ja, das hoffe ich auch.*«

Hier nimmt der Vater eine Bewertung vor, die mit der des Sohnes übereinstimmt. Sicher erleichtert das Liam etwas, er wird jedoch nicht animiert, über die Gründe seines Ärgers zu sprechen, und kommt so der Lösung seines Problems nicht näher.

Das Problem herunterspielen

Liam: »*Ich hasse meine Mathelehrerin. Sie ist so unfair und nervig!*«
Vater: »*Ach, mein Schatz, reg dich doch nicht so auf. Versuch einfach, cool zu bleiben. So ist das eben, manche Lehrer passen einem, manche nicht.*«
Liam: »*Ja, klar. So ist es wohl.*«

Für uns Eltern ist es schwierig, die unangenehmen Gefühle unserer Kinder auszuhalten, deshalb tendieren wir häufig dazu, Probleme herunterzuspielen, um die Kinder zu beruhigen. Kurzfristig fühlt sich Liam vielleicht getröstet. Durch den Ansatz des Vaters wird er jedoch nicht dazu angeregt, über die Ursachen seines Ärgers zu reden und entsprechend auch nicht über eine mögliche Lösung.

Wenn wir auf das, was unsere Kinder uns sagen, eingehen und versuchen, ihre Gefühle zu erfassen und zu benennen, haben wir die Chance, dass sie sich von uns gehört und verstanden fühlen. Dies bildet eine Grundlage des Vertrauens, die es ihnen ermöglicht, uns Probleme, Unsicherheiten und Schwierigkeiten anzuvertrauen. Dieses wertvolle Vertrauen sollten wir hegen und pflegen, damit wir damit rechnen können, dass sie es uns erzählen, wenn sie Sorgen haben. Gemeinsam mit unseren Kindern können wir dann überlegen, wie sie ihrem Kummer begegnen könnten.

EINIGE FALLEN LASSEN SICH IN GESPRÄCHEN VERMEIDEN

Bei Meinungsverschiedenheiten Abwertung vermeiden und konstruktive Alternativen gemeinsam entwickeln: Statt *»Das ist keine gute Idee«* konstruktiv formulieren: *»Da hast du dir ganz schön viele Gedanken gemacht, und wenn ich richtig verstanden habe, meinst du, dass …«* Und dann Alternativen diskutieren: *»Was hältst du davon, wenn man statt …«*

Unterscheiden zwischen dem Kind und seinem Verhalten/seinen Ideen: Statt *»Du bist ja wohl verrückt geworden!«* können wir sagen: *»Wow, das sind ja ganz schön verrückte Ideen …«*

Bei unterschiedlicher Meinung das Gespräch nicht »abwürgen«, sondern die Diskussion pflegen: Statt *»Völlig ausgeschlossen, das ist zu verrückt! Ende der Diskussion!«* ist es besser zu sagen: *»Wow, das sind ja ganz schön verrückte Ideen. Ich muss sagen, ich bin jetzt sehr überrascht. Aber erklär doch mal bitte genauer, wie du dir das vorstellen würdest.«*

Selbst wenn wir als Elternteil am Ende der Diskussion zu der Entscheidung kommen, dass das Anliegen des Kindes nicht umsetzbar ist, hat es eine Diskussion über sein Thema gegeben. Wir haben Offenheit gezeigt und sind auf die Idee des Kindes eingegangen, ohne sie von vornherein abzuwürgen.

Dies ist ein respektvoller und achtsamer Umgang mit den Anliegen unserer Kinder. Es ist für Kinder – so wie für jeden von uns – frustrierend, wenn Ideen abgelehnt werden. Werden sie jedoch nach einer von Respekt geprägten Diskussion abgelehnt, in der das Kind die Möglichkeit hatte, seinen Standpunkt darzulegen, und in der die Eltern ihre Entscheidung begründet haben, so hat diese Entscheidung eine höhere Wahrscheinlichkeit, vom Kind akzeptiert zu werden, als wenn wir sie nicht anhören und pauschal ablehnen, *»weil wir es so wollen. Punkt«*.

→ Claudia, 29 Jahre, Mutter der 5-jährigen Elisa
Meine Mutter ist immer sehr streng und unflexibel in ihren Ansichten gewesen. Dazu gehörte auch, dass bei uns zu Hause nicht diskutiert wurde. Wollte ich etwas, was meine Mutter nicht wollte – und wenn es meine Mutter nicht wollte, wollte es mein Vater automatisch auch nicht –, dann hieß es einfach: »Das kommt nicht infrage. Punkt. Ende der Diskussion.«

Dieses »Ende der Diskussion« war wirklich absurd, da die Diskussion nie begonnen hatte. Wie habe ich diesen Satz gehasst! Ich bin sicher, wenn es eine Diskussion gegeben hätte, wäre es mir manchmal leichter gefallen, ihre Verbote und Ablehnungen zu verstehen und dann auch zu akzeptieren. Ich weiß ja, dass sie das nicht aus Bosheit machte, es fühlte sich einfach nur unfassbar intolerant und engstirnig an. Und ich habe mich einfach nur klein und nicht ernst genommen gefühlt, da keiner sich für meinen Standpunkt interessierte.

Ich bin dann auch so schnell wie möglich ausgezogen, um meine eigenen Entscheidungen treffen zu können. Zum Glück bin ich nun alt genug, selbst für mich und mein Leben Entscheidungen zu fällen. Und ich habe fest vor, das bei meiner Tochter anders zu machen.

JEDES KIND IST EINZIGARTIG

An einem wunderschönen Spätsommer-Samstagmorgen schlenderte ich über einen Markt in einem kleinen toskanischen Städtchen. Ich machte meine Einkäufe und beobachtete danach bei einem Espresso in einer Bar am Rande des Platzes die entspannten Marktgänger bei ihrem samstäglichen Einkauf. Ein junger Vater trug sein Baby auf dem Arm. Das Baby guckte aus wunderschönen, großen braunen Augen auf das Treiben um es herum. Es war ein entzückendes Baby, das sich in der Geborgenheit des väterlichen Arms sichtlich wohlfühlte. Vater und Baby strahlten Glück und Ruhe aus. Das Gesicht des Babys war insofern außergewöhnlich, als dass sich ein sehr großes Muttermal direkt über seiner Oberlippe befand. Mit einer Mischung aus Wehmut und Sorgen blickte ich in das Gesicht des Kleinen und antizipierte, wie er wahrscheinlich spätestens ab dem Kindergartenalter für sein hervorstechendes Muttermal geärgert werden würde.

Kinder mögen keine Abweichung von der Norm – nicht bei sich und nicht bei anderen. Weichen sie selbst von der Norm ab, werden sie oft unsicher-zurückhaltend oder aggressiv. Weichen andere Kinder ab, so löst das häufig den Impuls aus, diese Kinder zu ärgern. Dieses Bewusstsein, der Norm zu entsprechen oder nicht, erlangen Kinder erst in dem Moment, in dem sie zu sozialen Wesen werden und eine Identität der Gruppenzugehörigkeit erlangen. Im Alter des

Babys, das sich auf dem Arm seines Vaters befand, spielte dieser Druck der Zugehörigkeit zum Glück noch keine Rolle.

Auch wenn wir uns wünschen, dass unsere Kinder akzeptierte Mitglieder ihrer Gleichaltrigengruppe werden, sollten wir ihnen zu einem gesunden Selbstbewusstsein verhelfen und sie dabei unterstützen, ein positives Verhältnis zu ihrer Individualität zu entwickeln, ihre Individualität regelrecht zu feiern. Denn ja, jeder Mensch ist einzigartig, und diese ganz einzigartige und unwiederbringliche Komposition Mensch sollte doch gefeiert und wertgeschätzt werden – als Erstes von jedem einzelnen Individuum selbst. Und das können Kinder nur lernen, wenn ihre Eltern selbst eine positive Haltung zur Individualität des Menschen besitzen.

Ich denke zurück an das Baby und dass sein Vater es vielleicht schaffen könnte, dass der Junge eines Tages glücklich über sein Aussehen ist, dass er »besonders« im positiven Sinn ist.

INDIVIDUALITÄT BESTÄRKEN

Auch Kinder, die nicht von Gleichaltrigen gehänselt werden, können Schwierigkeiten entwickeln, sich und ihre Individualität anzunehmen.

→ Amelie, 19 Jahre

Ich bin dazu erzogen worden, möglichst nicht aufzufallen. Meine Mutter hat mir beigebracht, dass ich mich im Hintergrund halte und ja nicht irgendwie hervorsteche. Sie und ich sind sehr unterschiedliche Persönlichkeiten und auch sehr unterschiedliche Frauentypen.

Ich war schon früh bei den Jungs beliebt, sie fanden mich hübsch, und es gab immer irgendwelche Jungs, die in mich verliebt waren. Ich bildete mir nichts darauf ein, es war einfach so. Meine Mutter hat versucht, aus mir ihren Typus zu machen: unauffällig, auf gar keinen Fall sinnlich und nicht zu weiblich. Um Himmels willen nicht irgendwie zu hübsch oder gar sexy! Schon in der vierten Klasse sagte sie mir, ich solle den Freunden meines Bruders – die waren damals in der sechsten Klasse – nicht den Kopf verdrehen. Immer wurde mir das Gefühl gegeben, weiblich oder gar attraktiv zu sein, sei etwas Unanständiges, geradezu Unsittliches.

Ich habe lange gebraucht, bis ich mir dieser Erziehung gegen meine Persönlichkeit bewusst wurde. Ich versuche jetzt zu lernen, meine Weiblichkeit zu genießen und mich dabei nicht schlecht zu fühlen. Ich glaube, meine Mutter hat gar nicht aus bösen Motiven gehandelt: Sie wollte nicht, dass ich überheblich oder eingebildet werde. Aber sie hat bei mir eher das Gegenteil ausgelöst: Unsicherheit in Bezug auf meine Weiblichkeit. Wie traurig! Warum kann sich eine Mutter nicht für ihre hübsche Tochter freuen und sie in ihrer Attraktivität bestärken und sicher machen? Falls ich mal eine Tochter haben sollte, so würde ich alles tun, damit sie sich wunderschön findet und so annimmt, wie sie ist.

Sich selbst wunderschön finden und sich so annehmen, wie man ist – und wunderschön steht hier nicht für das rein Äußere, sondern für die gesamte Persönlichkeit. Lass bitte einmal diese Aussage auf dich wirken. Spürst du, wie kraftvoll die Haltung ist, die in diesem Satz ausgedrückt ist? Wie positiv sie ist und wie sie der Person, die sich so fühlt, eine innere Stärke und Gelassenheit verleiht, ihr Leben zu meistern? Stell dir vor, wie sicher und in sich ruhend dein Kind sich durch sein Leben bewegt, wenn es diese Haltung besitzt. Wie kannst du deinem Kind zu solch einer Akzeptanz verhelfen?

Beginnen wir mit dem Blick auf uns selbst.

DER LIEBEVOLLE BLICK AUF UNS SELBST ALS VORBILD

Wie bei allem, was wir unseren Kindern vermitteln wollen, wirken wir am stärksten und unmittelbarsten durch unser Vorbild. Wenn du dir wünschst, dass dein Kind sich und seine Persönlichkeit wunderschön findet und sich so annimmt, wie es ist, hinterfrage dich bitte zunächst einmal selbst: Gefällt dir, was du im Spiegel siehst? Nimmst du dich selbst an, so wie du bist?

Viele von uns würden sicherlich spontan mit »nein« auf die erste Frage antworten und viele würden sicherlich auch die zweite Frage nicht vorbehaltlos bejahen. Wenn wir an unsere Kinder denken, wünschen wir ihnen diese selbstakzeptierende Haltung, weil wir sie unendlich lieben. Denken wir an uns selbst, so finden wir genügend Gründe, warum es mit der Selbstakzeptanz höchstens teilweise gelingt. Und diese Haltung ist, je nachdem wie wir erzogen wurden und aufgewachsen sind, durchaus nachvollziehbar. Eine Haltung der Selbstakzeptanz zu entwickeln, ist ein lebenslanger Prozess, und du musst nun nicht das Buch zur Seite legen, wenn du – wie wahrscheinlich so viele – eher verneinend auf die beiden Fragen geantwortet hast.

Natürlich können wir nicht von einem Moment zum anderen unsere inneren Kritiker und Kritikerinnen, die uns vielleicht schon ein Leben lang begleiten, zum Verstummen bringen und unsere Zweifel mit einem Fingerschnipsen auflösen, weil wir unseren Kindern ein gutes Beispiel im Hinblick auf Selbstakzeptanz sein wollen. Wir können jedoch ein Bewusstsein dafür entwickeln, welch starke Wirkung unsere Haltung auf die unserer Kinder hat. Erleben uns unsere Kinder, wie wir uns selbst abwerten, uns wenig zutrauen, kurz: uns nicht mit einem liebevollen Blick betrachten, so leben wir unseren Kindern eine Haltung und einen Umgang mit uns selbst vor, den wir uns für sie selbst nicht wünschen.

Wenn wir unseren Kindern beibringen wollen, wie man mit anderen Menschen umgeht – beispielsweise mit Respekt, Höflichkeit und Empathie –, so reicht es nicht, diese Werte lediglich zu erklären: Überzeugend ist unser eigenes Beispiel, nämlich dann, wenn wir unseren Kindern vorleben, wie man diese Werte im Umgang mit anderen Menschen umsetzt. Wenn sie uns erleben, wie wir freundlich grüßen, unserem Gesprächspartner in die Augen blicken, ihn aussprechen lassen, wie wir Kritik konstruktiv und liebevoll formulieren, so erleben sie uns als Vorbild, an dem sie sich orientieren können. Und hierbei wirken unsere Handlungen so viel stärker als unsere Worte. Genauso verhält es sich mit unserem Selbst-Umgang – auch hier können sie sich bei uns abgucken, wie man liebevoll mit sich selbst umgehen kann: Ich bin gut so, wie ich bin

Und wenn wir vielleicht den Eindruck haben, dass wir hier noch Veränderungspotenzial haben, ist es gut zu wissen, dass wir ein Leben lang in der Lage sind, uns zu entwickeln, zu verändern und zu lernen. Anders als früher angenommen, hat die Forschung gezeigt, dass auch Erwachsene über eine Plastizität des Gehirns verfügen – unser Erwachsenengehirn ist in der Lage, neue neuronale Verbindungen herzustellen und entsprechend auch im Erwachsenenalter Lernen und somit Veränderung zu ermöglichen. Wenn du es bis heute nicht geschafft hast, dich aus Selbstliebe mit deinem positiven Selbstbild auseinanderzusetzen, so schaffst du es nun vielleicht aus Liebe zu deinem Kind – auch, um deinem Kind ein inspirierendes und überzeugendes Vorbild zu sein.

Du kannst also an dir und deinem Selbstbild arbeiten. Arbeit klingt immer nach Anstrengung – und die Prozesse der Veränderung sind auch anstrengend, alles andere wäre gelogen. Aber ich denke, sie sind die Anstrengung wert. Für unsere eigene Entwicklung und für die unserer Kinder.

ÜBUNG: MIT DEN AUGEN LÄCHELN

Stell dich einmal vor einen Spiegel und betrachte dich selbst. Was kommt dir für ein Blick entgegen? Ist er liebevoll oder eher kritisch?

Die meisten von uns betrachten sich kritisch – wir haben die Tendenz, den Blick auf unsere »Schwachpunkte« zu richten: die Zornesfalte, die wir hässlich finden, die Tränensäcke, die wir als aufgedunsen empfinden, unsere Haut, die uns zu großporig erscheint … Die Liste ist endlos. Jede und jeder von uns mag etwas an sich nicht. Wenn wir in den Spiegel schauen, beurteilen wir uns oft nicht sehr liebevoll. Der Blick, der uns aus dem Spiegel anblickt, ist entsprechend streng, die Augen blicken nicht wohlwollend, nicht warm.

Versuche doch einmal, diesen Blick zu verändern. Versuche, liebevoll auf dich zu blicken. Schau mit einem warmen, wertschätzenden Blick auf dich, auf all das, was dich zu der Person macht, die du bist. Blicke auf dich, wie du auf dein Kind blickst und wie du möchtest, dass dein Kind auf sich selbst blickt.

Du musst gar nicht aufzählen, was genau hübsch oder gut aussehend an dir ist, was an deiner Ausstrahlung anziehend ist – du bist liebenswert, einfach weil du du selbst bist.

Versuche, mit den Augen zu lächeln. Das ist viel entscheidender, als mit dem Mund zu lächeln. Die Augen können gefühllos bleiben, auch wenn der Mund mechanisch zu einem Lächeln verzogen wird. Entscheidend ist das Lächeln in den Augen, die Wärme im Blick. Meist verziehen sich die Mundwinkel automatisch zu einem kleinen Lächeln, wenn die Augen lächeln – versuche es einfach.

»Fang« deinen Blick bewusst und geduldig wieder ein, wenn er kritisch, fordernd und hart wird – unsere Muster sind oft jahrzehntelang eingefahren, es kann etwas dauern, bis wir in der Lage sind, diese zu ändern.

Vielleicht hattest du einen Vater oder eine Mutter, die dich so liebevoll angeblickt haben, dann hast du bereits einen liebevollen Blick auf dich selbst erlebt, und dann wird es dir sicherlich leichter fallen, dich selbst bewusst liebevoll anzublicken. Sollte dies nicht der Fall sein, so schenke dir selbst diesen Blick, von dem du vielleicht nicht wusstest, welche Kraft er hat.

Denke an diese Übung, wann immer du in den Spiegel schaust. Du, nur du selbst kannst den Blick auf dich selbst steuern.

Viele von uns meiden den wohlwollenden Blick in den Spiegel, weil wir dahingehend erzogen wurden, dass dies eitel und selbstgefällig sei. Eltern, die ihre Kinder entsprechend erziehen, tun dies in dem sicher gut gemeinten Bestreben, ihre Kinder nicht zu eitlen Geschöpfen zu »verziehen«. Diese Eltern unterliegen jedoch einem gravierenden Missverständnis:

> Selbstliebe ist niemals eitel. Sie ist annehmend und wertschätzend und nicht selbstgefällig oder überheblich.

Ein liebevoller Blick auf sich selbst ist nie mit Eitelkeit zu verwechseln. Sei gütig mit dir, blicke dich liebevoll an. Liebevoll meint »voll Liebe« und daran ist nichts verkehrt. Liebe ist positive Lebenskraft und sie führt zu Verbindung und Empathie – mit sich und anderen. Wir können unseren Kindern nie zu viel Liebe geben. Wer lernt, sich liebevoll zu betrachten, wird nicht eitel oder abgehoben werden, denn sein Selbstbewusstsein ist durch Selbstliebe verankert. Eine Übersteigerung ist nicht vonnöten, da diese Person in sich und ihrer Selbstakzeptanz ruht. Im Gegenteil, eine Übersteigerung findet gerade dann statt, wenn das Fundament an Selbstakzeptanz fehlt, um diese fehlende Akzeptanz zu kompensieren. Menschen, die besonders selbstverliebt und narzisstisch erscheinen, sind meist die, die besonders unsicher sind. Gesunde Selbstliebe ist nicht selbstverliebt.

LIEBEVOLLE SELBSTANSPRACHE VORLEBEN

So wie der Blick in den Spiegel unser Äußeres betrifft, richtet unsere Selbstansprache unseren Blick nach innen. Wie sprichst du in Gedanken mit dir selbst? Bist du ungeduldig, fordernd und bisweilen aggressiv?

Titulierst du dich selbst mit abwertenden Bezeichnungen: *»Ich Depp«, »War doch klar, ich dumme Kuh«* … Oder bist du auch in der Lage, liebevoll mit dir zu sprechen: *»Das hat nicht gleich perfekt geklappt. Macht nichts, morgen versuche ich es einfach noch einmal.«*

Auch diese Form des elterlichen Selbst-Umgangs strahlt auf die Kinder ab. Selbst wenn Kinder diesen inneren Dialog nicht hören können, spüren sie, ob sie es mit Eltern zu tun haben, die liebevoll mit sich selbst umgehen oder nicht. Du ruhst ganz anders in dir, bist mehr verbunden mit dir selbst und in der Konsequenz auch mehr mit deinem Umfeld, wenn du liebevoll mit dir selbst kommunizierst. Tust du das Gegenteil, wirkst du angespannter, strahlst wenig Ruhe, Wärme und Leichtigkeit aus.

Ähnlich wie beim Blick in den Spiegel wird sich deine Ausstrahlung verändern, wenn du anfängst, innerlich liebevoll mit dir zu sprechen. Sei geduldig mit dir, tituliere dich auf gar keinen Fall mit abwertenden Bezeichnungen, sondern sprich dich mit wertschätzenden Namen an, vielleicht auch Kosenamen, die du für dich magst:

»Du schaffst das, meine Liebe. Keine Sorge. Und wenn nicht, ist es auch kein Weltuntergang – dann hast du es wenigstens versucht!«

Sicherlich ist es nachvollziehbar, dass eine solche Ansprache ganz anders wirkt als:

»Oh, nun stelle ich mich wieder so dumm an! War doch klar.«

Dein liebevoller Umgang mit dir selbst wird nach außen strahlen, genau wie es der abwertende Selbst-Umgang tut. Schaffst du es, deine Selbstansprache auf eine liebevolle Frequenz umzuschalten, wirst du, werden deine Kinder und dein gesamtes Umfeld diese positive Veränderung spüren.

Es ist interessant, dass wir uns in Momenten des Selbstzweifels und der Unsicherheit eine motivierende und stärkende Ansprache von außen wünschen. Wir machen uns emotional von der Außenwelt abhängig. Entscheidend ist jedoch, wie wir selbst mit uns reden, denn wir selbst sind immer mit uns verbunden. Geben wir uns selbst Liebe und Vertrauen, stärken wir uns und machen uns unabhängiger von äußerem Zuspruch. Die meisten von uns wählen bei Selbstzweifeln einen strengen, selbstkritischen Ton: *»Typisch, nun komme ich wieder nicht weiter, so wie immer.« »Wusste ich doch, dass ich es wieder versaue …« »Ich bin eine solche Versagerin/Niete/so unfähig …«*

Es ist eindeutig, dass eine positive Selbstansprache vertraueneinflößender und motivierender ist als eine harsche, kritische und abwertende Selbstansprache. Leben wir unseren Kindern einen liebevollen Umgang mit uns selbst vor, so machen wir bereits sehr viel richtig. Keiner von uns ist immer perfekt und in seiner emotionalen Mitte. Jede von uns hat anstrengende, frustrierende und insgesamt herausfordernde Momente, die sie an ihre emotionalen Grenzen bringen. Wir alle kennen Tage oder auch Wochen, in denen nichts zu funktionieren scheint und in denen wir von uns und der Welt enttäuscht sind, in denen wir einfach frustriert sind und uns kraftlos fühlen. In solchen Momenten oder auch Phasen scheint ein liebevoller Blick auf sich selbst besonders schwierig. Er ist in diesen Momenten aber auch ganz besonders wichtig!

So, wie es uns selbstverständlich erscheint, dass wir eine Freundin oder einen Freund in schwierigen Phasen ganz besonders liebevoll unterstützen, sollten wir das auch mit uns selbst tun. Entscheidend ist nicht unsere Perfektion, sondern dass unsere Kinder beobachten können, dass auch wir uns immer wieder auf uns und die positive Kraft, die jede und jeder von uns in sich zu aktivieren versuchen kann, besinnen. Es ist wichtig, dass sie beobachten, dass wir stetig versuchen, uns neu auszubalancieren, und uns immer wieder aufs Neue auf einen liebevollen Umgang mit uns selbst einlassen.

ÜBUNG:
WIE SPRECHE ICH MIT MIR?

Der erste Schritt zur Veränderung ist, sich der eigenen Muster bewusst zu werden. Führe einen Tag lang ein Selbstansprache-Protokoll:

Beobachte dich intensiv einen Tag lang pro Woche über einige Wochen hinweg, und entdecke die Muster deiner Selbstansprache. »Erwischst« du dich bei Selbstvorwürfen und liebloser Ansprache, so notiere dir diese, und überlege dir, durch welche Ansprache du sie gern ersetzen würdest.

Du kannst dieses Protokoll auf Papier notieren, oder du protokollierst deine Beobachtungen unter »Notizen« in deinem Smartphone. Wann immer dir eine lieblose Ansprache bei dir selbst auffällt, hast du die Möglichkeit, zu einer freundlicheren und aufmunternderen Ansprache zu wechseln – so, wie du es dir auch für dein Kind wünschst. Versuche, eigene kleine Erfolgserlebnisse zu beobachten, und erkenne sie an: *»Das hat doch super geklappt! Gut gemacht!«*

Ersetze negative Selbstansprache durch aufmunternde Worte: *»Du hast dein Bestes gegeben. Du bist eine wunderbare Person, auch wenn du jetzt etwas enttäuscht bist. Versuch es einfach noch einmal!«*

Erleben wir unser Kind, wie es sich selbst abwertend tituliert, können wir es in derselben Art ermuntern, sich selbst liebevoller anzusprechen und eine negative Selbstansprache durch eine aufmunternde zu ersetzen. Leben wir unserem Kind einen liebevollen Blick auf uns selbst und eine entsprechende Selbstansprache vor, erlebt es uns als Vorbild für einen liebevollen Selbstumgang. Weiterhin bestärken wir den liebevollen Selbstumgang unseres Kindes mit sich selbst dadurch, dass es unseren liebevollen Blick auf sich spürt. Einen Blick, der sagt: Ich liebe dich genauso, wie du bist.

Dieser bedingungslos liebevolle Blick verleiht Urvertrauen, denn das Kind, dem dieser Blick gilt, spürt: Ich bin geliebt – in meiner Gänze, mit allen Facetten meines Seins, mit allem, was zu mir gehört. Spüren unsere Kinder unsere vorbehaltlose Akzeptanz und Liebe und wachsen mit unserem liebevollen Blick auf, so schafft dies eine familiäre Atmosphäre des wertschätzenden und nahen Umgangs, der Selbstakzeptanz und Selbstliebe fördert. Das bedeutet einen Umgang, in dem Kinder nicht abwertend oder ironisch angesprochen werden, in dem sie grundsätzlich wohlwollend behandelt werden und Eltern sich immer wieder mit einer großen Portion Geduld daran erinnern, dass Kinder kleine Persönlichkeiten im Wachstum sind, die noch nicht alles perfekt beherrschen oder wissen können.

WAS IST SCHON NORMAL?

Erfahren unsere Kinder unsere bedingungslose Liebe, ist dies die Grundlage dafür, dass sie ihre ureigene Persönlichkeit entfalten können. Wir vermitteln unseren Kindern damit auch Akzeptanz und Toleranz, Eigenschaften, die durch unser Vorbild auch ihre Beziehungen zu anderen Menschen prägen werden. Wird ein Kind bedingungslos geliebt, fällt es ihm leichter, andere Kinder in ihrer Individualität zu respektieren und akzeptieren. Gerade für Kinder, die zu einer Minorität gehören, sei es etwa durch ihr Aussehen, ihre Nationalität oder ihre geschlechtliche Identität, kann es besonders herausfordernd sein, einen guten Selbstwert zu entwickeln. Erziehen wir unsere Kinder mit bedingungsloser Liebe und Toleranz, können wir hoffen, dass sich unsere Werte in ihrem Verhalten anderen Kindern gegenüber wiederfinden werden.

Ein Vater mit Migrationshintergrund, der in Deutschland aufwuchs, berichtete mir, dass er als Kind ständig das Gefühl hatte, aufgrund seines ausländischen Namens besser sein zu müssen als seine Klassenkameraden. Irgendwie fühlte er sich immer ein bisschen minderwertig und versuchte, dies mit besonderer Leistung zu kompensieren. Seine Klassenkameraden und auch Lehrer hätten durch Kommentare zu und mit Witzen über seinen Namen dazu beigetragen. Er hatte sich als Kind immer gewünscht, dass man »Anderssein« nicht mit Spott und Ausgrenzung begegnet wäre, sondern mit Offenheit und Akzeptanz.

Wer mehr über die Themen Rassismus und die Überwindung der Ausgrenzung von Kindern lesen möchte: Das Buch »Gib mir mal die Hautfarbe. Mit Kindern über Rassismus sprechen« von Olaolu Fajembola und Tebogo Nimindé-Dundadengar beschreibt eine Fülle von Wegen, um von Diskriminierung betroffenen Kindern Selbstbewusstsein zu vermitteln und auch, um alle Kinder auf dem antirassistischen Weg zu begleiten.

SELBSTWERTSTÄRKEND LOBEN

Loben ist wichtig, man kann aber, gut gemeint, auch einiges falsch machen. Deshalb verdient dieses Thema ein eigenes Kapitel. Eltern loben ihr Kind in dem Bewusstsein, das kindliche Selbstvertrauen und auch das Selbstwertgefühl auf diese Art und Weise zu bekräftigen. Verbringt man einige Zeit auf einem Spielplatz, so wird man schnell Zeuge dieses allgemein verbreiteten elterlichen Ansatzes; die Lobesbekundungen fliegen nur so umher zwischen Rutschbahn, Klettergerüst und Sandkasten:

»Toll gemacht, Larissa!« »Super, Samira!« »Bravo, Nick, das hast du fein gebaut!« Zwischen den Lobesausrufen hört man immer wieder: *»Guck mal, Mama!«, »Papa, schau mal – meine Sandburg.«* Mama, Papa, hier bin ich – GUCKT DOCH MAL HER!!! Lob wird fleißig von den Eltern ausgeteilt und emsig von den Kindern eingefordert. Eltern fühlen sich gut in dem Bewusstsein, das kindliche Selbstvertrauen zu fördern – doch tun sie das wirklich?

Oft loben wir unsere Kinder, weil wir möchten, dass sie durch unser Lob lernen, dass wir ihr Verhalten zu schätzen wissen und dass sie sich in Zukunft am besten immer so verhalten sollten.

»Super hast du den Tisch gedeckt.« (Bitte mach das jeden Abend so.)

»Du hast Tante Lisa aber höflich begrüßt, das war perfekt.« (Wunderbar, mach das bitte bei allen kritischen Tanten und Onkels so …)

»Lieb, dass du mit deinem Bruder geteilt hast.« (Es ist so entspannend für mich, wenn ihr nicht streitet, bitte verhalte dich immer so als großer Bruder.)

In unzähligen anderen Momenten, wenn wir unser Kind in seinem Selbstvertrauen bestärken wollen, loben wir es für alle möglichen Kleinigkeiten:

»Wunderschön ist dein Bild« (obwohl es allenfalls okay ist).

»Wow, das ist ja ein tolles Lego-Flugzeug geworden.« (Es ist okay, aber nicht wirklich »toll«.)

Dieses Lob, das wir austeilen, ist eigentlich eine Bewertung – wir bewerten das Verhalten unseres Kindes. Es lernt: Wenn ich dies mache, ist Mama zufrieden und findet mich toll. Ich erhalte Aufmerksamkeit und Bestätigung, wenn ich mich entsprechend verhalte. Im Umkehrschluss überlegt es sich wahrscheinlich: Wenn ich dies nicht mache (oder nicht schaffe), ist Mama unzufrieden und hat mich nicht so lieb. Kein Kind möchte von seinen Eltern abgelehnt werden. Kindern ist die Wertschätzung und Anerkennung ihrer Eltern unendlich wichtig, und sie werden alles tun, um diese zu erhalten. Der Haken daran ist: Durch bewertendes Loben kann es sich für die Kinder schnell so anfühlen, dass die Eltern sie besonders (oder auch nur) lieben, wenn sie sich so oder so verhalten – die Elternliebe würden die Kinder also nicht als bedingungslos empfinden.

Kinder haben das natürliche Bedürfnis, sich von ihren Eltern geschätzt und angenommen zu fühlen. Haben ihre Eltern die Tendenz, viel zu bewerten, so lechzen sie nach positiven Bewertungen. Die Aussicht auf Belohnung motiviert uns alle zum Handeln, dafür ist das Belohnungssystem in unserem Gehirn zuständig. Lob aktiviert unser Belohnungssystem: Der Neurotransmitter Dopamin wird ausgeschüttet, wenn wir eine Belohnung erwarten. Ist die Belohnung (in diesem Fall das Lob) eingetreten, werden körpereigene Opioide, Endorphine und Oxytocin ausgeschüttet, was zu Glücksgefühlen führt. Das Bedürfnis nach diesem »Glückskick« wächst mit der Zeit und kann dazu führen, dass Kinder auf die Bewertungen ihrer Eltern fixiert sind und ihr Verhalten immer stärker darauf ausrichten, Lob zu erhalten.

»Wunderbar!«, werden viele Eltern an dieser Stelle sagen. »Das ist doch genau, was wir anstreben, dass unser Kind das tut, was wir für richtig halten – das ist doch Erziehung, oder nicht?« Natürlich wünschen sich Eltern »erzogene« Kinder. Früher versuchte man, dies mit Autorität zu erreichen, heute oft mit Lob und positiver Verstärkung. Die Gefahr beim bewertenden Lob besteht jedoch darin, dass Kinder Dinge nicht mehr aus Eigenmotivation machen, sondern vornehmlich, um den Eltern zu gefallen und um positive Bewertungen zu bekommen. Das heißt, sie handeln nicht aus intrinsischer, sondern aus extrinsischer Motivation. Wie ich bereits weiter vorne beschrieben habe, handelt ein selbstbewusstes Kind aus dem Bewusstsein seiner selbst, sein Selbstwert speist sich aus der Annahme seiner selbst. Ist ein Kind primär darauf fokussiert, seinen Eltern zu gefallen, handelt es nicht aus dem Bewusstsein seines Selbst, sondern aus dem Bewusstsein der Erwartungen seiner Eltern, die es erfüllen möchte, um sich angenommen, wertgeschätzt und geliebt zu fühlen. Es geht dann nicht darum, wie es selbst seine Handlungen bewertet, sondern darum, wie andere, primär die Eltern, diese beurteilen. Es handelt nicht seinen eigenen Werten entsprechend, sondern weil es positiv bewertet werden möchte.

Wenn man lediglich an dem äußerlich beobachtbaren Verhalten des Kindes interessiert ist, also daran, dass es folgt und Dinge so tut, wie die Eltern es möchten, ist das Prinzip des bewertenden Lobens ein probates Mittel der Wahl. Wenn wir uns jedoch für die Bedürfnisse der Kinder interessieren – und das tun die allermeisten Eltern heute –, sollten wir differenziert und auf keinen Fall manipulativ mit Lob umgehen. Was deutlich anstrengender ist! Loben, um Kinder zu etwas zu motivieren, ist in gewisser Hinsicht einfacher, und es ist, was das Verhalten der Kinder betrifft, auch relativ erfolgsversprechend, denn Kinder wollen ihren Eltern gefallen und sich ihrer Liebe sicher sein. Also lassen sie sich durch Lob gut lenken.

Ein weiteres Risiko, das sich aus bewertendem Loben ergibt, ist die Koppelung von Selbstwert an Leistung. Dadurch, dass ein Kind sich durch Lob in seiner Leistung bewertet fühlt, wird es danach streben, gute Leistungen zu erbringen – dies, wie erläutert, nicht aus intrinsischer, sondern aus extrinsischer Motivation. Ich finde es wunderbar, wenn Kinder anstrengungsbereit und motiviert sind, gute Leistungen zu erzielen. Ihr Selbstwert sollte jedoch nicht davon abhängen. Eine sichere Selbstakzeptanz sollte unabhängig von Leistungen bestehen. So sollte es den Selbstwert meines Kindes nicht zum Schwanken bringen, wenn es eine Klassenarbeit verhauen hat. Ist es sich meiner bedingungslosen Liebe, unabhängig von seinen Leistungen, gewiss, so wird dies ganz wesentlich zu einem stabilen Selbstwert beitragen.

Es ist für viele Eltern – und war es auch für mich – befremdlich, sich diese Zusammenhänge zu veranschaulichen. Irgendwie kränkt es unser Eltern-Ego, wenn wir jahrelang gelobt haben, und zwar möglichst viele Handlungen unserer Kinder – nach der Formel: je mehr Lob, desto mehr Selbstbewusstsein bei unserem Kind –, und dann feststellen müssen, dass diese Formel einen Haken hat. Das muss man erst einmal verarbeiten.

Wie soll man denn nun loben? Oder darf man gar nicht mehr loben?, fragen viele Eltern verständlicherweise etwas ratlos und befremdet. Deshalb nachfolgend einige »Lobes-Empfehlungen«, die auf den vorhergehenden Überlegungen beruhen:

BEWUSST LOBEN

Ich denke, es ist wichtig, dass wir bewusst loben. Das bedeutet, dass wir nicht jede Kleinigkeit und jede Selbstverständlichkeit des Verhaltens unseres Kindes loben, denn dann gewöhnen wir es daran, von uns bewertet zu werden, und es verlangt immer mehr Bewertung. Am Ende richtet es sich mehr nach dem Urteil der Eltern als nach seiner eigenen Bewertung aus. Sein Selbstwert wird so zunehmend abhängig vom äußeren Lob, es kann sich nur annehmen, wenn es positiv bewertet wird.

So solltest du nicht jedes Bild, das es malt, automatisch, sozusagen reflexartig begeistert kommentieren oder bei jedem Klettern auf das Klettergerüst »Super gemacht!« ausrufen, sondern in speziellen Momenten deine Anerkennung, Begeisterung oder auch deine Freude ausdrücken.

> Lobe ausgewählt in Momenten, in denen du das Verhalten deines Kindes wirklich bemerkenswert positiv findest.

Wenn ein Kind zu viel und zu unreflektiert gelobt wird, wenn jede kleine Handlung mit Superlativen bedacht wird, kann dies auch dazu führen, dass Kinder vermeintlich zu selbstbewusst werden. Ich sage vermeintlich, da es dazu führen kann, dass sie sich und ihre Fähigkeiten überschätzen. Ein Kind, das sich überschätzt, ist aber keineswegs ein Kind, das zu viel Selbstbewusstsein hat, sondern eher ein Kind, das zu wenig selbstbewusst ist. Selbstbewusstsein bedeutet, sich angemessen einschätzen zu können – sich nicht zu unterschätzen, aber eben auch nicht zu überschätzen.

AUFRICHTIG LOBEN

Werden wir uns unserer Automatismen bewusst, so wird es gelingen, nicht automatisiert zu loben, sondern nur, wenn wir tatsächlich so empfinden. Keine leichte Aufgabe, aber eine lohnende. Spiele nicht vor, dass du etwas »toll« oder »großartig« findest, nur um dein Kind dazu zu bringen, mehr von diesem Verhalten zu zeigen, oder weil du denkst, dass du ihm so einen »Selbstwert-Boost« bereitest. Das wäre manipulatives Loben. Doch kein Mensch, weder Kind noch Erwachsener, möchte manipuliert werden. Eine Erziehung auf Augenhöhe bedeutet, dass wir die Bedürfnisse unseres Kindes ernst nehmen, und nicht, dass wir es manipulieren, um unsere Bedürfnisse zu erfüllen.

EHER BESCHREIBEND ALS BEWERTEND LOBEN

Um von dem Reflex der Bewertung, mit allen aufgeführten möglichen Konsequenzen für die Abhängigkeit des kindlichen Selbstwerts vom elterlichen Lob, wegzukommen, ist es hilfreich, beschreibend zu loben. Dabei geht es darum, dem Kind liebevoll zu zeigen, dass man es wohlwollend wahrnimmt und ihm Aufmerksamkeit schenkt, ohne es zu bewerten.

Wenn die Achtjährige von der Rampe der Seilbahn am Spielplatz stolz ruft: »*Guck mal, Mama*«, und dann mit Schwung losbraust, können wir antworten: »*Ich seh dich! Du bist mit viel Schwung runter gesaust!*« Das ist keine Wertung wie »*Toll hast du das gemacht! Bravo!*«

Wenn unser Sohn uns ein Bild zeigt und fragt: »*Mama, wie findest du es?*«, können wir, statt bewertend »*Wunderbar!*« auszurufen, beschreibend reagieren: »*Du hast leuchtende Farben gewählt, sie sind so fröhlich. Wie gefällt es dir denn?*«

Mithilfe unserer Beschreibungen oder Beobachtungen schenken wir unserem Kind wohlwollende Aufmerksamkeit und Beachtung. Es fühlt sich von uns wahrgenommen, aber nicht bewertet. Es merkt, dass wir uns mit ihm und seinem Tun auseinandersetzen. Kindern ist unsere Aufmerksamkeit wichtig. Doch die Suche nach unseren Bewertungen »trainieren« wir ihnen durch ständiges Loben erst an. Das können wir vermeiden, indem wir ihnen unsere Aufmerksamkeit schenken und indem wir unsere Wahrnehmungen beschreiben. Bewertungen sind hierfür gar nicht notwendig.

Statt unsere Meinung in den Vordergrund zu stellen, sollten wir unsere Kinder dazu animieren, sich ihre eigene Meinung zu bilden.

SELBSTEINSCHÄTZUNG FÖRDERN

Alina: »*Guck mal, Papa, was ich gebastelt habe.*«
Vater: »*Das sieht aber kompliziert aus, das war bestimmt sehr schwierig zu bauen, oder?*«
Alina: »*Ja, das hat echt lang gedauert.*«
Vater: »*Das glaube ich. Wie gefällt es dir denn?*«
Alina: »*Ich finde es schön, aber das Dach ist mir nicht so gelungen.*«
Vater: »*Was gefällt dir nicht daran?*«
Alina: »*Ich finde es zu wackelig.*«
Vater: »*Wenn es dich so stört, könntest du ja noch mal versuchen, es zu stabilisieren. Hast du eine Idee, wie du das machen könntest?*«
Alina: »*Hm, ich könnte versuchen, es an der Seite noch mal zu kleben. Hilfst du mir dabei?*«
Vater: »*Versuch es erst mal selbst, und wenn du nicht weiterkommst, helfe ich dir.*«
Alina: »*Okay.*«

Hier bemüht sich Alinas Vater, die Komplexität der Bastelarbeit herauszustreichen. Das ist eine differenziertere Auseinandersetzung mit der Arbeit seiner Tochter, als pauschal »großartig« auszurufen, und deshalb für sie glaubwürdiger. Auch stellt der Vater nicht seine Einschätzung in den Vordergrund *(»Mir gefällt es sehr«)*, sondern fragt Alina nach ihrer eigenen Einschätzung und wischt auch nicht darüber hinweg (im Sinne von: *»Ach was, das sieht doch toll aus …«*), sondern setzt sich damit auseinander und regt seine Tochter zu einer Lösungsfindung an.

Ich muss zugeben, dass es ungewohnt und nicht einfach ist, den eigenen gut gemeinten »Bewertungs-Lob-Reflex« zu unterdrücken, schon allein deshalb, weil wir uns alle über ein Lächeln im Gesicht unseres Kindes freuen. Ein bewertendes Lob triggert das Belohnungssystem im Gehirn unseres Kindes und gibt ihm einen kurzfristigen Glücks-Kick, das fördert auch die Harmonie zwischen uns und unserem Kind. Langfristig aber ebnen wir durch ständige Bewertungen eine Entwicklung der emotionalen Abhängigkeit und eben nicht der Selbstständigkeit unseres Kindes. Dennoch muss ich einräumen, dass das beschreibende Lob sich zunächst sehr kontraintuitiv anfühlt und es die Einsicht der Notwendigkeit und eine sehr bewusste Haltung erfordert, um eben nicht bewertend, sondern beschreibend zu loben.

Ein guter und stabiler Selbstwert beruht auf bedingungsloser elterlicher Liebe und gleichzeitig dem Fördern der Selbstständigkeit des Kindes. Selbstständigkeit eben nicht nur in Bezug auf Handlungen, die das Kind lernt allein durchzuführen (sich allein anziehen, allein zum Bäcker gehen, allein die Schulaufgaben machen …), sondern Selbstständigkeit auch in Bezug auf die Einschätzung seines Selbst, bei der es um persönliche Einschätzungen geht wie etwa:

Was finde ich gut?
Was gefällt mir?
Wie schätze ich mich ein?
Wie möchte ich sein?

Unterdrücken wir das bewertende Lob und stellen in den Vordergrund, wie unser Kind sich selbst einschätzt, so unterstützen wir sein Selbstbewusstsein, was für einen stabilen Selbstwert wichtig ist. Viele Eltern fragen sich hinsichtlich dieses Lob-Ansatzes: Bleibt denn auf diese Art und Weise nicht die Emotionalität und die Nähe zu unserem Kind auf der Strecke? Ist das nicht alles zu »verkopft«, zu wenig intuitiv und emotional?

Seine automatisierten Bewertungsreflexe zu unterlassen, bedeutet Bewusstsein und somit auch »Kopfarbeit«, das ist richtig. Nur weil Eltern aber nicht mehr in häufiger Frequenz »Super!«, »Gut gemacht!« und »Ganz große Klasse!« ausrufen, bedeutet dies nicht, dass sie emotions- oder gar herzlos sind. Wie ich weiter oben gezeigt habe, ist ein beschreibendes Loben eine differenziertere Auseinandersetzung mit dem Verhalten des Kindes als ein pauschal positives Loben. Und natürlich bin ich auch der Meinung, dass Eltern, wenn ihrem Kind etwas Besonderes gelungen ist, sich mit ihm freuen und dann auch ausrufen können: »*Toll hast du das gemacht! Großartig!*«

Aber dies eben in ausgewählten Situationen und nicht reflexhaft. Es geht darum, bewusster zu kommunizieren und ständig bewertendes genauso wie manipulierendes Loben zu vermeiden.

ANSTRENGUNG LOBEN

Carol Dweck, Psychologie-Professorin an der Stanford University und Expertin für Motivations- und Entwicklungspsychologie, hat sich mit den Auswirkungen des Lobens auf das Verhalten von Kindern beschäftigt. Sie führte unzählige Studien zu diesem Thema durch und erforschte den sogenannten *Effort Effect* (deutsch: Anstrengungseffekt). In einer Umfrage unter Eltern fand sie heraus, dass mehr als 80 Prozent der befragten Eltern der Meinung waren, es sei notwendig, das Talent seiner Kinder zu loben, um ihre Selbstsicherheit und Leistungsfähigkeit zu stärken. Dieser Ansatz erscheint spontan und intuitiv durchaus nachvollziehbar und plausibel. Dweck wollte es jedoch genau wissen und machte sich deshalb daran, diesen Ansatz mithilfe von Studien wissenschaftlich auf seine Richtigkeit zu überprüfen. Hierzu führten sie und ihr Team Untersuchungen mit Hunderten von Schülern im Jugendalter durch. Zunächst legten sie den Jugendlichen Fragen aus einem IQ-Test vor. Die meisten Schülerinnen und Schüler schnitten gut ab und wurden gelobt, als ihre Ergebnisse bekannt gegeben wurden.

Die Forscher verteilten zwei Kategorien von Lob: Einige der Jugendlichen wurden für ihr Talent gelobt, mit dem sie in der Lage waren, diese Art von Tests erfolgreich zu bewältigen. Andere wurden nicht für ihr Talent, sondern für ihre Anstrengung gelobt, die sie in die Lösung der Aufgaben gesteckt hatten.

Nun war es spannend zu überprüfen, welche Effekte die unterschiedlichen Formen von Lob auf die Motivation und Leistungen der Jugendlichen hatten. Zu Beginn erreichten beide Gruppen die gleichen Ergebnisse. Nachdem sie ihr Lob bekommen hatten, reagierten sie aber durchaus unterschiedlich: Die Jugendlichen der Gruppe, die für ihr Talent gelobt worden war, lehnten es ab, schwierigere Aufgaben zu lösen – sie hatten Angst, Fehler zu machen, durch die ihr Talent infrage gestellt werden könnte. 90 Prozent der Gruppe, die für ihre Anstrengung gelobt worden war, nahm hingegen die Herausforderung an und »kämpfte« sich freiwillig durch die schwierigeren Aufgaben.

In einer nächsten Runde bekamen beide Gruppen dann noch schwierigere Aufgaben, die sie alle nicht besonders gut lösten. Die Rückschlüsse, die die Probanden der jeweiligen Gruppen daraus zogen, waren sehr unterschiedlich: Die Jugendlichen, die für ihr Talent gelobt worden waren, dachten, sie seien nicht intelligent, da sie die

Aufgaben nicht lösen konnten. Die Jugendlichen, die für ihre Anstrengung gelobt worden waren, zweifelten nach dieser herausfordernden Aufgabenrunde nicht an ihrer Intelligenz, sondern dachten lediglich, sie müssten sich mehr anstrengen oder andere Strategien zum Lösen der Aufgaben entwickeln.

Die Art des Lobes hatte auch Auswirkungen auf die Freude, die die Jugendlichen beim Bewältigen der Aufgaben hatten. Die Teenager, die für ihr Talent gelobt worden waren, hatten nach der zweiten Runde mit den schwierigeren Aufgaben keine Freude mehr beim Bearbeiten der Fragen. Denjenigen, die für ihre Anstrengung gelobt worden waren, war die Freude hingegen nicht vergangen; sie behaupteten sogar, die schwierigeren Aufgaben hätten ihnen mehr Spaß gemacht.

Auch was die Leistungen betraf, gingen die Ergebnisse weit auseinander. Die Jugendlichen der »Talent-Gruppe« erzielten keine guten Ergebnisse mehr, selbst als ihnen in der dritten Runde leichtere Aufgaben präsentiert wurden. Die Jugendlichen der anderen Gruppe hingegen verbesserten ihre Leistungen, als sie die leichteren Aufgaben lösten.

Und ein Ergebnis dieser Untersuchung verblüffte besonders: Den jungen Leuten wurde gesagt, dass dieser Test auch an andere Schulen weitergegeben würde, und man bat sie, ihre Eindrücke dazu und ihre erzielten Testergebnisse aufzuschreiben. Fast 40 Prozent der Jugendlichen der »Talent-Gruppe« korrigierten ihre Ergebnisse nach oben. Offensichtlich empfanden sie ihre Ergebnisse (gemessen an ihrem Talent) als Schande und versuchten, sie zu verheimlichen. Wie erschütternd! Heißt dies doch, dass wir mit zwar gut gemeintem, aber falsch fokussiertem Lob unsere Kinder nicht nur ausbremsen, sondern sie auch noch dazu bringen, sich offensichtlich für ihr »Versagen« zu schämen und nicht dazu zu stehen.

Carol Dweck drückt es folgendermaßen aus: »Kindern zu sagen, sie seien intelligent, führt also letztendlich dazu, dass sie sich am

Ende dümmer fühlen und dümmer handeln, aber behaupten, sie seien intelligenter. Das ist sicher nicht unsere Absicht, wenn wir Menschen als ›begabt‹, ›talentiert‹ oder ›genial‹ bezeichnen. Wir haben nicht vor, ihnen den Hunger nach Herausforderungen zu nehmen und ihre Erfolgsstrategien zu sabotieren. Doch genau darin liegt die Gefahr.«[7]

Wenn wir unsere Kinder für ihre Intelligenz oder ihre Talente loben, gibt ihnen das einen kurzfristigen Selbstwert-Boost, langfristig jedoch schwächen wir durch diese Form des Lobes ihr Engagement und ihre Durchhaltekraft bei Herausforderungen. Aus Angst, zu versagen, scheuen sie davor zurück, Herausforderungen anzunehmen, und nutzen diese nicht als Möglichkeit zum Lernen. Dweck spricht in diesem Zusammenhang vom *fixed* und *growth mindset*. Durch das Loben feststehender Eigenschaften wie Intelligenz oder Talent wird ein *fixed mindset* gefördert, das die Entwicklung eines statischen Selbstbilds begünstigt, bei dem Kinder davon ausgehen, dass ihre Talente und Fähigkeiten angeboren sind und sich nicht verändern. Loben wir die Anstrengung, die Kinder in eine Aufgabe oder Aktivität investieren, fördern wir ein *growth mindset*, eine Einstellung, bei der Kinder davon ausgehen, dass sie sich weiterentwickeln und sich Talente und Fähigkeiten aneignen können.

REFLEXION

Überlege einmal, ob und wie du als Kind gelobt wurdest. Überschwänglich? Zurückhaltend? Beschreibend?

Was, denkst du, hat das für Auswirkungen auf dich gehabt? Bist du heute »hungrig« nach Lob und Anerkennung? Oder bist du relativ unabhängig davon? Sich an die eigenen Lobes-Erfahrungen und an deren Auswirkungen zu erinnern, kann helfen, bewusster mit Lob für die eigenen Kinder umzugehen.

Um die Motivation zur Veränderung und die Anstrengung zum Lernen zu begünstigen, sollten wir nicht feststehende Eigenschaften, sondern die Anstrengung unserer Kinder loben: Statt: »*Du bist einfach ein Sprach-Talent! Wahnsinn, wie du diesen Aufsatz gemeistert hast!*« können wir beispielsweise formulieren: »*Das Thema des Aufsatzes war sehr herausfordernd. Du hast dieses komplexe Thema sehr klar strukturiert. Obwohl ich keine Ahnung von dem Thema hatte, habe ich durch deinen Aufsatz einiges gelernt und verstanden.*«

Oder im Sport: Statt zu sagen: »*Du bist einfach eine geborene Sportskanone! Genial, wie du die Körbe wirfst*«, stärkt es das Kind, wenn wir beispielsweise so formulieren: »*Man sieht, dass durch das viele Trainieren dein Wurf sehr viel sicherer geworden ist. Merkst du das auch?*«

Wenn wir unsere Kinder für ihre Anstrengung, Konzentration, Ausdauer und ihr Engagement loben, sind dies Fähigkeiten, an denen sie arbeiten können und die sie trainieren können. Das motiviert sie, sich anzustrengen und Herausforderungen anzunehmen. Auch hier können wir versuchen, unseren »Bewertungs-Reflex« zu vermeiden. Unserem Kind unsere Beobachtungen zu seinem Engagement rückzumelden, motiviert es, ohne dass es sich von uns bewertet fühlt.

KINDERN HELFEN, IHR POTENZIAL ZU LEBEN

In fast jeder Biografie erfolgreicher Menschen findet sich die Bedeutung einer oder mehrerer Mentorinnen und Mentoren ihrer Kindheit und Jugend. Oft hatten sie in ihnen wichtige erwachsene Bezugspersonen gefunden, die ihnen etwas zutrauten und ihnen vermittelten, dass sie Potenzial hätten. Durch das feste Zutrauen jener Erwachsenen, oft der eigenen Eltern oder Großeltern, manchmal aber auch von Personen außerhalb der Familie, begannen diese Kinder, sich selbst etwas zuzutrauen und an sich und ihre Fähigkeiten zu glauben.

Jedes Elternteil sollte für sich entscheiden, wie viel er oder sie dem eigenen Kind zutraut, ohne dass es überfordert wird und Schaden nimmt – sicher ist, dass elterliches Zutrauen bei Kindern den Glauben in die eigenen Fähigkeiten bestärkt. Kinder streben dann schwierigere Ziele an, als sie sich vielleicht selbst zugetraut hätten. Jedes Mal, wenn wir unsere Kinder in ihren Aktivitäten ausbremsen, sollten wir überlegen, ob unsere Einschränkung wirklich im Sinne der Entwicklung des Kindes gerechtfertigt ist oder ob sie tatsächlich nur uns das Leben erleichtert, damit wir uns weniger Sorgen machen müssen oder wir durch unsere Kontrolle (kurzfristig) Zeit und Energie sparen. Wir haben nicht nur die Fürsorgepflicht für unsere Kinder, wir haben auch die Aufgabe, sie in ihren Entwicklungsaufgaben zu unterstützen. Das erfolgreiche Erfüllen von Entwicklungsaufgaben bedeutet in jedem Alter einen weiteren Schritt in die Selbstständigkeit des Kindes. Natürlich plädiere ich nicht dafür, die elterliche Fürsorgepflicht zugunsten der Selbstständigkeitsentwicklung zu vernachlässigen, häufig aber entscheiden wir uns im Alltag zu einem Sicherheitsverhalten, das unserem Kind signalisiert, wie wenig wir ihm zutrauen. Kann das Kind vielleicht doch schon alleine einkaufen gehen? Mit dem Rad zur Schule fahren? Die Spülmaschine ausräumen – auch auf die Gefahr hin, dass ein Teller dabei zerbricht?

> Zunächst einmal geht es darum, dass wir uns selbst etwas zutrauen.

Warum? Ich empfinde es oft als Herausforderung, meinem Kind Selbstständigkeit zuzugestehen und innerhalb bestimmter Grenzen auch das Risiko einzugehen, dass es aufgrund dieser Selbstständigkeit möglicherweise unangenehme Erfahrungen macht. Und so erleben es die meisten Eltern. In erster Linie geht es um unsere Belastbarkeit: Halten wir es aus, dass unser Kind, wenn es sich selbstständig bewegt, selbstständig etwas unternimmt, sich möglicherweise, auf welche Art auch immer, wehtut? Dass es enttäuscht wird? Dass es verletzt wird? Viele Eltern sind selbst mit engen Regeln und wenig Freiheit aufgewachsen und/oder haben ein ängstliches oder sorgenvolles Temperament, für sie ist die wachsende Selbstständigkeit ihres Kindes eine immer neue Herausforderung. Manche Mütter und Väter haben aufgrund ihres Temperaments wenig Probleme, ihre elterliche Kontrolle durch Vertrauen in die Selbstständigkeit des Kindes zu ersetzen. Andere sind selbst mit viel Zutrauen ihrer eigenen Eltern erzogen worden und führen deshalb diesen Erziehungsstil fort.

VERTRAUEN VERLEIHT FLÜGEL

Wenn ich an meine Kindheit denke, waren die glücklichsten Erlebnisse solche, bei denen ich mit Freundinnen und Freunden selbstständig unterwegs war. So gründeten wir einen Geheimclub und bauten uns Lager im Wald, zu denen man nur mit einem Code-Wort Zutritt hatte. Oder wir kletterten in verlassene Häuser und dachten uns Spionagegeschichten aus. Die Mischung aus Selbstständigkeit, Gemeinschaftsgefühl und Abenteuer stellte das Glücksgefühl her. Es war spannend und wir waren frei. Damals gab es noch keine Handys, mit denen man seine Kinder jederzeit erreichen konnte, und offensichtlich hatten unsere Eltern auch keine Angst, uns ohne Aufsicht von Erwachsenen im Wald spielen zu lassen. Etwas schmerzlich dachte ich oft beim Aufwachsen meiner Kinder, dass die Möglichkeiten, solche Abenteuer zu gestalten und zu erleben, für sie heutzutage deutlich geringer sind. Andererseits: Sicherlich (und hoffentlich …) gibt es auch einige Abenteuer, von denen ich bis heute nichts weiß …

Und so schwingen wir Eltern ständig zwischen den Polen der Kontrolle und dem Gewähren von Selbstständigkeit. Auch wenn die Freiräume der Kindheit heute kontrollierter und begrenzter geworden sind als in unserer Kindheit, so können wir auch heute unseren Kindern noch Möglichkeiten der Entwicklung von Selbstständigkeit bieten – oder unterbinden. Es beginnt auf dem Spielplatz: Stehen wir beständig hinter unserem Kind, um es bei einem eventuellen Fall auffangen zu können? Oder lassen wir ihm angemessenen Raum zu Erkundungen und selbstständigem Ausprobieren?

Wie viel lassen wir unser Kind – in jeder Altersstufe – selbstständig machen? Für 2–3-Jährige, die ihre Autonomie entdecken, ist »allein« eines der Lieblingswörter. Sie wollen eigentlich am liebsten alles allein machen: sich allein anziehen, allein das Brot schmieren, allein die Treppe hochgehen, allein auf den Autositz klettern und,

und, und. Oft greifen wir ein, ziehen die Kinder an, schmieren ihr Brot, tragen sie die Treppe hoch und setzen sie in den Autositz – dies spart uns Zeit und Energie. Machen wir das oft genug, kann es sein, dass unser Kind sich daran gewöhnt und je nach Temperament einfach aufgibt und sich in die Unselbstständigkeit fügt. Kinder mit einem anderen Temperament fordern uns mehr heraus und kämpfen um ihre Autonomie.

Diese Kämpfe um Kontrolle versus Autonomie eskalieren meist im Jugendalter, in dem die Entwicklungsaufgabe darin besteht, dass Kinder sich von ihren Eltern in einem gewissen Maß lösen, um Eigenständigkeit zu entwickeln und zu jungen Erwachsenen heranzuwachsen. In dieser Zeit gewinnen Gleichaltrige an Bedeutung, und die Rolle der Eltern als Vertraute tritt entsprechend in den Hintergrund. Diese Phase ist für viele Eltern eine Herausforderung, besonders aber für Eltern, die Schwierigkeiten haben, Kontrolle abzugeben, und die die Selbstständigkeit ihrer Kinder als Kränkung empfinden. Ich habe oft beobachtet, wie kontrollierende Eltern die Gegenwehr ihrer Kinder provozierten und das Gegenteil von dem erreichten, was sie sich wünschten.

Kontrolle fördert in jüngeren Jahren oft Gehorsam und Anpassung, in späterem Alter, in dem das Bedürfnis nach Selbstbestimmung erstarkt, jedoch meist Heimlichkeit, Lügen oder offene Opposition. Jugendliche beschreiben, dass sie das kontrollierende Verhalten ihrer Eltern nicht nur als Ausdruck des Misstrauens, sondern als entwürdigend empfinden. Ihre oft heftigen Gegenreaktionen zeigen, wie wichtig es ist, dass wir uns immer wieder vor Augen führen, welch positive Kraft unser Vertrauen in unsere Kinder hat – auch bei Jugendlichen. Spüren Kinder und Jugendliche, dass wir ihnen vertrauen, wollen sie in der Regel unser Vertrauen nicht enttäuschen. Unser Vertrauen kann sie beflügeln – zu Engagement, reifem Verhalten, sozialem Verhalten und vor allem zu Vertrauen in sich selbst.

✳ Unser liebevolles Vertrauen in unsere Kinder lässt sie ihr eigenes Potenzial entdecken und erleben. ✳ ✳

Misstrauen bewirkt das Gegenteil, es bremst Kinder aus und blockiert Entwicklung, da sie sich durch mangelndes Vertrauen selbst als minderwertig empfinden. Das schürt Selbstzweifel und Minderwertigkeitsgefühle.

Schon kleinen Kindern können wir unser Vertrauen in sie zeigen. Es macht Kinder unglaublich stolz, wenn sie den Eltern helfen können und diese ihnen schon früh kleine Aufgaben zutrauen, wie den Tisch zu decken, dem Hund das Futter zu geben, die Balkonblumen zu gießen oder die Brötchen beim Bäcker einzukaufen.

Unseren Kindern zu vertrauen und ihnen etwas zuzutrauen, bedeutet, ihnen zu vermitteln, dass wir Gutes von ihnen glauben. Es gibt nichts Beflügelnderes als einen unvoreingenommenen Vertrauensvorschuss einer Person, die uns wichtig ist. Eltern sind existenziell wichtig für ihre Kinder, und wenn sie gute Annahmen über ihre Kinder hegen, lässt das Kinder innerlich wachsen. Sie sind motiviert, diese Annahmen zu bestätigen, und entwickeln Energie. Ihr Vertrauen in sich selbst wächst, da sie dieses von außen erfahren und spüren.

→ Antonia, 9 Jahre

Einmal im Jahr veranstaltet meine Klavierlehrerin ein Vorspiel mit all ihren Schülern. Beim ersten Mal war ich sehr nervös und ängstlich, das bin ich eigentlich immer bei Tests oder auch Wettkämpfen. Zu meiner Überraschung hat alles gut geklappt. Meine Mutter schenkte mir nach dem Vorspiel einen Handarbeitskorb, den sie vorher als Geschenk für mich ausgesucht hatte. Ich war ganz erstaunt, wie sie denn wissen konnte, dass alles gut gehen würde, und sie meinte, sie wusste einfach, dass ich es gut machen würde. Das war ein tolles Gefühl und hat mich ganz stolz gemacht.

Entscheidend ist, dass wir unseren Kindern unser Vertrauen in sie nicht nur in Worten ausdrücken, sondern es auch durch unsere Handlungen zeigen. Es ist kontraproduktiv, wenn wir unserem Kind sagen: »Du kannst das«, ihm aber durch unsere Verhaltensweisen zeigen, dass wir ihm doch noch nicht so viel zutrauen.

Es ist immer, auch für uns Eltern, aufregend, wenn ein Kind einen neuen Entwicklungsschritt geht. Aus eigenen Ängsten heraus sollten wir es nicht von seiner Selbstständigkeitsentwicklung abhalten, und so sollten wir immer wieder überprüfen, ob unsere Ängste angemessen oder übertrieben sind. Und wie in allen anderen Erziehungssituationen auch wirken wir vor allem durch unsere Handlungen, stärker als durch unsere Worte. Kinder merken, wenn wir das eine sagen, jedoch nicht entsprechend handeln. Diskrepanzen zwischen den elterlichen Worten und ihren Handlungen verunsichern sie und schmälern ihr Vertrauen sowohl in sich selbst als auch in die Worte der Eltern.

→ Freddie, 11 Jahre

Alle meine Freunde fahren mit dem Fahrrad zur Schule. Mama und Papa haben auch gesagt, dass ich es ab diesem Schuljahr darf. Nach dem ich aber zweimal allein gefahren bin, bietet Mama mir immer an, mich zur Schule zu fahren. Ich weiß, dass sie es macht, weil sie Angst hat, dass mir etwas passiert.

Ich finde das doof. Sie tut so, als ob sie es mir erlaubt, aber irgendwie erlaubt sie es ja doch nicht und will auch nicht, dass ich allein zur Schule radle.

Sollten Eltern ihren Kindern misstrauen, ihnen also nicht zutrauen, sich angemessen zu verhalten – und aufgrund der sich noch entwickelnden Reife unserer Kinder gibt es durchaus Momente, in denen dies mangelnde Vertrauen seine Gründe hat –, empfehle ich Eltern immer, das Gespräch mit ihren Kindern zu suchen. Und rate von heimlichen Kontrollen und jedem Verhalten, das Misstrauen sät, ab. Wenn wir unsere Kinder auch in diesen Situationen als Gesprächspartner auf Augenhöhe ernst nehmen und vertrauensvoll mit ihnen sprechen, bringen wir ihnen Respekt entgegen. Menschen, denen man respektvoll entgegentritt, werden mit großer Wahrscheinlichkeit versuchen, die Erwartung, die an einen respektvollen Umgang gekoppelt ist, positiv zu erfüllen.

Werden Kinder von Eltern erzogen, die dem Leben gegenüber grundsätzlich eher misstrauisch sind, die tendenziell von anderen Menschen eher Enttäuschung, Betrug und Verrat erwarten, als ihnen einen Vertrauensvorschuss zu geben und zunächst Gutes über andere anzunehmen, so wird dies auch die Lebenseinstellung der Kinder beeinflussen. Es wird diesen Kindern schwerfallen, eine grundsätzlich vertrauensvolle Haltung dem Leben gegenüber einzunehmen. Als Erwachsene sind es dann diese ehemaligen Kinder, die sich mit Mühe erarbeiten, welche elterlichen Einstellungen ihre eigene misstrauische und sie ausbremsende Lebenseinstellung beeinflusst haben.

Ich mache immer wieder die Erfahrung der geradezu magischen Kraft von Vertrauen – spüren Kinder, dass wir in sie und ihre Fähigkeiten vertrauen, fördert das sehr häufig eine positive Entwicklung, in der im Gegensatz zum durch Misstrauen ausgelösten negativen Teufelskreis ein positiver »Engelskreislauf« in Gang gesetzt wird: Wir vertrauen in unser Kind, es spürt unser Vertrauen und ist motiviert, sich positiv zu verhalten. Wir beobachten sein positives Verhalten, was unser Vertrauen in es bestärkt. Das strahlt auf unser Kind ab und verstärkt wiederum sein positives Verhalten.

REFLEXION

Wann hast du deinem Kind das letzte Mal zu vermitteln versucht, dass du ihm etwas zutraust? Gab es in deiner Kindheit Erwachsene, die dir etwas zugetraut haben, und kannst du dich an das wunderbare Gefühl erinnern, das dieses Vertrauen bei dir auslöste?

Wollen Eltern ihrem Kind Geborgenheit und Sicherheit vermitteln, gehört eine große Portion Grundvertrauen in das Leben dazu. Solltest du an dir oder deiner Partnerin erkennen, dass kritische, eher auf Misstrauen beruhende Einstellungen eure grundsätzliche Haltung dem Leben gegenüber prägen, kannst du dir bewusst machen, wie sehr dies auch dein eigenes Kind in seinen Möglichkeiten ausbremst.

Versuche immer wieder von Situation zu Situation zu reflektieren, wie rational begründet dein Misstrauen ist und ob du möglicherweise misstrauische Einstellungen durch vertrauensvollere ersetzen kannst. Die Hilfe einer Therapeutin oder eines Coaches kann hier wertvoll sein.

AUF DIE INNERE HALTUNG KOMMT ES AN

Unsere innere Haltung bestimmt darüber, ob wir tendenziell das Gute oder eher das Schlechte sehen, ob wir uns als »Opfer« der Umstände sehen oder ob wir davon überzeugt sind, durch unsere Gedanken, unseren Willen, unser Handeln und unsere Energie Dinge beeinflussen zu können. Menschen, die sich der Kraft ihrer inneren Haltung bewusst sind, sind aktive Menschen. Sie gestalten die Umstände ihres Lebens und lassen nicht die Umstände, in die sie geraten, ihr Leben gestalten.

→ Carola, 48 Jahre
Meine Mutter sagte immer: »Wenn du etwas machst, dann mach es richtig.« Ich habe diesen Spruch gehasst, denn meine Mutter sprach ihn in einem vorwurfsvollen Ton aus. Sie sagte ihn immer dann, wenn ich etwas, was ich nicht gern machte, mit wenig Lust und entsprechend schlampig machte – wie zum Beispiel die Treppe fegen, was meine Mutter mir aufgetragen hatte. Dann reizte mich dieser Spruch und erhöhte meinen Frust. Heute, wo ich selbst Mutter bin, verstehe ich besser, was sie meinte: Durch meine Einstellung – entweder: »Oh, wie ätzend, ich muss jetzt diese lästige Hausarbeit machen, was für eine Zeitverschwendung!« oder »Ich kann mit meiner Hilfe beitragen zu einer guten Familienstimmung, also gebe ich mir Mühe« – kann ich meine eigene Stimmung beeinflussen. Denn wenn ich es mit der positiven Haltung mache, mache ich es nicht nur sorgfältiger, sondern auch fröhlicher und bin letztendlich selbst besser drauf.

Wir können unseren Kindern das Bild mit dem halb vollen/halb leeren Glas nahebringen: Je nachdem welche Perspektive man einnimmt, verändern sich die damit einhergehenden Gedanken und Gefühle. Das können auch schon kleine Kinder nachvollziehen.

Halb leeres Glas:
Gedanken: *Oh nein, ich habe nur noch die Hälfte übrig. Schade, ich wünschte, ich hätte mehr.*
Gefühl: *Mangel, Unzufriedenheit*

Halb volles Glas:
Gedanken: *Wunderbar, mein Glas ist halb voll. Es ist noch reichlich da.*
Gefühl: *Fülle, Zufriedenheit*

Menschen mit einer »Halb-leeres-Glas-Mentalität« schaffen es, selbst in wunderschönen Momenten das »Haar in der Suppe« zu finden und den Moment dadurch nicht zu genießen. Menschen mit einer »Halb-volles-Glas-Mentalität« gelingt es, auch aus nicht perfekten Momenten Genuss zu schöpfen. Sie haben die Gabe, sich Dinge »schön zu sehen« oder »schön zu denken«.

Kinder können früh lernen, dass sie mit der Kraft ihrer Gedanken ihre Gefühle, ihr Verhalten und insgesamt ihre Zufriedenheit steuern können. Sowohl unsere psychische als auch unsere physische Gesundheit wird von unseren Gedanken und unserer grundsätzlichen Haltung dem Leben gegenüber geprägt. Wir sind keine Marionetten, sondern können uns selbst steuern. Hierzu ist es notwendig, dass wir uns unserer Gedanken und Haltungen bewusst werden.

Auch Erwachsenen fällt dies nicht immer leicht, und manchmal brauchen Kinder wie Erwachsene den Anstoß eines Menschen, der ihnen lieb ist, oder auch die Hilfe einer Therapeutin, die sie auf gewisse Muster hinweist, mit denen sie sich das Leben manchmal schwermachen, ohne es zu merken.

Unsere Gedanken können ein Ziel ansteuern: Da möchte ich hin!

Du unterstützt dein Kind sehr, wenn du ihm hilfst, konstruktive Gedanken zu nähren, die es in die Richtung lenken, in die es gelangen möchte. Erkennen wir neidische, missgünstige oder lieblose Gedanken bei unserem Kind, so ist es hilfreich, wenn wir uns seine Gedanken anhören und mit ihm über seine Gefühle sprechen. Es geht nicht darum, seine Gefühle zu negieren. Es geht darum, es dabei zu unterstützen, der Situation, die diese Gefühle in ihm auslöst, möglicherweise eine andere Bewertung zukommen zu lassen. Unsere Erfahrungen sind nicht das, was uns passiert, sondern das, was wir daraus machen – also die Art und Weise, wie wir die Situation für uns bewerten.

Betrachten wir einmal folgende für Mädchen-Freundschaften typische Situation, die häufig mit intensiven Wut-, Enttäuschungs- und Ablehnungsgefühlen verbunden ist:

→ Mia, 9 Jahre

Mia ist von ihrer Freundin Ella sehr enttäuscht worden, da diese sich mit einem anderen Mädchen zusammengetan hat und nun nicht mehr mit ihr spielt. Mia ist nun nicht mehr Ellas beste Freundin, nun sind Ella und Lina beste Freundinnen. Mia ist sehr gekränkt und erzählt ihrer Mutter aufgebracht, dass sie es nun Ella »heimzahlen« will und deren »Geheimnisse« anderen Kindern erzählen möchte. Sie bewertet Ella als Verräterin und empfindet darüber Wut, Traurigkeit und Enttäuschung.

Die Mutter nimmt die Gefühle der Kränkung bei ihrer Tochter wahr – von Freunden abgelehnt oder »ausgetauscht« zu werden, ist besonders bei jüngeren Kindern eine häufige Erfahrung, und viele Erwachsene erinnern sich selbst schmerzhaft an solche Erlebnisse. So auch Mias Mutter, sie kann sich aufgrund früher »Beste-Freundinnen-Dramatik« und Ablehnungserfahrungen gut in ihre Tochter einfühlen. Mias Mutter nimmt ihre Tochter in den Arm und vermittelt ihr, dass sie ihre Enttäuschung und Wut gut versteht. Sie erklärt ihr auch, dass Mias – nachvollziehbare – Rachegefühle nichts an der Situation verbessern würden, im Gegenteil: Spräche Mia schlecht über Ella, würde das den Graben zwischen ihnen nur vertiefen und Gefühle wie Ablehnung, Ärger und Einsamkeit verstärken. Sie versucht, ihr zu erklären, dass sie Ellas Freundschaft zu dem anderen Mädchen nicht unbedingt als Verrat gegen sich selbst deuten muss. Auch Mia hat mehrere Freundinnen und ist deshalb keine »Verräterin«.

Gemeinsam überlegen sie, wie Mia die Situation vielleicht verbessern könnte. Die Mutter fragt sie: *»Was müsste passieren, damit du dich besser fühlen würdest?«* Mia antwortet spontan: *»Wenn Ella wieder mit mir spielen würde.«* Die Mutter fragt sie, ob sie glaube, dass Ella mit ihr spielen würde, wenn Mia deren Geheimnisse erzählen würde. Mia verneint: *»Nein, natürlich nicht, dann würde Ella mich hassen und nie wieder mit mir spielen.« »Hm, was könnte denn dann eine Lösung sein?«*, fragt die Mutter ihre Tochter. Nach einigem Überlegen meint Mia leise: *»Vielleicht, wenn ich zu Ella gehe und ihr sage, dass ich sie vermisse? Und mit ihr und Lina spielen möchte?«*

Die Mutter bestärkt Mia in diesem Ansatz und macht ihr Mut, diesen Schritt zu versuchen. Sie erklärte ihr, dass liebloses Verhalten (Geheimnisse verraten) nur lieblose Konsequenzen nach sich zieht (Ablehnung, Wut, Einsamkeit) und dass ein Zugehen auf die Freundin zwar das Risiko berge, Enttäuschung bei ihr auszulösen, wenn diese nicht darauf einginge. *»Aber dann hast du es versucht, und zwar im Guten«*, erklärte die Mutter *»Und du wirst dich nicht schlecht fühlen, weil du dich nicht gemein benommen hast. Falls es nicht klappt, weißt du, woran du bist mit Ella, und kannst dann versuchen, eine andere Freundin zu finden. Falls es klappt, hast du diese unschöne Situation genutzt, um dich als wirkliche Freundin zu beweisen und um deine Freundschaft zu kämpfen.«*

Hier versucht die Mutter, durch Einfühlsamkeit und gemeinsames Überlegen ihrer Tochter zu helfen, sich aus der »Opfer-Position« zu befreien. Opfer ziehen sich zurück oder schlagen um sich, aufgrund ihrer Kränkung sind sie nicht in der Lage, angemessene, konstruktive Verhaltensstrategien zu wählen. Das fällt Erwachsenen schwer, Kindern umso mehr, da sie häufig von ihren Gefühlen der Verletzung völlig überrannt werden. In Situationen der Kränkung benötigen Kinder ganz besonders die Anteilnahme und die Unterstützung durch ihre Eltern, damit sie nicht nur aus der Verletzung heraus agieren. Wie Mias Mutter es tat, können Eltern helfen, der Situation eine neue Bewertung zu geben: Mia gelang der Perspektivwechsel von *»Ich bin ein Opfer, weil ich verraten wurde«* zu: *»Ich bin Akteurin und versuche, in einer herausfordernden Situation um eine*

Freundschaft zu kämpfen«. Entsprechend gelang es ihr, eine neue, konstruktive Verhaltensstrategie zu wählen.

Wir können unsere Kinder im Alltag immer wieder darauf aufmerksam machen, dass sie durch ihre Gedanken ihr Erleben zu steuern vermögen. Zum Beispiel, wenn andere Kinder in der Schule Abwertendes über sie sagen, was sie verletzt. Bereits kleineren Kindern können wir immer wieder rückmelden, wie wichtig ihre eigene Einschätzung ist:

Clara: »*Mama, Toni und Nelly haben heute in der Pause gesagt, dass ich doof bin.*«
Mutter: »*Und glaubst du denn, dass das stimmt?*«
Clara: »*Nein, gar nicht. Aber es ist gemein, dass sie das sagen, und ich bin traurig.*«
Mutter: »*Ich kann verstehen, dass dich das traurig macht, mein Schatz. Es ist nicht schön, wenn andere etwas Blödes über einen sagen. Aber weißt du – es ist gar nicht wichtig, was die anderen sagen. Wichtig ist, was DU denkst. Und du denkst, dass du überhaupt nicht doof bist, sondern schlau. Du musst dich gar nicht traurig fühlen, nur weil die anderen so etwas sagen. Du, nur du allein entscheidest darüber, wie du dich fühlst. Keiner kann in deinem Kopf bestimmen. Da bist du der Chef. Und du kannst sagen: Ich bin klug, und ich entscheide, dass ich gute Laune habe, unabhängig davon, ob Toni und Nelly das vielleicht anders sehen. Du bestimmst darüber, wie du dich fühlst, nicht die anderen. Du musst nur deinen Gedanken vertrauen und dich entscheiden, ihnen zu folgen.*«

Wir können unseren Kindern immer wieder erklären, dass nicht das Verhalten der anderen Menschen sie kränkt, sondern ihre Interpretation dieses Verhaltens. Andere Menschen können sie nicht steuern, aber was sie steuern können, ist ihre eigene Interpretation von deren Verhalten. Kinder müssen die anderen nicht als gemein oder blöd bewerten und entsprechende Gefühle der Traurigkeit aushalten. Sie können sich auf ihre eigene Einschätzung verlassen, dass etwa die abschätzigen Bemerkungen der anderen Kinder nicht zutreffen. Und sie können sich entscheiden, sich nicht von den Bemerkungen treffen zu lassen. Es ist wichtig, dass Kinder verstehen, dass sie ihre Gefühle in den meisten Situationen (außer in emotionalen Extremsituationen) durch ihre Gedanken beeinflussen können.

Wir entscheiden selbst, ob wir den Gedanken der anderen folgen, ihnen Raum geben und uns verletzen lassen oder ob wir in unsere Gedanken vertrauen, die unseren Selbstwert stärken und schützen.

MUTMACHER- UND MUT-KILLER-GEDANKEN

Erlebt unser Kind sich als selbstwirksam, so vertraut es in seine Kompetenzen und ist zuversichtlich, selbstständig Aufgaben und Probleme zu lösen. Dies trägt zu seinem positiven Selbstwert bei. Wir alle kennen das wunderbare Gefühl, eine schwierige Situation selbstständig gemeistert zu haben. Es ist ein beflügelndes und ungemein bestärkendes Gefühl. Wir fühlen uns nach solch einem Erlebnis energiegeladen und motiviert. Solche Erfahrungen tragen dazu bei, dass wir uns zukünftig ähnliche oder sogar schwierigere Herausforderungen zutrauen.

Und solch eine positive Dynamik beginnt im Kopf – bei unseren eigenen Gedanken. Wir können selbstaufwertende, beflügelnde und zuversichtliche Gedanken hegen – Mutmacher-Gedanken – oder selbstabwertende, pessimistische Gedanken – Mut-Killer-Gedanken.

Selbstabwertende Gedanken verhindern das Erleben von Selbstwirksamkeit, denn unser Kind bremst sich durch solche Gedanken selbst aus.

Neigt dein Kind, vor eine Herausforderung gestellt, dazu, relativ schnell und reflexartig zu sagen: »Das schaffe ich nie!«, wird es Gefühle der Hilflosigkeit und Mutlosigkeit, der Traurigkeit und auch Selbstabwertung empfinden. Sein Verhalten wird entsprechend passiv ausfallen, wenig kämpferisch und wenig zielstrebig. Es wird sich nicht als selbstwirksam erleben. Kinder sind sich ihrer Denkmuster natürlich nicht bewusst, das gelingt selbst uns Erwachsenen häufig erst mit therapeutischer oder anderer Hilfe von außen, die uns dabei unterstützt, uns unbewusste Mechanismen und Denkmuster zu erkennen.

»SUPER-EMMA STARTET DURCH!«

Wenn du erkennst, dass dein Kind einen selbstabwertenden Gedanken äußert, solltest du mit ihm das Gespräch suchen und es zu seinen Zweifeln befragen. Gemeinsam könnt ihr versuchen, seinen Zweifeln entgegenzuwirken. Sollte dein Kind beispielsweise entmutigt vor einer Aufgabe sitzend »Ich schaff das nie!« äußern, so könntet ihr gemeinsam überlegen, wie es die unlösbar erscheinende Aufgabe in kleinere, leichter zu bewältigende Einzelschritte aufteilen könnte.

Lena: *»Ich schaffe das nie!«*
Mutter: *»Du klingst sehr mutlos. Du glaubst, du bekommst die Aufgaben nicht hin?«*
Lena: *»Ja, das sind so viele komplizierte Matheaufgaben – wie soll ich das denn schaffen? Ich weiß überhaupt nicht, wo ich anfangen soll.«*
Mutter: *»Das verstehe ich. Es sind wirklich viele Aufgaben, und manchmal wirkt das wie ein riesiger Berg, den man nie erklimmen kann. Ich kenne das Gefühl. Hast du eine Idee, wo du starten könntest?«*

Lena: *»Na ja, am besten bei den einfachen Aufgaben. Aber dann sind es immer noch so viele, die übrig bleiben. Ich habe einfach keine Lust auf diesen Aufgaben-Berg!«*
Mutter: *»Du musst ja nicht alle Aufgaben auf einmal machen. Es hilft, den Bergaufstieg in kleinere Etappen zu unterteilen. Nach den einfachsten Aufgaben machst du eine kleine Pause – 10 Minuten aufs Trampolin im Garten. Danach machst du die nächsten 10 und wir machen dann erst einmal gemeinsam eine Kakao-Pause. Danach hast du es fast geschafft – nur noch die letzten 10. Falls du da irgendwie nicht weiterkommst, rufst du mich, und wir gucken es uns gemeinsam an.«*
Lena: *»Okay, das klingt gut. So versuche ich es mal.«*

Weiterhin kannst du dein Kind anregen, dass es einen anderen Gedanken als *»Ich schaffe das nie!«* aussucht, und ihm erklären, dass es der Chef oder die Chefin über seine Gedanken ist und nicht umgekehrt – dass es sich also aussuchen kann, ob es einen »Mut-Killer-« oder einen »Mutmacher-Gedanken« denken möchte. Erkläre ihm, dass Mutmacher-Gedanken es stärken und Mut-Killer-Gedanken es schwächen. Frag dein Kind einfach, wie es sich fühlt, wenn es *»Ich schaffe das nie!«* denkt, im Vergleich zu einem Gedanken wie *»Ich mache mich jetzt in Ruhe an die Aufgaben und arbeite sie Stück für Stück ab. Ich schaffe das«*.

Ihr könnt gemeinsam überlegen, welcher Mutmacher-Gedanke passen könnte. Vielleicht hat dein Kind eine Idee, falls nicht, könntest du etwas anregen wie:

»Los geht's!« »1,2,3 – das ist keine Zauberei!« Oder ihr reimt etwas mit dem Namen des Kindes: *»Ich heiße Jaqueline und kriege das hin!«* Je mehr ihr beide Freude an Wortspielen oder ausgefallenen Ideen habt und miteinander lachen könnt, umso besser. Gemeinsames Lachen schafft immer Erleichterung und nimmt vielen Situationen die bedrohliche Schwere.

Dein Kind kann sich auch einen Kraft-Namen aussuchen: »*Power-Max schafft das.*« »*Super-Emma startet durch!*« »*Commander Tim übernimmt das Kommando!*«

Auch Reime wie zum Beispiel »*Mit der Ruhe kommt der Bauer in die Schuhe*« können deinem Kind helfen, wenn es etwa bei Herausforderungen nervös reagiert. Es ist schon viel geholfen, wenn dein Kind sich dir öffnet und dir erzählt, wie es sich fühlt. Wenn es dir berichten kann, dass es unsicher, ängstlich oder nervös ist, kann das allein schon eine große Erleichterung auslösen, denn dein Kind ist nun nicht mehr auf sich gestellt mit seinen belastenden Gefühlen. Wenn du dann noch gemeinsam mit ihm überlegst, welche konstruktiven Gedanken es hegen könnte, damit es sich besser fühlt und mit mehr Vertrauen in sich seinen Alltag bewältigen kann, dann ist dies eine großartige Unterstützung.

Je nach Alter kann in herausfordernden Situationen eine Fantasiefigur dabei helfen, schwierige Aufgaben zu bewältigen oder sich Herausforderungen zu stellen. Das kann eine Comic-Figur wie Superman sein, ein Lieblingsstofftier wie eine Stoffmaus, die dann zur Power-Maus wird, oder eine kleine Drachenfigur, mit der sich das Kind gemeinsam ins nächste Abenteuer stürzt.

Je nach Situation und Vorlieben der Kinder sind hier der Fantasie keine Grenzen gesetzt und Kinder nehmen in der Regel solche fiktiven Helfer gern an.

Du kannst dein Kind also gut in schwierigen Situationen unterstützen, in denen es an sich zweifelt und sich Gefühle der Frustration in ihm ausbreiten. Werde »hellhörig«, wenn dein Kind sich mit Mut-Killer-Gedanken abwertet, und reagiere, in oben beschriebenem Sinne, möglichst prompt: Lenke die Selbstabwertung um auf die Bewertung der Situation als Herausforderung. Es wichtig, die Situation, die dein Kind als schwierig empfindet, auch als eine solche anzuerkennen. Würdest du sie beispielsweise herunterspielen, aus der guten Intention heraus, deinem Kind Mut zusprechen zu wollen – im Sinne von: *»Ach, ist doch nur halb so wild, das schaffst du schon!«* –, würde ihm das wahrscheinlich nicht wirklich helfen. Seine Selbstzweifel würden vermutlich noch größer werden, wenn es das Gefühl vermittelt bekäme, dass die Aufgabe, die es als so schwierig empfindet, an sich gar nicht besonders herausfordernd ist. Dann käme es sich wahrscheinlich noch unfähiger vor. Stell dir vor, dass du am Vorabend eines Vortrags, den du am nächsten Tag vor großer Runde halten musst, zu deinem Partner sagst, dass du es nie schaffen wirst, mit deinem Lampenfieber ruhig zu sprechen. Und dein Partner würde reagieren mit: »Das ist doch ein Klacks, mein Schatz, das schaffst du mit links.« In gewisser Weise wäre es bestimmt schön, diese optimistische Einschätzung deines Partners zu hören, sie würde aber sicher deine Selbstzweifel nicht in Luft auflösen.

Werten Kinder sich in generalisierender Form ab, entwickeln sie feststehende negative Einschätzungen über sich, die ihrem Selbstbewusstsein und Selbstwert abträglich sind. Selbstabwertende Einschätzungen tragen bei zu einem Hilflosigkeitsgefühl, welches das Kind daran hindert, motiviert und konstruktiv zu agieren und sich entsprechend als selbstwirksam zu erleben. Selbstabwertende Einschätzungen fördern Passivität und Rückzug – das Kind traut sich nichts oder wenig zu, bleibt unter seinem Potenzial und verschließt sich der Anstrengung, weil es keine Aussicht auf Erfolg sieht.

Doch Eltern können einfühlsam auf die Zweifel und Ängste ihrer Kinder eingehen und sie in einer Haltung unterstützen, die dem Leben gegenüber grundsätzlich offen ist. Schwierige Situationen werden dann als spannend bewertet und nicht als etwas, was man meiden sollte. Forschungen haben gezeigt, dass resiliente Kinder, das heißt solche, die sich durch Rückschläge nicht entmutigen oder unterkriegen lassen, widrige Umstände eher als Herausforderung denn als Belastung begreifen. Die Einstellung dieser Kinder ist geprägt von Hoffnung, Optimismus und der realistischen Einschätzung ihrer Fähigkeiten.

DER BLICK DER WISSENSCHAFT

Es geht also darum, Kindern in herausfordernden Momenten zu helfen, sich nicht von belastenden Gefühlen überfluten zu lassen. So kann man Kinder anleiten, sich schwierige Situationen mit etwas Distanz anzusehen, so wie sich zum Beispiel ein Wissenschaftler einen Laborbefund betrachten würde. Er würde wahrscheinlich mit Interesse den Befund untersuchen: »*Interessant! Was haben wir denn hier? Das gucke ich mir jetzt mal genau an.*« Nachdem der Wissenschaftler eine Analyse der Probe vorgenommen hat, würde er das weitere Vorgehen planen. »*Spannend! Wie könnte ich hierauf reagieren? Was mache ich jetzt mit diesem Befund?*«

Wichtig ist die Haltung des Interesses, denn sie beinhaltet Offenheit. Bin ich offen, so bin ich nicht überwältigt und bleibe fähig, eine Fragestellung einigermaßen analytisch zu betrachten. Die Rolle des »Wissenschaftlers« schafft emotionale Distanz und hilft, die Situation aus einer objektiveren Perspektive zu betrachten, als wenn man sich von beängstigenden Gefühlen überwältigen lässt. Wissenschaftler bewerten nicht zwischen Gut oder Schlecht, zwischen Richtig oder Falsch, sie kategorisieren in Interessant oder Uninteressant. Grundsätzlich sind sie neugierig und offen und versuchen, die Welt zu erforschen und Zusammenhänge zu verstehen.

Situationen als interessant zu bewerten, hilft, sie als Herausforderung und nicht als Belastung einzuordnen. Sich und seine Reaktionen auf diese interessante Situation auch als interessante Erfahrung einzustufen, hilft, der Situation mit einer Portion Neugierde zu begegnen. Diese Haltung fördert eine Analyse der Situation und das pragmatische Planen des Umgangs damit – so wie ein Wissenschaftler es eben machen würde. Gelingt dies, so fördert es die Selbstwirksamkeit des Kindes – es überlegt eigenständig, wie es mit dieser schwierigen Situation umgehen könnte, statt sich von Gefühlen der Angst, Traurigkeit oder Wut überwältigen zu lassen. Sicherlich ist es nicht einfach für Kinder, die stark emotional auf Situationen reagieren, diese Haltung einzunehmen – wir können jedoch versuchen, sie durch unsere Haltung dahingehend zu unterstützen.

→ Levin, 9 Jahre

Levin war ein sehr sensibles Einzelkind, das Ängste plagten. Sich von seinen Eltern zu trennen, fiel ihm sehr schwer, und als die erste Klassenfahrt anstand, lehnte er es kategorisch ab, mitzufahren. Er war traurig, die Erlebnisse mit seinen Freunden zu verpassen; die Angst, ohne seine Eltern irgendwo schlafen zu müssen, löste jedoch so große Sorgen aus, dass er sich nicht vorstellen konnte, an dieser Reise teilzunehmen.

Seine Eltern wollten nicht so schnell aufgeben und ließen sich zunächst von ihm die Vorzüge nennen, die er bei der Klassenreise erleben könnte – er nannte hier den Spaß, den ganzen Tag mit den Freunden zu verbringen, und die tollen Erlebnisse in dem Freizeitpark, den die Klasse besuchen würde.

Hinsichtlich seiner Angst fragten sie ihn, was er denn brauchen würde, um sich abends auf der Klassenreise sicher zu fühlen. »Am liebsten einen von euch, der mich begleitet.« Keiner von den Eltern konnte sich für die Klassenreise freinehmen. »Was müssten wir denn machen, wenn wir dabei wären?«, fragte sein Vater. »Na, dann könnte ich zu euch kommen, wenn ich Angst hätte«, erwiderte Levin.

Da die Mutter wusste, dass der Vater von Levins bestem Freund Max als Begleitperson mitreisen würde, fragte sie ihren Sohn, ob er sich vorstellen könnte, bei Angst, zu Max' Vater zu gehen. Nach einigem Überlegen und der Zusicherung, dass die Eltern diese Situation mit Max' Vater vor der Reise besprechen würden, stimmte Levin zu, mitzureisen. Die Klassenfahrt verlief ohne Angst und Levin hatte einen großen Schritt in seiner Selbstständigkeits-Entwicklung geschafft.

Seinen Eltern war es gelungen, die Situation lösungsorientiert mit ihrem Sohn zu betrachten. Sie ließen es nicht zu, dass er sich von seinen Gefühlen der Angst überfluten und lähmen ließ, sondern schafften es, ihn zu einer konstruktiven Betrachtung der Situation anzuleiten und eine Lösung zu entwickeln.

Es ist hilfreich, wenn Kinder ihre Eltern als Vorbild erleben und sich bei ihnen eine optimistische Haltung »abgucken« können. Und es ist gut, wenn Eltern ihre Kinder auch altersgemäß daran teilhaben lassen, dass gewisse Situationen schwierig erscheinen, dass sie sie aber als Herausforderung ansehen und annehmen und dass Herausforderungen das Leben schließlich bunt und spannend machen! Das kann ein Marathon sein, auf den sie sich vorbereiten, ein Vortrag, den sie halten müssen, die Vertretung einer Arbeitskollegin, eine Ernährungsumstellung, die sie umsetzen möchten, ein neuer Auftrag, den sie annehmen, oder welche Herausforderung auch immer, die in ihr Leben tritt oder die sie aktiv in ihr Leben holen. Eltern können ihre Kinder daran teilhaben lassen, was sie tun, um ihre Zweifel zu überwinden und sich der Herausforderung zu stellen. So erleben Kinder bei ihren Eltern, dass auch sie als die großen Erwachsenen manchmal Zweifel oder sogar Ängste haben, dass sie aber in der Lage sind, diese zu überwinden und ihre Energie für ihnen wichtige Ziele zu bündeln. Dies hat eine motivierende und bekräftigende Vorbildfunktion und der Austausch darüber kann Kindern viel Kraft geben.

ATMUNG SCHENKT RUHE

In vielen aufwühlenden Situationen, seien sie beängstigend, beunruhigend, frustrierend oder deprimierend, ist die Konzentration auf unsere Atmung ein wirksames Mittel, das uns dabei helfen kann, uns zu beruhigen. Da das Atmen ein autonomer Prozess ist, den wir nicht bewusst steuern müssen, sind wir uns der Atmung meist nicht bewusst – sie funktioniert automatisch. Setzen wir die Bauchatmung bewusst ein, so dient sie der Beruhigung und Entspannung.

Schon kleine Kinder können lernen, wie Bauchatmung funktioniert.

ÜBUNG: BAUCHATMUNG

Für die Bauchatmung legen die Kinder ihre Hand auf ihren Bauch, damit sie der Bewegung ihrer Bauchmuskulatur nachspüren können. Wenn sie einatmen, stellen sie sich vor, ihr Bauch sei ein Ballon und würde durch die Atmung mit Luft gefüllt – dabei wölbt der Bauch sich entsprechend nach außen und oben. Zum Einatmen und solange sich der Bauch mit Luft füllt, zählen die Kinder bis 3. Wenn der Bauch mit Luft gefüllt oben ist, zählen sie weiter bis 5. Danach wird die Luft aus dem Ballon rausgelassen und der Bauch-Berg schrumpft in sich zusammen, denn er wird eingezogen und die Luft wird aus dem Mund ausgeatmet. Hierfür zählen die Kinder noch einmal bis 5. Daraufhin geht es wieder von vorne los und das kann einige Male (ohne Zwang) wiederholt werden.

Es kann sehr hilfreich sein, wenn du mit deinem Kind über die beruhigende Wirkung der Atmung sprichst und darüber, dass es sie einsetzen kann, wenn es sich über irgendetwas aufregt, wütend, ängstlich oder traurig ist. Damit der Kopf etwas freier wird, sollte es sich voll auf die Atmung konzentrieren und versuchen, für den Moment möglichst an nichts anderes zu denken. Die Bauchatmung lässt sich im Liegen, Gehen, Sitzen oder Stehen durchführen – so können Kinder in unterschiedlichen Alltagssituationen einmal »durchatmen«.

DIE MACHT DER GLAUBENSSÄTZE

Glaubenssätze sind starke Überzeugungen, denen wir Glauben schenken. Sie übermitteln Werte, die uns unsere prägenden erwachsenen Bezugspersonen – also meist Eltern oder auch Großeltern – in unserer Kindheit als unverrückbare Weisheiten vermittelt haben. »Nicht den Tag vor dem Abend loben«, »Hochmut kommt vor dem Fall«, »Ohne Fleiß keinen Preis« sind Beispiele für gesellschaftlich weitverbreitete Glaubenssätze mit allgemeingültigem Charakter.

In Ratgebern, die sich mit dem erwachsenen Selbstwert auseinandersetzen, wird in der Regel Bezug genommen auf die Glaubenssätze, die uns alle seit unserer Kindheit prägen. Individuelle Glaubenssätze entwickeln wir auch über uns selbst, und sie beziehen sich oft darauf, wie wertvoll wir sind oder eben auch nicht.

Glaubenssätze können positiv sein:
»Viele Menschen mögen mich.«
»Ich bin gut, genauso, wie ich bin.«
»Ich kann alles schaffen, was ich mir vornehme.«

Und sie können negativ sein:
»Aus mir wird nie etwas werden.«
»Ich muss mich sehr anstrengen, um geliebt zu werden.«
»Lernen fällt mir schwer.«

Durch unsere negativen Glaubenssätze schränken wir uns in unseren Möglichkeiten ein – so kann es sein, dass wir glauben, dass wir nur wenig im Leben verdient haben oder untalentiert oder wertlos sind. Letztendlich suggerieren wir uns durch den Glauben an diese Sätze, dass wir in irgendeiner Hinsicht nicht genügen.

Es ist leicht nachvollziehbar, dass positive Glaubenssätze zu einem guten Selbstwert beitragen und negative entsprechend zu einem schlechten. Will ich als Erwachsener an meinem Selbstwertgefühl arbeiten, ist es hilfreich, sich dieser in der Kindheit implementierten Glaubenssätze bewusst zu werden, um zu wissen, welche damals vermittelten Überzeugungen mich antreiben, runterziehen, abwerten oder einschränken. Erst dann kann ich versuchen, mich davon zu befreien und die destruktiven Glaubenssätze durch konstruktive zu ersetzen.

Da dieses Buch sich mit dem kindlichen Selbstwertgefühl, mit dem Entstehen von Selbstwert beschäftigt und sich an euch als Eltern richtet, möchte ich dich dafür sensibilisieren, dass auch du deinem Kind Glaubenssätze vermittelst, die es sein Leben lang prägen werden. Dass es aufgrund eigener Prägungen aus der Kindheit oftmals gar nicht so einfach ist, dabei die positiven Glaubenssätze in den Vordergrund zu stellen, ist völlig normal. Ich glaube fest daran, dass alle Eltern versuchen, ihr Bestes zu geben. Wir sind uns jedoch nicht immer bewusst, dass wir manchmal auch dazu beitragen, das Selbstbewusstsein unseres Kindes negativ zu beeinflussen und seinen Selbstwert zu torpedieren.

Ich bin der festen Überzeugung, dass der positive Glaubenssatz *»Ich bin richtig und liebenswert, genauso, wie ich bin«* ein existenzieller Schutzschild für die Kinderseele ist, der unseren Kindern hilft, sich nicht abzuwerten oder in ihren Möglichkeiten einzuschränken.

Wollen wir unsere Kinder ermutigen, ihr Potenzial zu leben, so sollten wir achtsam mit unserer Sprache umgehen. Mit limitierenden Glaubenssätzen begrenzen wir unser Kind und entmutigen es. Wir suggerieren ihm, dass es grundsätzlich nicht in der Lage sei, etwas zu schaffen:

»Das schaffst du nie.«
»Das brauchst du erst gar nicht zu beginnen.«
»Dafür bist du nicht der Typ.«

Solche Sätze sind vielleicht sogar hilfreich gemeint, allerdings können sie durch ihre Grundsätzlichkeit sehr entmutigen und zu feststehenden abwertenden Glaubenssätzen führen. Wir sollten es möglichst vermeiden, unserem Kind zu vermitteln, dass es etwas nicht schaffen kann. Wir wissen aus eigener Erfahrung, dass auch die Erfahrung, etwas nicht zu schaffen, lehrreich sein kann. Außerdem mag unsere Einschätzung nicht immer richtig sein, und möglicherweise beißt sich unser Kind doch durch, beweist Durchhaltekraft und schafft entgegen unserer Einschätzung doch, was es sich vorgenommen hat.

Falls wir uns berechtigte Sorgen machen, dass unser Kind sich zu sehr verausgabt, sich überanstrengt und dann nur schwer mit der Enttäuschung eines absehbaren Misserfolgs zurechtkommen würde, sollten wir darüber mit ihm das Gespräch suchen. Aber auch in diesem Fall sollten wir keine grundsätzlich limitierenden »Urteile« fällen, sondern mit dem Kind ein Gespräch über die realistische Durchführbarkeit seines Unterfangens führen, durch das es dann möglicherweise selbst die Einsicht auf die unrealistische Erfolgsaussicht bekommt. Oder aber es entwickelt in diesem Gespräch Ideen für Strategien, die den Erfolg doch realistischer machen. In beiden Fällen bist du ein Ratgeber, aber kein »Verurteiler«, der dem Kind grundsätzlich Fähigkeiten abspricht.

Grundsätzlich ist es besser, sein Kind durch Fragen zum Nachdenken anzuregen, als die eigene Meinung wie eine unumstößliche Wahrheit zu postulieren. Dies fördert sein selbstständiges Denken, und wie wir aus eigener Erfahrung wissen, wirken eigene Erkenntnisse überzeugender als Erkenntnisse, die man von anderen »aufgedrückt« bekommt.

Sprache schafft Realitäten.

Viele Erwachsene verinnerlichen lebenslang ein von Selbstzweifeln gezeichnetes Bild von sich, weil ein ihnen wichtiger Erwachsener ihnen als Kind vermittelte, dass sie etwas nicht konnten oder schlecht in etwas waren: *»Du bist faul«, »Du bist unsportlich«, »Für Mathe ist dein Gehirn nicht gemacht«* sind typische negative Etikettierungen, mit denen Kinder eine feststehende, begrenzende Zuschreibung bekommen. Die tragen sie oft ein Leben lang mit sich herum. Manche Glaubenssätze werden auch familiär von Generation zu Generation weitergegeben, das kann auch gewichtige Themen betreffen wie den Umgang mit Leistung und Versagen.

Unsere Kinder sollten eine eigene Vorstellung davon entwickeln, wer sie sind und wer nicht. Je weniger limitierende und je mehr bestärkende Glaubenssätze wir ihnen mit auf den Weg geben, desto mehr unterstützen wir sie in ihrer Entwicklung.

DER ZAUBER DER INNEREN BILDER

Wollen wir unseren selbstwertstärkenden Gedanken mehr Kraft verleihen, können wir außerdem das Werkzeug der Visualisierung nutzen, die ihren ganz eigenen Zauber entfalten kann. Wenn wir einen Gedanken nicht nur auf sprachlicher Ebene denken, sondern uns den Inhalt visuell vorstellen, gewinnt der Gedanke an Konkretheit, Präzision und Lebendigkeit. Wir füllen ihn sozusagen mit Leben und haben ein konkretes Bild vor Augen, das uns zeigt, wohin wir steuern möchten.

Hierzu ist es hilfreich, wenn Kinder lernen, ihre Vorstellungen möglichst detailreich zu beschreiben. Manche Kinder haben von Natur aus eine gute visuelle Vorstellungskraft, andere müssen dazu erst angeleitet werden. Durch gezieltes Nachfragen wie: *»Erzähl mal, wie stellst du dir das vor?«, »Was siehst du?«, »Wie ist die Umgebung?«, »Welche Menschen sind dabei?«* wird diese Fähigkeit gefördert, und Kinder werden angeregt, sich lebendige Szenarien vorzustellen.

TAGTRÄUMEN

Denkt dein Kind: »*Ich schaffe das!*«, lass dir genau erzählen, wie sein Erfolgserlebnis aussehen wird. Lass dir ein »Script« zu diesem Erfolg beschreiben.

→ Leon, 9 Jahre

Ich sehe mich nach der Aufführung unseres Theaterstücks auf dem Sommerfest mit meinem grün-gelben Kostüm auf der Bühne stehen. Als ich an der Reihe bin, mich zu verbeugen, klatschen die Leute und pfeifen, weil ich so gut gesungen und gespielt habe. Einige stehen sogar auf. Ich freue mich schon auf den Kuchen vom Buffet, das für Eltern und Kinder für das Treffen nach der Aufführung aufgebaut wurde. Ich verbeuge mich noch einmal und lache, und in meinem Bauch sind 1000 Schmetterlinge, die vor Freude flattern …

Je konkreter Kinder Szenen beschreiben, desto besser können sie sie in Bildern visualisieren. Gut ist es, sie auch dazu zu inspirieren, sich andere Sinneswahrnehmungen vorzustellen: Was hören sie in ihrer Vorstellung? Was riechen sie? Was schmecken sie möglicherweise? Was fühlen sie mit ihrem Tastsinn? Je konkreter sich das Kind die entsprechende Situation mit allen Sinneseindrücken vorstellt, umso mehr wird sie zu einem kraftvollen Kompass dafür, wohin es seine Gedanken, Energie und Kraft ausrichten möchte.

Antizipieren wir positive Gefühle wie Freude, Begeisterung, Stolz oder Dankbarkeit, so fühlen wir einen »Vorgeschmack« dessen, wohin wir emotional wollen. Positiv empfundene Gefühle können eine ungeheure Kraft entfachen und sehr motivierend wirken. Letztendlich tragen doch positive Gefühle zu dem bei, was wir als Glücksempfinden bezeichnen – Freude, Liebe, Hoffnung, positive Aufregung, Begeisterung, Stolz, Zufriedenheit, Gelassenheit, Sicherheit … Alle Menschen sehnen sich nach Gefühlen des Glücks. Um antizipierte Gefühle tatsächlich zu empfinden, sollten wir uns

Zeit nehmen und überlegen, welches wunderbare Gefühl wir erwarten, wenn wir unsere Ziele und Träume umsetzen. Möchten wir unseren visualisierten Vorstellungen mehr Kraft verleihen, ist es hilfreich, sie mit dem Gefühl zu koppeln, das wir in der jeweils vorgestellten Vision erwarten.

Manche Menschen behaupten, Tagträumen sei vergeudete Zeit. Das sehe ich überhaupt nicht so. In Tagträumen stellt man sich Dinge vor, die man erleben und erreichen möchte, man kreiert Visionen, die beflügeln können und denen man folgen kann. Nehmen wir Leons Vorstellung des Erfolgs nach seiner Schulaufführung. Damit er das Gefühl empfinden kann, das er in dieser Situation fühlen würde, könnte man fragen: »Wie glaubst du, wird es sich für dich anfühlen, nach der Vorführung auf der Bühne zu stehen?« Kommen Antworten wie »Gut« oder »Super«, hakt man besten noch einmal nach, und lässt sich die Gefühle genauer beschreiben: »Was meinst du mit gut? Glücklich? Stolz? Erleichtert? Aufgeregt?«

Im Anhang findest du eine Liste mit Gefühlen, die deinem Kind helfen kann, das richtige Gefühl zu benennen. Auf diese Art und Weise lernt es auch die große Palette der menschlichen Gefühle kennen und wird angeregt, sich seine Gefühle bewusst zu machen und sie zu benennen. Eine Fähigkeit, die im sozialen Miteinander von unschätzbarem Wert ist, weil sie Menschen miteinander verbindet – wer in der Lage ist, seine Gefühle zu benennen und diese zu teilen, ist in der Lage, Verbindung zu anderen Menschen herzustellen.

Einem Kind, das sich seiner eigenen Gefühle bewusst ist, gelingt es auch besser, sich in die Gefühle anderer Menschen hineinzuversetzen.

Versuche, dein Kind dazu anzuregen, genau dieses wundervolle Gefühl, das es benannt hat, zu fühlen. Ich weiß, das klingt zunächst ungewöhnlich, »auf Kommando« zu fühlen. Wenn wir uns jedoch bestimmte Situationen vorstellen, ist es durchaus möglich, das dazu passende Gefühl zu aktivieren. Meist tun wir dies mit Erinnerungen aus der Vergangenheit, oft auch mit schmerzlichen Erinnerungen, die automatisch, ohne dass wir es steuern, etwa Traurigkeit, Wut oder Enttäuschung in uns reaktivieren. Genauso, wie es möglich ist, Gefühle aus der Vergangenheit abzurufen, ist es möglich, Gefühle aus einer vorgestellten Zukunft zu aktivieren, so als wäre diese bereits eingetreten. Um dein Kind dabei zu unterstützen, frage es, wo in seinem Körper es dieses Gefühl üblicherweise fühlt (Im Bauch? Im Herzen?) und wie es sich anfühlt (ein Kribbeln, eine »warme Wolke«, ein »Blitz« …). Wenn dein Kind seine Vorstellung (ich stehe auf der Bühne und die Leute klatschen und jubeln) mit einem Gefühl koppelt (in meinem Bauch macht sich ein Gefühl der Freude und Aufregung breit), hat dies eine starke emotionale Wirkkraft. Der Körper unterscheidet nicht zwischen Vorstellung und wahrem Erlebnis, er weiß nicht, ob dein Kind die Freude in diesem Moment real erlebt oder sich nur bildlich vorstellt – er reagiert mit positiven neuronalen-hormonellen Veränderungen und schüttet unter anderem Glückshormone aus, die uns Kraft und Energie verleihen, unser Ziel zu verfolgen.

Es kann ein schönes Einschlaf-Ritual sein, dein Kind zu animieren, solche von ihm erwünschten Vorstellungen zu beschreiben und sich vorzustellen. Sie sind ein wunderbarer Übergang vom Tag in den Schlaf.

Auch Musik kann sehr gut helfen, bestimmte Gefühle zu aktivieren – falls du und dein Kind daran Freude habt, könnt ihr bestimmte Musikstücke hören, von denen du glaubst, dass sie die Emotion deines Kindes treffen, und du kannst fragen, ob die Musik das Gefühl ausdrückt. Ist dein Kind altersgemäß dazu in der Lage, kann es selbst

Musikstücke aussuchen, von denen es denkt, dass diese sein Gefühl ausdrücken. Ihr könnt gemeinsam eine »Happy Playlist« erstellen, die positive Gefühle – Schwung, Dynamik, Freude – aktiviert.

Seinem Alter entsprechend kannst du deinem Kind erklären, weshalb es hilfreich ist, sich positive Zukunftsszenarien mit den einhergehenden Gefühlen vorzustellen. Du kannst ihm erläutern, dass dies ein inneres Werkzeug ist, dass ihm hilft, in die Richtung voranzuschreiten, in die es gehen möchte. Es braucht nichts Materielles, nicht Äußerliches dazu – lediglich seine Vorstellungskraft und die Kraft seiner Gefühle.

Es gestaltet also von innen heraus – dies kann ihm große Freiheit und das Gefühl der Selbstwirksamkeit verleihen.

Diese Gespräche sollten immer einen spielerischen Charakter behalten und weder Druck noch Zwang aufbauen. Es soll hierbei nicht um ein »Ziel« gehen, das angestrebt wird. Es geht darum, spielerisch mit dem Kind kraftvolle Visionen zu entwickeln. Über positive Träume und Wunschvorstellungen zu sprechen und sie sich gemeinsam auszumalen, macht Kindern üblicherweise sehr viel Freude. Und in der Regel macht es Kindern Spaß, sich mit uns auszutauschen, wenn sie spüren, dass wir aufrichtig an ihnen, ihren Gedanken und Gefühlen interessiert sind.

Wir sollten unsere Kinder ermuntern, groß zu träumen und sich selber auch in entsprechenden Rollen vorzustellen. Kinder sollten dabei immer die Sicherheit haben, ihren Träumen zu folgen und sich ausprobieren zu dürfen – ohne Angst vor dem Scheitern. Etwas über sich selbst zu erfahren, ist hier der Erfolg, auch wenn die Erfahrung sein sollte, dass ein Traum vielleicht nicht so in Erfüllung ging, wie unser Kind sich das gewünscht hätte. Beim Ausprobieren hat es Erfahrungen gesammelt, durch die es etwas gelernt hat. Diese Prozesse sind vergleichbar etwa mit den Rückschlägen, die Wissenschaftler zum Beispiel auf dem Weg der Erfindung einer rettenden Impfung in Kauf nehmen müssen: Aus jedem einzelnen dieser Rückschläge lernen sie etwas – nämlich, wie eine Impfung nicht funktioniert. Dies sind wertvolle Erkenntnisse auf dem Weg zur Lösung.

Auch unser Kind erlebt einen vergleichbaren Prozess in seiner Entwicklung – Rückschläge sind auch immer Erkenntnisse, die zur besseren Kenntnis der eigenen Persönlichkeit beitragen und helfen können, das zu finden, was wirklich zu einem passt und einen erfüllt.

AUSDAUER GIBT KRAFT

Die größten Talente, besten Anlagen und wertvollsten Ideen unserer Kinder werden nicht zum Blühen kommen, wenn sie nicht von Ausdauer geprägt werden. Ausdauer wird getragen durch die Konzentration auf ein Ziel.

Unsere Gesellschaft ist in den letzten Jahrzehnten immer schnelllebiger geworden. Durch das Internet gibt es unzählige Möglichkeiten, sich jederzeit, schnell und unkompliziert Information und Ablenkung zu beschaffen. Sind Kinder, die mit digitalen Medien und den Möglichkeiten des Internets aufwachsen, schlechter in der Lage, sich zu konzentrieren? Der Abschlussbericht der BLIKK-Medien-Studie (BLIKK bedeutet: Bewältigung Lernverhalten Intelligenz Kompetenz Kommunikation) aus dem Jahr 2017[8], für die 5 573 Eltern und deren Kinder zum Umgang mit digitalen Medien befragt wurden, sieht ein 6-fach erhöhtes Risiko von Konzentrationsstörungen bei täglichem Smartphone-Gebrauch von mehr als einer halben Stunde bei 8–13-Jährigen. Bei 2–5-jährigen Kindern, die Smartphones länger als eine halbe Stunde täglich nutzen, ist motorische Hyperaktivität 3,5-mal häufiger als üblicherweise. Mehr als 16 Prozent der 13- und 14-Jährigen gaben an, Probleme zu haben, die eigene Internetnutzung selbstbestimmt zu kontrollieren.

Wir alle wissen, dass es im Leben durchaus hilfreich ist, in der Lage zu sein, sich auch über längere Phasen zu konzentrieren, ausdauernd an einer Aufgabe – sei es in der Kita an einer Bastelei, in der Schule oder im Studium an einem Referat oder einer Hausarbeit und im Berufsleben an unterschiedlichsten Projekten – zu arbeiten.

Sind Kinder nicht in der Lage, sich ausdauernd zu konzentrieren, so sinkt ihre Bereitschaft und möglicherweise auch Fähigkeit, sich auf längere und kompliziertere Anstrengungen einzulassen, zugunsten von einfach portionierter Ablenkung mit kürzeren Aufmerksamkeitsspannen. Da der Mensch tendenziell bequem ist und ungern Anstrengungen auf sich nimmt, ist es sinnvoll, dass Kinder begreifen, weshalb Ausdauer ihnen hilft, auch wenn sie mühselig erscheinen mag. Wenn Kinder die Erfahrung machen, dass sie in der Lage sind, sich auf eine Aufgabe zu konzentrieren, etwas durchzuziehen, ohne sich ablenken zu lassen, dann verstehen sie, dass Ausdauer eine wichtige Eigenschaft ist, um etwas erfolgreich zu vollenden.

Eltern können bereits kleinen Kindern Ausdauer spielerisch vermitteln. Sollen etwa die Spielsachen aufgeräumt werden und das Kind hat keine Lust darauf, so kann man es mit Hilfe einer Fantasiefigur motivieren, Ausdauer zu zeigen: »*Mach es wie Superman, gib nicht auf!*« Zeigt dein Kind wenig Bereitschaft mitzuhelfen, so kannst du es fragen: »*Was würde Superman/Power-Hase … jetzt machen?*« Hat das Kind keine Idee, so überlege in kleinen Schritten gemeinsam mit ihm, wie es seine Aufgabe erfolgreich zu Ende führen könnte: »*Hm, ich glaube, Superman würde erst alle Autos in die gelbe Kiste fliegen und was meinst du würde er dann aufräumen?*« Auf diese spielerische Weise werden Kinder motiviert, sich anzustrengen, und sie lernen, größere Ausdauer zu entwickeln. Kinder können so bereits früh erlernen, wie wichtig Ausdauer ist, damit Dinge erfolgreich zu Ende geführt werden. Deshalb ist es schön, wenn du deinem Kind zurückmeldest, dass sich seine Anstrengung ausgezahlt hat: »*Genau wie Superman/Power-Hase.hast du nicht aufgegeben, sondern deine Sache durchgezogen. Guck mal, wie schön dein Spieleschrank jetzt aufgeräumt ist.«*

Egal, ob ich mir vornehme, meinen Kleiderschrank auszumisten, eine neue Sportart oder Sprache zu erlernen oder eine berufliche Leiter zu erklimmen – ich muss die Ausdauer besitzen, in anstrengenden und herausfordernden Phasen mein Vorhaben durchzuhalten und »am Ball« zu bleiben. Nur dann werde ich eine gewisse Kompetenz in dem, was ich tue, erwerben, und erst dann stellen sich Erfolgserlebnisse und Zufriedenheit ein. Gebe ich auf, sobald nach der ersten Euphorie für mein Projekt Schwierigkeiten oder Anstrengungen aufkommen, so werde ich kein Gefühl von Kompetenz, Zufriedenheit und Erfolg entwickeln können. Deshalb sollten wir unsere Kinder dazu anhalten, neue Projekte nicht bei der ersten Schwierigkeit abzubrechen. Manchmal kann es helfen, vor Beginn eines neuen Projekts, wie eines neuen Hobbys, festzulegen, wie lang die »Ausprobierphase« sein sollte.

Hat ein Kind Ausdauer und Anstrengung gezeigt und möchte an einem Punkt nicht weiter Energie in eine Unternehmung investieren, kann es sein, dass es ihm hilft, mit ihm eine Entscheidung für eine Alternativunternehmung oder aber eine Modifikation der Unternehmung vorzunehmen. Der von vielen Eltern gewünschte Instrumentenunterricht ist ein wunderbares Beispiel hierfür. Viele Kinder wollen den Unterricht nach einer anfänglichen Phase der Begeisterung abbrechen, und die Eltern bestehen dann darauf, dass er durchgezogen wird. Lustlos schleppen die Kinder sich dann Woche für Woche zum Unterricht und das Ergebnis ist entsprechend dürftig. Wichtig ist, in solchen Phasen herauszufinden, was die Kinder stört – ist es grundsätzlich das Instrument, ist es die Art der Lehrerin oder des Lehrers, ist es das Repertoire? Manchmal hilft ein Lehrerwechsel, die Liebe zum Instrument aufrechtzuerhalten, manchmal hilft es, wenn das Kind eigene Ideen zum Repertoire einbringen kann, und manchmal war es einfach nicht das richtige Instrument, und das Kind möchte ein anderes ausprobieren. Wenn wir uns Zeit nehmen und unseren Kindern erklären, dass wir Ausdauer als Eigenschaft schätzen, da nur sie uns verhilft, unsere Energien auch in herausfordernden Zeiten zu bündeln und uns weiterzuentwickeln, und wenn wir bereit sind, ihnen zuzuhören, können wir gemeinsam Lösungen entwickeln, die es ihnen ermöglichen, neue und ihnen gemäße Entscheidungen zu treffen, ohne dass sie einfach aufgeben und »hinschmeißen«.

Manchmal kann man gemeinsam Lösungen finden, damit das Kind doch Freude findet und das Unterfangen fortsetzt, manchmal sollte man die Gründe akzeptieren und dem Kind das Abbrechen erlauben. Und dann sollte man es auch nicht dramatisieren und es als »Misserfolg« abstempeln. Das Kind hat etwas ausprobiert und etwas über sich, seine Vorlieben und Abneigungen herausgefunden. Das ist ein Erfolg, auch wenn ihm das Hobby oder die Aufgabe entgegen erster Erwartungen nicht gefiel. Dürfen sie in diesem Sinne Entscheidungen treffen, die ihren Interessen und Abneigungen gemäß sind, so erzieht man Kinder, die auf ihre eigenen Bedürfnisse achten und eigene Ziele entwickeln.

→ Siehe hierzu die Geschichte
»Frau Dr. Wackelzahn und das verbotene Lachen«.

In meinem Buch »Was für ein Kind waren Sie?«[9], in dem ich bekannte Persönlichkeiten zu ihrer Kindheit und Jugend befragte, antwortet die Schauspielerin Nadja Uhl auf die Frage »*Was hat Ihren Ehrgeiz entfacht?*« folgendermaßen:

Wenn ein junger Mensch nie erfahren kann, wo seine Fähigkeiten liegen, dann kann er keine Eigeninitiative entwickeln. Herauszufinden, welches die eigenen Leidenschaften sind, entzündet die stärkste Triebkraft. Es ist übrigens ein großes Verdienst meiner Mutter, dass sie mich als Kind immer alles ausprobieren ließ. Wenn ich Tischtennis ausprobieren wollte, bin ich zum Tischtennis gegangen, wenn ich Turnen ausprobieren wollte, bin ich zum Turnen gegangen. Es gab bei uns sogar eine Kindergruppe fürs Schießen, das wollte ich auch mal ausprobieren, anschließend bin ich zum Ballett, bis ich beim Briefmarkensammeln gelandet bin. Ich habe als Kind das gesamte Spektrum ausgetestet …

Genau in diesem Sinn sollten Kindheit und Jugend als Phasen der Entwicklung gelten, in denen man herausfinden kann, was einem liegt, Freude macht und einen inspiriert. Manche Kinder wissen das sehr früh und fangen Feuer für die erste Sportart, die sie ausprobieren, andere suchen länger, wieder andere finden nie etwas, was sie packt und begeistert. Entscheidend ist die elterliche Haltung: Wenn Kinder sich und ihre Interessen nicht ausprobieren können, ohne dass es ein Drama ist, wenn sie entschieden haben, etwas, was nicht zu ihnen passt, nicht weiterzuverfolgen, kann es dazu führen, dass sie sich in der Zukunft gar nicht mehr zutrauen, irgendetwas anzufangen, weil sie unter dem Druck stehen, erfolgreich sein zu müssen. Nach dem Motto: Wenn ich es gar nicht erst versuche, kann ich auch nicht scheitern. Dies ist sicherlich der Inbegriff von mangelndem Selbstvertrauen. Um dies zu verhindern, können wir unsere Kinder immer wieder ermuntern, Dinge, die sie interessieren, auszuprobieren.

Es gibt Zusammenhänge, deren Tragweite Kinder aufgrund ihrer mangelnden Lebenserfahrung nicht beurteilen können. Kinder ziehen oft den kurzfristigen Genuss dem langfristigen vor, da sie aufgrund ihrer mangelnden Lebenserfahrung noch nicht in langfristigen Zeiträumen denken und ihr Gehirn auch noch nicht dementsprechend entwickelt ist. Hier müssen wir abwägen, ob es gelingen kann, Kinder zu Anstrengungen zu bewegen, die ihnen langfristig Vergnügen bereiten werden, kurzfristig aber Anstrengung bedeuten.

So hat der Schauspieler und Produzent Til Schweiger in meinem Interview-Buch auf die Frage, ob er von seinen Eltern besonders gefördert wurde, hinsichtlich des Erlernens eines Instruments formuliert: »*Ansonsten haben meine Eltern gesagt, dass wir ein Instrument lernen sollen. Ich bin damals aber völlig in Fußball aufgegangen, und danach habe ich viel Kickboxen gemacht. Der Sport war mir viel wichtiger als ein Instrument. Rückblickend, das werfe ich ihnen nicht vor, hätte ich mir gewünscht, dass sie gesagt hätten: »Nein, das machst du jetzt!« Das ist etwas, was ich mir am meisten in meinem Leben vorwerfe, dass ich nie Klavierspielen gelernt habe. Ich bin mit meinen Kindern so tolerant und versuche, sie zu nichts zu zwingen, aber bei Instrumenten sag ich einfach, das ist das Schönste, was sie in ihrem Leben machen können.*«[10]

Eltern sind nicht allwissend. Weil sie ihr Kind so sehr lieben, meinen sie oft zu wissen, was das Richtige für es sei. Oft erkennen wir das Richtige erst, wenn wir beobachten und verstehen, wer unser Kind ist. Dabei hilft es, öfters einmal unserem inneren »Ich weiß schon, was das Richtige für mein Kind ist«-Reflex zu widerstehen und genau zuzuhören und hinzusehen, wer und wie unser Kind ist. Wir sind geneigt, von uns auf andere zu schließen. Weil wir auf eine Art empfinden und denken, glauben wir manchmal, unsere Kinder würden auch so funktionieren. Das Spannende ist, dass sogar bei Geschwistern mit ähnlichen Genmaterial eklatante Unterschiede in den Persönlichkeiten auftreten.

Wir Eltern haben das Privileg, unsere Kinder beim Entdecken und Entfalten ihrer einzigartigen Persönlichkeit zu begleiten und zu unterstützen.

→ Siehe hierzu die Geschichte
»*Folge deinen Träumen*«.

FÜR SEINE WERTE EINZUTRETEN, SCHAFFT SELBSTWERT

Gerade für Jugendliche auf dem Weg der Entwicklung zu der Persönlichkeit, die sie einmal werden möchten, bedeutet es eine Stärkung für ihren Selbstwert, wenn sie die Möglichkeit haben, für ihre Werte einzustehen. In diesem Zusammenhang ist es bereichernd und inspirierend für Kinder, wenn in Familien eine offene und rege Diskussionskultur herrscht. Kinder und Jugendliche können hier ihre Standpunkte erproben und formulieren. Haben Jugendliche die Möglichkeit, sich für ihre Werte in Gruppen wie etwa politischen, sozialen oder religiösen Organisationen einzusetzen, fördert dieses Engagement ihr Gefühl der Selbstwirksamkeit, und sie erfahren sich als Person, die für etwas steht, die versucht, einen Beitrag zu leisten und einen Unterschied in dieser Welt zu machen. Sowohl das Bedürfnis nach Sinngebung wird hier befriedigt als auch das Bedürfnis nach Gemeinschaftssinn. Auch die Erfahrung, sich für andere Menschen zu engagieren, das Gefühl, (in einem dem Alter angemessenen Maß) gebraucht zu werden, etwa in der Kirchengemeinde, bei der Betreuung von jüngeren Schülern im Sportverein, bei der Nachhilfe oder beim Babysitten, ist eine selbstwertförderliche Erfahrung. Auch für kleine Kinder ist es wertvoll, wenn sie erleben, dass sie durch ihre Mithilfe ihre Familie unterstützen können.

Besprich mit deinem Kind, wie es helfen möchte, welche kleine Aufgabe es gern übernehmen mag – die Balkonblumen gießen, die Post aus dem Briefkasten holen, die Handtücher falten, die Sonntagsbrötchen vom Bäcker holen. Kinder fühlen sich wertvoll, wenn sie das Gefühl haben, Verantwortung zu tragen und einen Beitrag für die Gemeinschaft zu leisten.

DANKBARKEIT SCHAFFT FÜLLE

Wenn ich über eine selbstwertstärkende Haltung dem Leben gegenüber schreibe, so möchte ich den etwas aus der Mode gekommenen Begriff Dankbarkeit erwähnen. An dieser Stelle muss ich an meine verstorbene Großmutter denken, deren zwei gerade erwachsene Söhne im Krieg als Soldaten dienten, deren ältester Sohn im Krieg fiel, deren Mann krank aus dem Krieg zurückkam und die Hunger, Angst, Verlust und großes Leid für sich und ihre Familie erlebt hatte. Als Kind befremdete es mich, dass sie so sparsam mit Essen umging, alle Essensreste aufbewahrte und auch aus meiner Sicht nicht mehr frische Lebensmittel aß. Und dass sie das Wort Dankbarkeit so häufig erwähnte. Als erwachsene Frau und Mutter kann ich annähernd ermessen, welche Verluste, Entbehrung, Angst, Sorge und welches Leid sie durchgemacht haben muss. Offensichtlich ist Dankbarkeit eine Eigenschaft, die sich stärker entwickelt, nachdem man Leid und Entbehrung erlebt hat.

Menschen, die dankbar sind, wissen zu schätzen, was sie haben. Sie haben ein positives Bewusstsein über das, was sie besitzen, was ihnen widerfährt und was sie sind. Dankbarkeit lässt Menschen Fülle erleben und Anerkennung für das, was ist. Dankbarkeit schließt Mangelempfinden aus, denn wer dankbar ist, konzentriert sich auf das, was er hat, und nicht auf das, was ihm fehlt.

Während ich dieses Buch schreibe, befindet sich unsere Welt in einer globalen Pandemie, in einer allumspannenden Ausnahmesituation – Leben, wie es einmal war, findet im Moment nicht statt. Abgesehen von den schrecklichen gesundheitlichen Folgen des COVID-Virus sind Selbstverständlichkeiten unseres angenehmen Lebensstils in mancher Hinsicht eingeschränkt. Vielleicht ist diese leidvolle Pandemie der Moment, der viele Menschen zu einem Gefühl der Dankbarkeit inspiriert. Dankbarkeit für vieles, was wir bisher als selbstverständlich angesehen haben und nicht sonderlich würdigten – bis wir aufgrund der Pandemie erkennen mussten, dass wohl nichts mehr selbstverständlich ist.

Wenn Kinder lernen, sich auf das zu konzentrieren, was schön in ihrem Leben ist, was gut läuft, was sie beherrschen und worüber sie sich freuen, schärft sich ihr Blick für das Gute in ihrem Alltag. Dankbarkeit ist die natürliche Konsequenz dieser Perspektive. Für religiöse Familien lässt sich diese Dankbarkeit im Gebet ausdrücken. Unabhängig von der religiösen Überzeugung lassen sich individuelle kleine Rituale der Dankbarkeit entwickeln, wie beispielsweise folgende:

- Ein Danke-für-den-schönen-Tag-Bild malen.
- Ein Fotoalbum mit »Wow! Waren das tolle Erlebnisse!«-Fotos erstellen.
- Im Familienkreis, beispielsweise beim gemeinsamen Essen, vom schönsten Moment des Tages/»Worüber ich mich heute gefreut habe« erzählen.

Wenn Kinder an uns erleben, wie wir uns über Dinge des Alltags freuen und dies auch ausdrücken, und wenn sie beobachten können, wie wir ihnen und auch unseren Mitmenschen gegenüber Dankbarkeit ausdrücken, dann inspirieren wir sie dazu, die guten Seiten ihres Lebens und ihrer Persönlichkeit wertzuschätzen.

SOZIALE EINGEBUNDENHEIT

Ein bedeutender Teil unseres Selbstwerts ergibt sich aus den sozialen Rückmeldungen, die wir von unseren Mitmenschen über uns erhalten. Sie geben uns Auskunft darüber, wie akzeptiert, beliebt oder geliebt wir in und von einer Gruppe sind. Die Kerngruppe jedes Kindes ist die Familie, und ab dem Kleinkindalter bekommen die Gleichaltrigengruppen in Kindergarten und Schule eine immer größere Bedeutung. Insofern ist soziale Kompetenz von nicht zu unterschätzender Bedeutung für die Entwicklung des Selbstwerts.

Sozial kompetente Kinder können sich gut in Gruppen einfügen, reagieren angemessen auf unterschiedliche soziale Kontexte. Sozial wenig gewandte Kinder, die sich schlecht in Gruppen einfügen können und Schwierigkeiten haben, angemessen in sozialen Interaktionen zu reagieren, erleben hingegen oft Abwertung, Distanz und vielleicht sogar Ausschluss aus Gruppen. Sie ecken an und machen wenig positive Erfahrungen mit Gleichaltrigen, haben wenige oder keine Freunde. Sie erhalten negative Rückmeldungen und entwickeln die Einstellung: Ich bin nicht richtig. All diese Erfahrungen sind selbstwertschwächend.

Für die Entwicklung eines guten Selbstwerts ist es wichtig, auf seine eigenen Bedürfnisse zu achten und ihre Erfüllung auf angemessene Art und Weise anzustreben. Damit Kinder erfüllende soziale Interaktionen erleben, die sich positiv auf ihr Selbstwertgefühl auswirken, ist es ebenso wichtig, dass sie lernen, die Bedürfnisse ihrer Mitmenschen zu beachten. Und manchmal eben auch in der Lage zu sein, eigene Bedürfnisse zurückzustecken. Ein Kind mit einem guten Selbstwert schafft es im Großen und Ganzen gut, eine Balance herzustellen zwischen der Erfüllung der eigenen Bedürfnisse und dem Eingehen auf die Bedürfnisse seiner Mitmenschen.

Du kannst deinem Kind schon früh beibringen, auf die Bedürfnisse anderer Menschen zu achten. Besonders wertvoll ist hier wieder einmal dein Vorbild. Erlebt dein Kind zu Hause einen wohlwollenden und wertschätzenden Umgang, bei dem auf die Bedürfnisse aller Familienmitglieder gleichermaßen eingegangen wird und bei dem in Konfliktsituationen versucht wird, Lösungen herzustellen, die möglichst die Bedürfnisse eines jeden im Auge haben (siehe das Kapitel »Konflikte müssen kein Drama sein«), so lernt dein Kind im engsten Familienrahmen, sowohl seine eigenen Bedürfnisse als auch die seiner Mitmenschen ernst zu nehmen. Wenn es dich im Alltag als hilfsbereites und fürsorgliches Vorbild erlebt – wenn du es etwa tröstest, weil es sein Kuscheltier nicht finden kann, oder wenn es erlebt, dass du der kleinen Schwester hilfst, wenn sie verzweifelt ist, weil ihre Lieblingspuppe in den Matsch gefallen ist –, lernt es durch das Erleben und Beobachten deines Verhaltens und kann sich empathisches und hilfsbereites Verhalten »abgucken«.

Kinder sind in der Regel etwa ab vier Jahren in der Lage, sich in andere Menschen hineinzuversetzen. Ab etwa diesem Alter kannst du dein Kind zu Empathie anleiten, indem du es immer wieder auffordertst, sich Gedanken darüber zu machen, wie andere Menschen sich wohl fühlen in Situationen, die ihr gemeinsam erlebt.

»Warum, meinst du, hat Silke so enttäuscht ausgesehen?«

»Glaubst du, Amir hat sich über die Nachricht gefreut?«

Die Perspektivübernahme ist für Kinder ein gutes Mittel auf dem Weg zur Lösung möglicher Konflikte. Wenn ein Kind lernt, sich in andere Menschen hineinzuversetzen, wird es ihm leichter fallen, in Konfliktsituationen konstruktive Lösungen zu entwickeln.

In diesem Sinn ist es hilfreich, mit Kindern über Gefühle zu sprechen – über ihre und auch über deine eigenen. Wenn ein Kind auf die Frage, wie es ihm geht, lediglich »Gut« oder »Schlecht« antwortet, ist es weiterführend, genauer nachzufragen, was das bedeutet: glücklich, froh, stolz, begeistert oder enttäuscht, traurig, wütend, besorgt … Es hilft Kindern, wenn sie ihre eigenen Gefühle erkennen und benennen können, sich verständlich zu machen, und es hilft ihnen auch dabei, sich in andere Menschen hineinzuversetzen. Eltern können altersangemessen (das heißt, ohne die Kinder mit eigenen belastenden Gefühlen zu überfordern) auch über ihre eigenen Gefühle sprechen:

»Ich bin heute angespannt, weil ich so viel zu tun habe. Ich muss noch sehr viel auf meiner Liste abarbeiten, bevor wir in den Urlaub fahren können.«

»Oma geht es viel besser, das macht mich so glücklich, und ich fühle mich sehr erleichtert.«

Wächst ein Kind in einer Familie auf, in der selbstverständlich über Gefühle gesprochen wird und in der Gefühle ernst genommen werden, so fördert dies seine emotionale Sensibilität – sich selbst und auch anderen gegenüber.

Ich habe die Erfahrung gemacht, dass viele Eltern spontan glauben, dass in ihrer Familie häufig über Gefühle gesprochen wird. Wenn sie dann genau überlegen, wann sie eigentlich das letzte Mal mit ihren Kindern über ihre eigenen oder deren Gefühle gesprochen haben, reduziert sich ihre Einschätzung der Häufigkeit oft. Eltern denken sicherlich über die Gefühle ihrer Kinder nach, das heißt aber nicht, dass sie tatsächlich mit ihren Kindern Gespräche darüber führen. Und es ist auch nicht so, dass Kinder immer begeistert in das Gespräch einstimmen, manchmal muss man mehrfach nachhaken, oder es braucht eine besondere Atmosphäre, damit solche Gespräche entstehen. Manche Eltern initiieren solche Gespräche deshalb nicht mehr, weil sie den Eindruck haben, ihre Kinder wollten nicht über ihre Gefühle sprechen.

Eltern sollten trotzdem »dranbleiben«. Es braucht aufrichtiges Interesse, Offenheit und Wertschätzung, um eine vertrauensvolle Gesprächsatmosphäre zu schaffen, in der Kinder gern über sich berichten. Solltest du feststellen, dass dein Kind Verhaltensmuster an den Tag legt, die seine Interaktionen mit anderen Kindern erschweren, solltest du behutsam und konkret darauf eingehen (siehe das Kapitel »Einfühlsam Verständnis und Kooperation fördern«). Kinder brauchen unsere Hilfe, um zu erlernen, wie sie sich sozial angemessen verhalten. Einigen Kindern fällt dies schwerer als anderen und es stellt eine große Belastung in ihrem Leben dar. Solltest du merken, dass dein Kind trotz deiner Unterstützung immer wieder aneckt und Ablehnungserfahrungen macht, hole dir rechtzeitig Unterstützung bei einem Therapeuten oder Coach, der dich als Vater oder Mutter unterstützt und deinem Kind hilft, besser und selbstwertstärkender mit sozialen Interaktionen zurechtzukommen.

KLEINE GROSSE GIPFELSTÜRMER

Grundsätzlich haben Menschen, die sich selbst fordern, größere Chancen, Erfolgserlebnisse zu generieren und so ihre Selbstwirksamkeit und ihr Selbstwertgefühl zu verstärken. Traust du dir nichts zu, gehst du kein Risiko ein – es kann nichts grob schiefgehen, aber auch nichts besonders gelingen.

Wenn wir unsere Kinder dabei unterstützen wollen, ihr Potenzial zu erkennen und zu leben, so tun wir gut daran, sie dabei zu unterstützen, sich etwas zuzutrauen, sie zu Anstrengung und manchmal auch zum unbequemeren und risikoreicheren Weg zu ermuntern. Nur wer sich Ziele steckt, die ihn fordern, wird ein Gefühl des Erfolgs verspüren. Ziele, die unterfordern oder bei denen man in seiner Komfortzone bleibt, bergen nicht das Risiko des Misserfolgs und der Enttäuschung, tragen aber auch nicht zum Erleben des eigenen Potenzials bei. Mit dieser Haltung richten wir den Blick mehr auf das, was wir vermeiden wollen (Misserfolg, Schmerz, Angst, Enttäuschung), als auf das, was wir erleben möchten (Erfolg, Bestätigung, Erfüllung). Man kann sein Leben im Tauchgang mit Sicherheitsabstand durchleben – nicht auffallen, nicht anecken, nichts riskieren. Vielleicht vermeidet man Schmerz und Enttäuschung, sicher aber auch Erfüllung und Begeisterung.

Wollen wir, dass Kinder sich auf die Reise zu ihrer Erfüllung begeben, so können wir sie in einer Haltung unterstützen, in der sie sich weder unter- noch überfordern, sich aber so viel zutrauen, dass sie das Potenzial, das in ihnen steckt, leben können.

In diesem Kapitel habe ich ausgeführt, wie Eltern ihren Kindern helfen können, diese Haltung zu verstärken, ohne Zwang und ohne Druck. Denn es ist wichtig, dass Kinder auch Niederlagen einstecken oder Fehler machen können, ohne dass dies zu einer emotionalen Katastrophe für sie ausartet.

Wer Risiken eingeht, fällt auch mal hin, hat aber die Chance, durch Erfolge besonders belohnt zu werden.

→ Siehe hierzu auch die Geschichte
»Der Angsthase im Paket«.

GUTE NOTEN, SCHULE UND LEISTUNG SIND NICHT ALLES

Manchen Menschen scheint alles leichtzufallen, und sie erlangen ohne große Anstrengung herausragende Ergebnisse in dem, was sie tun. So etwa in der Schule: Es gibt Schüler, die mit nur wenig Lernaufwand herausragende Leistungen erbringen. Andere Kinder müssen sich sehr anstrengen und schneiden trotzdem nicht exzellent ab. Unser Schulsystem würdigt das Ergebnis der Anstrengung mit einer Note – von »sehr gut« bis »ungenügend«. Die Anstrengung, die hinter einem Ergebnis steckt, wird in der Note nicht sichtbar. Eine Zwei kann mit Leichtigkeit erlangt worden sein oder mit großer Anstrengung. Eine Vier kann ein Ergebnis von mangelndem Lernen sein oder aber das Ergebnis, das trotz harter Anstrengung erzielt wurde. Eltern können die Anstrengung hinter der Note abschätzen. Ich bin davon überzeugt, dass es wichtig ist, dass wir die Anstrengung anerkennen, die unser Kind erbringt – unabhängig davon, ob sie zur gewünschten Leistung führt oder nicht. Indem wir die Anstrengung unseres Kindes würdigen, erkennen wir seine eigene Entwicklung an. Und vergleichen es nicht mit anderen Kindern, was Schule und Teile der Umwelt schon zur Genüge tun.

Unser Kind in seinem Selbstwert zu unterstützen, bedeutet, seine ganz eigene Entwicklung zu beobachten.

Es geht um individuelle Fortschritte auf der eigenen Entwicklungslinie und nicht um die Entwicklung im Vergleich zu anderen

Kindern. Auch zu Hause haben wir Eltern manchmal die Tendenz, unsere Kinder mit anderen Kindern, seien es Geschwister, Klassenkameraden, Nachbarskinder oder Freunde, zu vergleichen – meist, um sie zu motivieren, etwas zu erreichen, das das andere Kind auch erreicht hat.

→ Manuela, 12 Jahre
Meine Mutter war früher immer super ungeduldig, wenn es ums Diktat üben ging. Erst in der 3. Klasse wurde bei mir eine Lese-Recht-Schreibschwäche festgestellt, davor war meine Mutter immer extrem sauer, wenn ich beim Diktat so viele Fehler machte. Sie verglich mich dann immer mit meiner besten Freundin und ihren guten Noten und fragte mich, warum ich denn nicht Diktate wie sie hinbekam. Das war richtig doof für mich – ich wollte ja gut sein, schaffte es aber einfach nicht.

Wenn Eltern ihre Kinder mit anderen Kindern vergleichen, ist das in den seltensten Fällen hilfreich und kann zudem Wut und Eifersucht auf das vermeintlich klügere, fleißigere, sportlichere, höflichere … in jedem Fall als »besser« dargestellte Kind schüren, was besonders unter Geschwistern zu schlechten Beziehungen führen kann. Manche Erwachsene sprechen noch im fortgeschrittenen Alter mit verhaltener Wut über ihre Geschwister: *»Ach, der war ja immer das Lieblingskind …«* Elterliche Vergleiche können Wunden auslösen, die ein Leben lang schmerzen und nicht verheilen.

DIE EIGENE ENTWICKLUNG ZÄHLT

Eltern sollten ihre Kinder grundsätzlich nicht mit anderen Kindern vergleichen. Die Kinder sollten lernen, sich mit sich selbst zu vergleichen, also ihre eigene Entwicklung zu betrachten: Wie sehr habe ich mich hierin verbessert im Vergleich zum Schuljahresbeginn? Wie viel sicherer bin ich hierin in den letzten Wochen geworden? Wenn Eltern ihre Kinder zu dieser Haltung anleiten, dann ist das eine große Unterstützung für den Selbstwert ihrer Tochter oder ihres Sohnes.

Unser Kind anzunehmen, wie es ist, heißt, seine Stärken und seine Schwächen anzuerkennen und zu akzeptieren. Wir können es motivieren, sein Potenzial auszuleben, wenn wir beobachten, dass es unter seinen Möglichkeiten bleibt. Wir können ihm helfen, an seinen Schwächen zu arbeiten, indem wir ihm Unterstützung anbieten. Jede Persönlichkeit ist vielfältig – kein Kind hat nur Stärken oder nur Schwächen, unser Blick sollte immer für alle Facetten offen sein. So kann eine akademisch herausragende Schülerin soziale Schwächen oder Hemmungen haben, bei denen sie unsere Unterstützung benötigen könnte, obwohl von außen alles »perfekt« aussieht. Und ein schwacher Schüler könnte besonderes Einfühlungsvermögen und Verantwortungsgefühl zeigen, und wir könnten ihn motivieren, sich in der Jugendarbeit mit jüngeren Kindern beispielsweise in einem Verein zu engagieren und so in diesem Bereich Erfolge zu erleben und Anerkennung zu erhalten. Unterstützung bei Schwächen kann immer nur im Tempo des Kindes und im Rahmen seiner Möglichkeiten geschehen.

Stellen wir zu ehrgeizige Anforderungen an Lerntempo und Lernkapazitäten, so unterstützen wir es nicht, sondern überfordern, frustrieren und schwächen es in seinem Selbstwert. Es wäre beispielsweise unpassend, ein Kind mit einer Lernschwäche für eine Ausbildung mit viel »Paukerei« motivieren zu wollen. Man kann es aber unterstützen, trotz der Lernschwäche seinen Schulabschluss zu schaffen, und es gleichzeitig in seinen Stärken fördern, wie etwa seine sozialen oder kreativen Kompetenzen, die in ein anderes, passenderes Berufsbild münden.

→ Lukas, 12 Jahre

Bei Lukas wurden in der dritten Klasse eine Aufmerksamkeitsschwäche und eine Lese-Rechtschreib-Störung diagnostiziert. Lernen fiel ihm schwer, er musste sich sehr anstrengen, um die Schulanforderungen zu erfüllen.

Er war ein fröhlicher und sportlicher Junge. Seine Mutter unterstützte ihn mit einer Engelsgeduld und einer positiven, motivierenden Haltung in Bezug auf seine Lernschwierigkeiten. Sie sorgte dafür, dass er Förderunterricht und Nachhilfe bekam, und organisierte den Alltag so, dass dieser Unterricht regelmäßig stattfand und Lukas trotzdem seinen sportlichen Hobbys nachgehen konnte. Mit 10 Jahren fing Lukas an, sich für Fotografie und Film zu interessieren. Auch in diesem Hobby förderte die Mutter ihren Sohn und meldete ihn in den Ferien zu Workshops an, damit er sich hier weiterbilden konnte. Sie unterstützte ihn dabei, seine Schwächen zu überwinden, und förderte ihn in seinen Stärken. Sie gab ihm immer das Gefühl: Ja, du hast eine Lernschwäche und daran arbeitest du mit viel Disziplin und Ausdauer. Und du bist sportlich und kreativ und ein ganz besonderer, zauberhafter Junge.

Lukas entwickelte trotz seiner Lernprobleme ein gutes Selbstwertgefühl. Er fühlte sich von Familie und Freunden geliebt und geschätzt. Er war sich seiner Schwächen durchaus bewusst, aber eben auch seiner Stärken. Zu diesen gehörte nicht nur sein kreatives Talent, sondern auch seine Ausdauer und positive Haltung, mit der er sich durch die Schulanforderungen kämpfte.

Reagieren Eltern emotional ablehnend, wenn Kinder ihren Leistungserwartungen nicht entsprechen, ist dies für den Selbstwert der Kinder extrem schädlich. Wenn ein Kind den Eindruck hat: Ich werde nur geliebt, wenn ich eine Leistung X erbringe, ist es sich der bedingungslosen Liebe seiner Eltern nicht sicher – und dies sollte ein Kind sein, um sich gesund entwickeln zu können. Ist die Elternliebe an gute Noten und Pokale geknüpft, wird das Kind nicht in seiner Gesamtheit und genau so, wie es eben ist – mit allen Vorzügen, Talenten, Schwächen und auch schwierigen Seiten –, geliebt. Wie soll ein Kind unter diesen Bedingungen lernen, sich mit all seinen Facetten selbst anzunehmen?

Ich möchte hier differenzieren: Natürlich sollten Eltern sich mit ihren Kindern über deren Schulleistungen auseinandersetzen, ganz besonders, wenn sie das Gefühl haben, dass die Kinder unter ihren Möglichkeiten bleiben. Ihre emotionale Wärme und Zuneigung, ihre Liebe sollte jedoch nie in Abhängigkeit von guter oder schlechter Leistung ausgedrückt werden. Das heißt, Eltern sollten durchaus konstruktiv in sachlichen und emotional angemessenen – nicht kalten oder das Kind abwertenden – Gesprächen Leistungsschwächen und mögliche Verbesserungsstrategien mit ihren Kindern besprechen. Sie sollten ihrem Kind jedoch nie das Gefühl geben, dass es aufgrund schwacher Leistungen weniger geliebt wird als mit guten Leistungen.

> Eine der größten Erziehungsfallen, in die Eltern tappen können, ist, ihre Liebe – bewusst oder unbewusst – an die Leistungen ihrer Kinder zu koppeln.

Manchmal glauben Eltern, dass sie ihrer Verantwortung als Mutter oder Vater nur dann gerecht werden, wenn ihre Kinder gute Leistungen erbringen. Der elterliche Selbstwert ist in diesem Fall gekoppelt an den schulischen Erfolg des Kindes – kein Wunder bei dem hohen Stellenwert, den schulische und andere Leistungen in unserer Gesellschaft haben. Das Kind spürt den Erwartungsdruck und versucht, diesem zur Zufriedenheit der Eltern zu entsprechen – eine emotionale Überforderung, für die ein Kind nicht herhalten sollte.

ERZIEHUNGSFALLE HAUSAUFGABEN

Um ihre Kinder in ihrem Leistungsverhalten zu fördern, begleiten und kontrollieren manche Eltern ihre Kinder sehr engmaschig. Sicherlich brauchen die meisten Kinder einen Anstoß oder auch Unterstützung, um ihre Schulpflichten zu erledigen. Aber:

> Werden Kinder kleinstteilig bei ihren Schulpflichten überwacht, leidet die Entwicklung ihrer Selbstständigkeit.

Das Entwickeln von Selbstmanagement-Fähigkeiten des Kindes, die es ihm ermöglichen, eigene Aufgaben zu bearbeiten, eigene Termine und Verpflichtungen einzuhalten, eigene Ziele und eigene Prioritäten zu setzen, wird durch sehr dirigierende Eltern ausgebremst. Das Entwickeln der eigenen Persönlichkeit, im Sinne des Entdeckens von Vorlieben und Interessen, kommt hierdurch ebenfalls zu kurz, denn ein Großteil der kindlichen Energie wird in das Erreichen der elterlichen Ziele und Ansprüche gesetzt. Aber eigene Motivation kann nur durch das Entdecken eigener Interessen entstehen! Und wir wissen es von uns selbst: Nur, wenn wir etwas aus eigener Motivation heraus tun, sind wir engagiert und auch begeistert bei der Sache. Kurzum: Ich denke, die individuelle Selbstständigkeits- und Persönlichkeitsentwicklung leidet, wenn Eltern sehr ehrgeizig und dominant über die Schullaufbahn des Kindes wachen. Sicherlich ist die elterliche Motivation eine positive – alle Eltern wünschen ihren Kindern nur das Beste und hoffen, dass sie »etwas« werden im Leben.

Nur, was ist das Beste? Wir sollten Vertrauen in die Entwicklung unserer Kinder haben und sie unterstützen bei ihren Schulverpflichtungen, ihnen aber genug Raum lassen, sich selbst zu entfalten. Kinder, die feststellen, dass sie Selbstmanagement-Fertigkeiten entwickeln und beherrschen, sind stolz und erlangen ein Gefühl der Selbstwirksamkeit – sie entdecken: Ich kann Dinge selbst erledigen, ich bin in der Lage, mich eigenständig hier durchzuwühlen. Das ist eine großartige Erfahrung. Wir sollten unsere Kinder darin unterstützen, diese Fähigkeiten zu entwickeln, anstatt sie engmaschig zu kontrollieren und ihnen den Eindruck zu vermitteln, sie seien nicht allein dazu in der Lage. Wir können unseren Kindern helfen, Pläne zur Arbeitsbewältigung zu entwickeln – also: Welche Aufgaben sollten bis wann in welcher Reihenfolge angegangen werden? Und wir können Lernstrategien mit ihnen besprechen und ihnen immer wieder Hilfe dazu anbieten. Wenn Eltern Hilfe anbieten, die Kinder annehmen oder auch ablehnen können, oder wenn Kinder um unsere Hilfe bitten, nachdem sie etwas eigenständig erarbeitet haben, respektiert dies die Selbstständigkeit unseres Kindes in einem ganz anderen Maß, als wenn wir neben ihm sitzen und es Schritt für Schritt überwachen, weil wir solche großen Ansprüche an seine Noten haben und fehlerhafte Aufgaben und Klassenarbeiten als Katastrophen ansehen. Sind wir zu kontrollierend, strahlen wir Misstrauen aus. Elterliches Misstrauen ist nicht förderlich für das kindliche Selbstwertgefühl. Vertrauen und Unterstützung sind es – dominante Kontrolle ist es nicht. Dieses Prinzip gilt übrigens für alle Bereiche der Eltern-Kind-Beziehung – am Thema Schulleistung zeigt es sich nur meist besonders transparent, auch weil viele Eltern sich da selbst sehr unter Druck setzen.

Wie kommt es, dass es manchmal an Vertrauen in die eigenen, doch über alles geliebten Kinder mangelt, und warum wird manchmal so ein Leistungsdruck auf sie ausgeübt? Aus einem gut gemeinten Sicherheitsdenken heraus versuchen Eltern schon ab dem frühesten Kindesalter sicherzustellen, dass ihre Kinder »der Norm« entsprechen. Die Sehnsucht nach einem »normalen« Kind, das dem Standard seiner Gleichaltrigengruppe entspricht, ist eine weitverbreitete und absolut nachvollziehbare Sehnsucht von Eltern. Natürlich wollen wir alle ein »normales« Kind. Aber was heißt schon normal? Ist mein Kind nicht normal, weil es viel später anfängt zu laufen als andere Kinder, weil es lauter redet als seine Altersgenossen, weil es lieber träumt, als zu rechnen, oder, oder, oder …?

Wir sollten als Eltern weniger die Norm im Kopf als vielmehr unser Kind vor Augen haben. Unser Kind ist perfekt, wie es ist. Das können wir ihm vermitteln. Und leisten dabei einen immens großen Beitrag zu seiner psychischen Gesundheit. Natürlich ist es wichtig, Leistungsanforderungen zu stellen und hierbei unser Kind auch anzuspornen durch unser Vertrauen in seine Leistung. Und es ist auch sinnvoll zu helfen, individuelle Schwächen zu kompensieren – beispielsweise motorische Probleme mit Ergo- oder Physiotherapie oder eine Lese-Rechtschreib-Schwäche mit entsprechender Lerntherapie. Es ist sinnvoll, die Augen vor Problemen und Schwächen nicht zu verschließen, sondern sie zu analysieren und passende Lösungen herzustellen. Dabei sollten wir aber nicht aus den Augen verlieren, dass unser Kind eine ganz eigene Persönlichkeit ist. Diese Persönlichkeit zu erkennen, zu stärken und zu fördern, sollte unser Ziel sein und nicht, diese möglichst eng in eine Norm zu pressen. Der sorgenvolle Blick auf die Norm, so verständlich er ist, lenkt die elterliche Aufmerksamkeit zu sehr auf vermeintliche Defizite, auf die negativen Abweichungen von der Norm. Dabei sollte der Fokus auf dem Positiven liegen: Wir können uns immer wieder fragen: Was kann unser Kind? Was mag unser Kind? Was motiviert es?

> Wir alle sind immer die beste Version unserer selbst, wenn wir das tun, was wir lieben.

Es ist gut, dass Kinder auch lernen, sich in Bereichen anzustrengen, die ihnen nicht unbedingt liegen oder leichtfallen, und wir alle wissen, dass die Ausbildung von Durchhaltevermögen und Disziplin in vielen Situationen des Erwachsenenlebens extrem hilfreich ist. Begeisterung entsteht jedoch, wenn Kinder Leistung aus intrinsischer Motivation erbringen. Wenn sie etwas gefunden haben, was sie begeistert, wofür sie brennen, oder in jedem Fall etwas, was ihnen Freude bereitet. Wir Eltern sind diejenigen, die sie bei dieser Suche nach dem, was sie erfüllt, unterstützen sollten. Und es sollte genauso eine Priorität, wenn nicht gar eine höhere haben, als die 5 in Mathe oder die 4 in Französisch auszugleichen.

Die Stress-Studie der Bepanthen-Kinderförderung in Zusammenarbeit mit der Universität Bielefeld,[11] für die 1 100 Kinder und Jugendliche von 6 bis 11 und 12 bis 18 Jahren sowie 1 039 Eltern in Deutschland befragt wurden, kam zu dem Ergebnis, dass 18 Prozent der Kinder und 19 Prozent der Jugendlichen unter deutlichem Stress leiden. 70 Prozent der Kinder mit hoher Stressbelastung kommen mit der Bewältigung der Hausaufgaben nicht zurecht, damit stellt Schule einen deutlichen Stressfaktor dar.

Ein zusätzlicher und gravierender Stressfaktor trat in der Corona-Pandemie durch das Homeschooling ein. Die soziale Isolation und die ungewohnte Form des Unterrichts, in der viele Schüler-Fragen unbeantwortet blieben, führte in vielen Kinderzimmern zu Überforderung und Einsamkeitsgefühlen. Viele Eltern fühlten sich durch die Zusatzbelastung des Homeschoolings überfordert, und viele Schüler, deren Eltern nicht in der Lage waren, ihnen mit dem Unterrichtsstoff zu helfen, verloren den Anschluss an das Leistungsniveau der Klasse.

Die im Februar 2021 veröffentlichten Ergebnisse der COPSY (Corona und Psyche)-Studie des UKE Hamburgs[12] zeigen, dass fast jedes dritte Kind auch 10 Monate nach Beginn der Pandemie noch unter psychischen Auffälligkeiten wie Ängsten, Sorgen, depressiven Symptomen sowie psychosomatischen Beschwerden wie Niedergeschlagenheit, Kopf- oder Bauchschmerzen litt. Vor allem Kinder und Jugendliche aus sozial schwächeren Verhältnissen oder mit Migrationshintergrund waren betroffen.

Strukturelle Lösungen für diese Form der Überforderung müssen in der Zukunft entwickelt werden. Eltern sollten in diesen Phasen des ungewohnten Homeschoolings besonders aufmerksam auf Überforderungs- und Belastungsgefühle ihrer Kinder achten, so etwa auf Anzeichen von Traurigkeit, Zurückgezogenheit, Unausgeglichenheit, Nervosität, Angst oder psychosomatische Symptome wie Kopfschmerzen, Bauchschmerzen oder Schlafprobleme. Nähe, Gespräche und das Anbieten von Unterstützung sind in solchen Phasen der Belastung existenziell.

DER UNTERSCHIED ZWISCHEN ERFOLG UND ERFÜLLUNG

Menschen tun so viel, um Bestätigung und Anerkennung zu erlangen. Es geht dabei um die Bestätigung von außen, die als Erfolg gewertet wird. Wie viel freier wären wir alle, wären wir nicht auf diese Bestätigung angewiesen. Oft schätzen wir die Außen-Beurteilung, die anerkennende Bemerkung der Kollegin, das Lob von Freunden und lebenslang auch die Anerkennung der Eltern wichtiger ein als unsere eigene Bewertung. Ich kenne nur sehr wenige Menschen, die tatsächlich frei von solchen Abhängigkeiten sind. Es sind Menschen mit einem klaren inneren Kompass, die meist stark intrinsisch motiviert sind. Die Leistung aus eigener Motivation erbringen und nicht aus der Haupt-Motivation, Bestätigung von anderen zu erhalten.

Auch Noten im oberen Bereich sind eine Bestätigung von außen, die unserem Kind signalisiert, dass es als gut bzw. sehr gut beurteilt wird. Ein guter Selbstwert ist jedoch nicht damit gleichzusetzen. Ein Kind mit einem guten Selbstwert mag sich auch, wenn seine Noten oder Beurteilungen nicht perfekt sind. Deshalb ist es so wichtig, unserem Kind immer wieder zu vermitteln, dass es richtig ist wie es ist, – egal, ob es eine 1 oder eine 4 in Mathe hat. Das heißt nicht, dass es nicht mehr üben sollte, wenn seine Leistungen schwach sind. Seine Leistungen sind aber nicht gleichzusetzen mit seiner Person – unser Kind ist nicht gleich seine Leistung. Zu häufig werden Kinder mit ihren Schulleistungen gleichgesetzt und fast darauf reduziert, dabei bedeutet eine Persönlichkeit so viel mehr als Schulleistungen oder später so viel mehr als berufliche Erfolge. In der Geschichte hat es genug Beispiele für unfähige Schüler gegeben, die Großes geleistet haben und umgekehrt. Thomas Mann, mit dessen Werk sich unzählige Schüler im Deutschunterricht befassten, befassen und befassen werden, schloss die Schule mit der mittleren Reife und sehr mäßigen Noten ab. Auch Hermann Hesse, nach dem unzählige Schulen in Deutschland benannt sind, kam als Jugendlicher in seiner Klosterschule nicht zurecht und sagte später einmal, dass die Schulzeit viel in ihm zerstört habe. Die sehr erfolgreiche Sängerin Nena brach die Schule vor dem Abitur ab und begann zunächst eine Goldschmiede-Lehre, nebenbei sang sie und entwickelte sich zu einer Pop-Ikone, der englische Staatsmann Winston Churchill hasste die Schule und blieb mehrfach sitzen.

> Schulnoten definieren nicht den späteren Erfolg und der spätere Erfolg ist auch kein Garant für ein gutes Selbstwertgefühl.

Manche Erwachsene setzen sich ständig unter Leistungsdruck und brauchen Erfolge, um sich wertvoll zu fühlen. Sie tun dies in dem Versuch, ihr schwaches Selbstwertgefühl aufzubauen. Es ist aber eben nicht so, dass alle erfolgreichen Menschen sich automatisch als wertvoll empfinden. Der Selbstwert eines erwachsenen Menschen hängt entscheidend davon ab, ob er in seiner Kindheit gelernt hat, dass er liebenswert ist, wie er ist – mit Erfolg oder ohne. Denn dann mussten diese Kinder nicht Erfolge generieren, um sich wertvoll zu fühlen, sondern Erfolge gelangen ihnen, weil sie das, was sie taten, gern, gut und mit Vertrauen in sich selbst taten.

So erbringen Menschen mit mangelndem Selbstwert häufig besonders viel Leistung, strengen sich besonders an, um Erfolg zu erlangen. Viele sehr erfolgreiche Menschen aus allen möglichen Branchen – Kunst, Wirtschaft, Politik, Wissenschaft, Sport – sind getrieben von diesem Motor der Kompensation und erbringen zum Teil außergewöhnliche Leistungen in ihren Berufen. Sicherlich trägt Erfolg zu einem besseren Selbstvertrauen bei und nährt so auch das Selbstwertgefühl. Erfolg ist jedoch nicht mit Selbstwert gleichzusetzen. Menschen mit mangelndem Selbstwert zweifeln an sich und empfinden sich trotz exzellenter Leistungen als ungenügend, weil sie sich als nicht wertvoll empfinden. Oft zweifeln sie auch an dem Wert ihrer Leistungen. Guter Selbstwert wiederum ist der Nährboden, auf dem ein erfüllender Lebensweg gelingen kann. Ein Lebensweg, bei dem ein Mensch aus einem guten Selbstbewusstsein heraus die zu ihm passenden Entscheidungen für seine Entwicklung fällt, seinen Neigungen mit Vertrauen in sich folgt, ist häufig einer, der zur persönlichen Erfüllung und darüber hinaus auch zu Erfolg führen kann.

Wenn du feststellst, dass dein Kind sich unter starken Leistungsdruck setzt, ist es hilfreich, wenn du das Gespräch mit ihm suchst. Zeichen für starken Leistungsdruck sind die übermäßige Beschäftigung mit dem Schulstoff, Nervosität oder Angst vor Klassenarbeiten, Niedergeschlagenheit bei nicht perfekten Noten und Selbstvorwürfe, wenn die Noten nicht der eigenen Erwartung entsprechen. Ein Zeichen ist auch die mangelnde Freude über gute Ergebnisse. Kinder, die sich unter starken Leistungsdruck setzen, »haken« die gute Note ab und und beginnen sofort, sich mit der nächsten Leistung, die sie sich abverlangen, unter Druck zu setzen. Es kehrt also eigentlich nie Freude oder innere Gelassenheit und Ruhe ein; der Druck ist immer im Hintergrund, eben weil Kinder mit mangelndem Selbstwert den Eindruck haben, besondere Leistung bringen zu müssen, um endlich zu genügen.

Eltern freuen sich über den Ehrgeiz ihres Kindes und die guten Noten und erkennen oft nicht die Not, die hinter diesem Leistungsverhalten steckt. Es ist wichtig, gesunden Ehrgeiz von solch einem zu unterscheiden, bei dem das Kind sich selbst übermäßig fordert und Leidensdruck empfindet, da es ein perfektionistisches, fast zwanghaftes Verhalten an den Tag legt. Da diese Kinder gut »funktionieren« und nicht unangenehm auffallen, kümmern sich Erwachsene oft nicht um ihre Not. Erst wenn der Leidensdruck so stark wird, dass diese Kinder Symptome wie Ängste, Depressionen oder psychosomatische Symptomatiken entwickeln, wird ihr Leid von der Umwelt wahrgenommen. So weit muss es nicht kommen, wenn wir rechtzeitig die Zeichen dieser Kompensationsstrategie erkennen und versuchen, unserem Kind den Druck zu nehmen. In so einem Fall ist es hilfreich, wenn Eltern ihrem Kind durch Zugewandtheit und durch Einfühlung vermitteln, dass sie den Eindruck haben, dass es sich selbst sehr unter Druck setzt und dass sie sich vorstellen können, dass dieser Druck sicherlich nicht angenehm ist. Schon das Gefühl, von einem Erwachsenen in seiner Not gesehen zu werden, kann bei Kindern eine große Erleichterung auslösen.

Eltern können versuchen herauszufinden, weshalb ihr Kind meint, sich so unter Druck setzen zu müssen, und sie sollten ihm idealerweise vermitteln, dass sie als Vater oder Mutter nicht diese Leistungserwartung an es haben. Außerdem sollten sie sich hinterfragen, wie sie als Vorbild für ihr Kind im Alltag mit Druck und Leistung umgehen.

Hilfreich kann es hier sein, seinem Kind zu vermitteln, was für wunderbare Eigenschaften es außer seinen Schulleistungen ausmachen– seine Großzügigkeit, seine Hilfsbereitschaft, sein Humor, seine Freundlichkeit … Eltern können ihrem Kind vermitteln, dass es so viel mehr ist als seine Schulleistungen. Dies ist kein Thema, das man in einem einmaligen Gespräch abhaken oder klären kann, aber es kann der Anfang einer Entwicklung sein. Wichtig ist, dass Eltern immer wieder durch ihre Worte und auch ihre Reaktionen glaubwürdig zeigen, dass sie ihr Kind unabhängig von seiner Leistung lieben.

Letztendlich basiert diese elterliche Haltung auf Vertrauen: Vertrauen in unsere Fähigkeiten als Eltern und Vertrauen in die Persönlichkeit unseres Kindes. Vertrauen wir in uns und unser Kind mehr als in ein äußeres Notensystem, geben wir unserem Kind die Chance, sich zu zeigen und zu entfalten. Es ist nachvollziehbar und in gewissem Sinne auch konform mit den Anforderungen, die unsere Leistungsgesellschaft an Familien stellt, wenn Selbstwert mit Leistung und Erfolg gleichgesetzt und verwechselt wird. Denn Erfolg verheißt Ansehen und oft auch Wohlstand, aber meist zumindest doch materielle Absicherung, die wir uns alle für unsere Kinder wünschen. Ansehen und Wohlstand können aber keinen inneren Mangel an Selbstliebe ausgleichen, deshalb ist es so wichtig, zwischen der Leistung eines Kindes und seinem Wert zu unterscheiden. Ein Kind ist wertvoll, einfach, weil es so ist, wie es ist. Es sollte nichts leisten oder beweisen müssen, um sich wertvoll zu fühlen. Es sollte Leistung aus innerer Motivation und intrinsischer Anstrengungsbereitschaft erbringen. Wenn wir unser Kind in einer Entwicklung zu emotionaler Ausgeglichenheit und einem guten Selbstwert unterstützen wollen, sollten wir es nicht ausschließlich zu Erfolg motivieren, denn dann besteht die Gefahr, dass es von äußerer Bestätigung abhängig wird, um sich wertvoll zu fühlen.

Wir sollten es stattdessen anhalten, das zu suchen, wobei es Erfüllung empfindet.

> Fühlt unser Kind sich erfüllt, so ist das ein persönlicher Erfolg. Die innere Bewertung des Kindes ist hier entscheidend.

Und so handelt es sich um einen Erfolg der Erfüllung und nicht um einen Erfolg zur Kompensation von Selbstwertdefiziten. Ich möchte an dieser Stelle nicht missverstanden werden – Erfolg ist großartig und durchaus erstrebenswert, aber als Ausdruck einer Persönlichkeitsentfaltung und eben nicht, um Gefühle der Wertlosigkeit zu kompensieren.

REFLEXION

Ich habe die Erfahrung gemacht, dass viele Eltern, deren Kinder sich stark unter Leistungsdruck setzen, der Meinung sind, dass sie selbst keinen Druck auf ihre Kinder ausüben. Es herrschen in diesen Familien oft unausgesprochene Erwartungen der Eltern an ihre Kinder, die auch ohne deren explizite Formulierung den Kindern sehr bewusst sind. Wenn dein Kind sich sehr unter Leistungsdruck setzt, frage dich: Was würde dein Kind sagen – herrschen solche unausgesprochenen Erwartungen in deiner Familie? Solltest du dir nicht sicher sein, was dein Kind antworten würde, überlege, es direkt zu fragen, ob es eine solche Erwartung empfindet und ob diese Erwartung es möglicherweise unter Druck setzt. Solltest du ein solches Gespräch führen wollen, gehe möglichst offen mit der Antwort deines Kindes um. Lass sie auf dich wirken, und überlege – auch gemeinsam mit deinem Partner –, wie ihr den Druck für euer Kind reduzieren könntet.

SPORT, KUNST, LESEN UND MUSIK: FREIZEIT GENIESSEN OHNE DRUCK

Wie aber finden Kinder Erfüllung? Wenn wir immer wieder auf unser Kind schauen, es beobachten und es befragen, haben wir die Chance zu erfassen, wer es ist, was es liebt, was es kann, was ihm Angst macht, was ihm schwerfällt und worauf es sich freut. Gehen wir auf das ein, was es uns vermittelt, machen wir bereits ganz viel richtig. Wir zeigen ihm, dass wir es sehen, dass wir es wahrnehmen, so wie es ist. Wenn ein Kind dies empfindet, spürt es nicht den Druck, anders sein zu müssen, als es ist, in eine Norm oder ein Wunschformat der Eltern passen zu müssen. Es erfährt Offenheit, Liebe und Respekt.

Erfüllung suchen und finden zu dürfen und dabei die Unterstützung, Liebe und das Wohlwollen seiner Eltern zu erfahren, heißt, nicht so sein zu müssen, wie andere es wollen, sondern wie es einem selbst entspricht. Es heißt, den Ausdruck einer authentischen Persönlichkeit anstreben und ausdrücken zu dürfen.

> Sich selbst so auszudrücken, wie man ist, die authentische Version seiner selbst zu leben, ist die Grundlage einer gesunden psychischen Entwicklung.

Manchmal wissen Kinder, was sie begeistert, trauen sich aber nicht, dies auszuleben. Interessanterweise habe ich in meinem Bekanntenkreis zwei sehr musikalische Freunde, die als Kinder gern getanzt haben und eine Zeit lang auch Ballettunterricht nahmen. Da es in den Kindheiten dieser Männer extrem ungewöhnlich war, dass Jungs Ballett tanzten, wurden sie von ihren Brüdern und auch anderen Jungs deswegen gehänselt und beendeten dieses Hobby nach kurzer Zeit. Beide berichteten aber, dass das Tanzen ihnen große Freude gemacht habe und dass sie als Kinder traurig gewesen seien, damit aufzuhören. Ich glaube, dass wir heute schon etwas weiter sind, was geschlechterübergreifende Erziehung betrifft – rollenspezifische Vorurteile und Klisches, wie Jungs oder Mädchen zu sein haben, herrschen aber nach wie vor. Insofern gibt es nicht nur familiäre Erwartungen und Anforderungen an die Persönlichkeit eines Kindes, sondern auch eine gesellschaftliche Norm, der Kinder versuchen zu genügen, um nicht ausgegrenzt zu werden.

Eltern können ihre Kinder bei ihrer Suche nach dem, was sie erfüllt, unterstützen. Wenn wir es schaffen, unsere Wunschvorstellungen zur Persönlichkeit unseres Kindes in den Hintergrund und die Betrachtung seiner realen Persönlichkeit in den Vordergrund zu stellen, haben wir viel geschafft. Wenn wir beobachten, wie unser Kind sich entfaltet, wenn seine Bedürfnisse gesehen und, soweit es geht, erfüllt werden, ist dies nicht nur für unsere Kinder, sondern auch für uns Eltern unglaublich bereichernd und erfüllend.

Selbstbewusste Menschen haben ihre eigene Definition von Erfolg. Sie folgen dem, was ihnen wichtig ist. Sie erbringen Leistung, Anstrengung und Disziplin für Dinge, die sie motivieren. Diese Menschen haben gefunden, wofür sie sich begeistern, was sie lieben und worin sie Anstrengung investieren möchten. Sie haben »ihr Ding« gefunden und lassen sich durch nichts und niemanden davon abbringen. Wenn Kinder die Möglichkeit haben, ihren Interessen zu folgen, ist die Wahrscheinlichkeit hoch, dass sie das finden, was sie begeistert. Auf diese Art und Weise lernen unsere Kinder, sich selbst und ihrer eigenen inneren Stimme zu vertrauen. Sie lernen, dass sie in der Lage sind, zu fühlen und zu erkennen, was zu ihnen passt. Wenn sie dem folgen müssen, wofür sich ihre Eltern begeistern, ist die Wahrscheinlichkeit, dass sie ihre eigene Leidenschaft entdecken, geringer.

Selbstunsichere Menschen trauen ihrem eigenen Instinkt nicht, hören nicht die eigene innere Stimme, die ihnen den Weg zeigt, dem sie folgen wollen. Weil sie ihre eigene Stimme nicht hören, folgen sie einer anderen – meist der ihrer Eltern, die ihnen sagt: *»Werde Steuerberater, das garantiert ein sicheres Auskommen«* oder *»Zieh nicht weg von hier. Hier sind deine Wurzeln, hier hast du es gut«*, *»Such dir eine Frau/einen Mann, die/der …«* oder, oder, oder. Diese Entscheidungen mögen die richtigen sein – aber nur, wenn man sie selbst fällt, weil man das Bedürfnis hat, so zu leben, und nicht, weil die Eltern oder irgendein anderer Berater diesen Lebensweg für richtig halten.

Und so führen manche Erwachsene das Leben, das andere für sie konzipiert haben, nicht das, welches sie für sich erdacht haben. Wenn man dies irgendwann feststellt, führt es oft zu einer Krise. Hierin kann eine Chance liegen – wenn man sich der Konfrontation mit den eigenen Bedürfnissen stellt und tatsächlich überlegt: Wer möchte ich eigentlich sein? Was passt zu mir? Welches Leben möchte ich wirklich führen? Je älter man wird, bevor man sich diese Fragen stellt, desto mehr Zeit verschwendet man in einem Leben, das nicht so richtig zu einem passt. Je selbstbewusster Kinder sind, je mehr sie lernen, ihrer Intuition und ihrer eigenen Analyse zu vertrauen, desto bewusster werden sie als Erwachsene Entscheidungen fällen, die zu ihnen und der Art, wie sie ihr Leben gestalten wollen, passen. Vertrauen Kinder mehr in die Entscheidungen von anderen als in ihre eigenen, werden sie sich aller Wahrscheinlichkeit nach zu Persönlichkeiten entwickeln, die ihr Glück an andere delegieren – sie richten sich nach anderen und geben Verantwortung ab – auch für ihr eigenes Glück.

Dies stellt auch ein häufiges Partnerschaftsproblem dar: Selbstunsichere Menschen delegieren oft die Verantwortung für ihr Glück an ihren Partner/ihre Partnerin – der/die andere ist dafür zuständig, dass ich glücklich bin, von seiner Art und seinem Verhalten hängt ab, ob ich ein glücklicher Mensch werde. Lernen Kinder, in sich selbst zu vertrauen, werden sie sich zu Erwachsenen entwickeln, die in der Lage sind, selbst Verantwortung für ihr Glück zu übernehmen und diese Verantwortung nicht an andere zu delegieren.

Nach meinem Abitur wollte ich gern Psychologie studieren. Meine Eltern hätten sich wohl eher für mich ein BWL-Studium gewünscht. Ich denke, sie wünschten sich materielle Sicherheit für mich und hatten Sorge, ob man diese wohl mit einem Psychologie-Studium erreichen könnte. Und so rieten sie mir, vor dem Psychologie-Studium eine Banklehre zu machen. Sie fanden, ich hätte dann eine wirtschaftliche Grundlage, »die nie schaden könnte«. Grundsätzlich war dies natürlich ein richtiger Gedanke, nur war ich leider überhaupt nicht wirtschaftlich interessiert. Ich erinnere mich noch, dass ich meiner Mutter vorschlug, statt der Banklehre Auslandsaufenthalte in Frankreich und Spanien zu absolvieren, um dort meine Sprachkenntnisse zu vertiefen. Sprachen fielen mir leicht (im Gegensatz zu Themen des Bankwesens). Meine Mutter reagierte sehr ablehnend auf meinen Vorschlag und meinte, es sei wichtig, dass ich eine solide Ausbildung bekäme und meine Zeit nicht im Ausland »vertrödeln« würde. Ich hatte keineswegs vor, meine Zeit zu vertrödeln. Sprachen machten mir Freude, hingegen spürte ich, dass ich die Banklehre weniger aus innerem Antrieb und Begeisterung machen würde, sondern eher, um meinen Eltern zu gefallen. Meine innere Stimme war nicht stark und nicht laut genug, um sich den Stimmen meiner Eltern zu widersetzen – die natürlich das Beste für mich wollten. Nur, was das Beste für einen ist, kann und muss jeder selbst für sich herausfinden und entscheiden. Mir fehlte der Mut, auf meine eigene leise Stimme zu hören und das Risiko einzugehen, mit meiner eigenen Entscheidung, entgegen dem elterlichen Rat, einen Fehler zu begehen. Es gehört immer Mut dazu, seinen eigenen Weg zu gehen. Es ist viel bequemer, der Entscheidung von anderen zu folgen. Man hat dann keine Verantwortung für Fehlentscheidungen – außer der entscheidenden Fehlentscheidung, nicht das von einem selbst konzipierte Leben zu leben, sondern das, das andere für einen erdacht haben.

Und so machte ich die Banklehre. Wenig begeistert und wenig talentiert. Ich habe dennoch einiges gelernt in dieser Zeit – vor allem: mehr auf meine eigene Stimme zu hören.

Wir sollten unsere Kinder ermutigen, auf sich selbst zu hören und den Mut zu haben, ihre eigenen Entscheidungen zu fällen.

Lass deinen Kindern die Möglichkeit, herauszufinden, was sie erfüllt. Erfüllung ist ein großes Wort, und um diesen Zustand zu erreichen, müssen viele verschiedene Faktoren zusammenkommen.

KINDER IM »FLOW«

Kinder haben uns Erwachsenen gegenüber einen entscheidenden Vorsprung: Sie besitzen die Gabe, mit Leichtigkeit in den Moment und in ihr Tun ganz einzutauchen und in dieser Tätigkeit, die wie von selbst zu gehen scheint, dann vollends aufzugehen. Sie befinden sich in diesem Moment im als beglückend erlebten Zustand des »Flow«, in dem man komplett eins wird mit der Tätigkeit, die man ausübt, in dem man sich mental völlig darin versenkt. Unsere Kinder haben das Talent, diesen Zustand herzustellen, da sie noch die Gabe besitzen, die Welt um sich herum zu vergessen. Im Zustand des Flow sind wir eins mit uns, spüren Erfüllung. Das erlebt mancher Erwachsener beim Sport, bei seiner Arbeit, bei jedweder Tätigkeit, die ihn erfüllt und auf die er sich ganz einlässt. Auch Kindern geht es so, wenn sie komplett in ihr Spiel oder in eine andere Beschäftigung, die sie begeistert, eintauchen.

Wir Erwachsene sollten unseren Kindern genug Raum lassen, um in diesen Zustand des Flow zu geraten. Dazu gehört eine Portion Freiheit, dazu gehört, Kinder auch ein Stück in Ruhe zu lassen, ihnen Raum zu geben und freie Zeit zu gönnen. Manchmal sieht man am Strand Kinder, die, völlig versunken in ihre Tätigkeit, mit Sand und Wasser matschen und bauen. Auch wenn der Strand belebt ist und um sie herum Schreien, Johlen, Rufen und Pfeifen ertönt, so nehmen sie ihre Außenwelt kaum wahr und gehen ganz auf in ihrem Tun. Manchmal sprechen sie mit sich selbst. Es ist, als ob es für sie in diesem Augenblick nur ihr Tun gibt, nur den gegenwärtigen Moment und sonst nichts. Es ist für mich immer eine Freude, Kinder zu beobachten, die so bei sich sind, so aufgehen in dem, was sie tun. Das können selbstverständlich auch andere Tätigkeiten sein – mein Bruder verschwand als Kind in unserer Werkstatt und konnte sich stundenlang in das Bauen von Modellen versenken. Andere Kinder vergessen die Zeit, wenn sie tanzen und in der Musik aufgehen oder wenn sie in ihrer Fantasie in Rollen schlüpfen und als Superman Heldentaten vollbringen.

Wichtig ist, dass wir wohlmeinenden Eltern unseren Kindern dann tatsächlich Raum lassen, so zu agieren, wie sie es mögen, und nicht mit »Verschönerungs-Tipps« für die Sandburg ankommen oder sie etwa animieren, aus ihrem freien Tanz eine einstudierte Choreografie zu entwickeln. Manchmal sind unsere Kinder froh über unsere Anregungen, meist dann, wenn sie sich langweilen und nichts mit sich anzufangen wissen. Jedoch:

Im Flow-Zustand brauchen Kinder keine Anregungen, sondern einfach nur Raum, Zeit und Ruhe.

Neben dem gesamten anstrengenden Schulprogramm werden Kinder oft schon ab frühestem Alter von ihren wohlmeinenden Eltern mit Freizeitangeboten, Kursen und Lernmöglichkeiten außerhalb der Schule bedacht. Anregungen und Möglichkeiten, durch Kurse Leidenschaften und Talente zu entdecken und zu entwickeln, sind wichtige Möglichkeiten der Förderung von Kindern und Jugendlichen. In einem eng getakteten Kinderalltag, wo nach Schulverpflichtungen noch außerschulische und familiäre Aktivitäten dicht geplant werden, sprechen wir selbst bei Kindern manchmal von Freizeitstress.

Viele Eltern sind der Ansicht, dass Kinder ihre Freizeit möglichst »sinnvoll« gestalten sollten. In dem Bestreben, Kinder zu fördern und anzuregen, wird dann manchmal mit Chinesisch für Kindergartenkinder, Ballett und Klavierstunden, Töpfern, Tennis und Reiten überoptimiert. Ich denke, Förderung ist gut und sollte in angemessenem Rahmen stattfinden – vor allem aber sollte man sein Kind betrachten und überlegen, ob man sich selbst mit diesen Kursen einen Gefallen tut, weil man selbst als Kind immer reiten wollte, es aber nicht durfte, oder ob es wirklich das eigene Kind ist, das den glühenden Wunsch hat, reiten zu lernen. Und man sollte sein Kind nicht mit Angeboten überfrachten, sondern ihm Luft lassen, eigene Initiativen zu entwickeln.

Ich bin eine große Verteidigerin von zeitlichen Freiräumen für Kinder. Wenn jede Minute des Kindes entweder mit Schulprogramm oder außerschulisch organisierten Aktivitäten durchgeplant ist, wird zwar keine Zeit »vertrödelt«, es wird aber Kindern auch kein Raum gelassen, eigene Ideen und eigene Initiativen zu entwickeln. Nur aufgrund von zeitlicher Freiheit, von Nachmittagen ohne Programm können Kinder anfangen, eigene Ideen für Spiele, Aktivitäten oder Interessen zu entwickeln. Wird ihnen immer ein Programm angeboten, aus dem sie nur aussuchen müssen, werden sie stimuliert, sicher auch für vieles motiviert, sie lernen aber nicht, aus ihrem Inneren zu schöpfen und eigenständig kreativ zu werden. Sie konsumieren dann gewissermaßen Kreativität, anstatt sie eigenständig zu entwickeln.

Unsere Aufgabe ist es, unsere Kinder dabei zu unterstützen, ihr Licht zum Scheinen zu bringen. Jedes Kind kann genau mit seiner einzigartigen Persönlichkeit die Welt bereichern auf seine sehr individuelle Art und Weise.

Jedes Kind hat ein Talent, eine Gabe oder eine Vorliebe für etwas, was ihm Freude macht.

Wir stärken das Selbstwertgefühl unserer Kinder, wenn wir ihnen vermitteln, dass sie ein Geschenk sind: für uns als ihre Eltern und für die Welt als Ganzes. Es geht nicht zwangsläufig darum, dass sie in irgendeinem Bereich besonders erfolgreich sind oder Außergewöhnliches leisten. Es geht darum, dass es ihnen gelingt, bei sich zu sein und das zu finden, was sie erfüllt, was sie ausmacht. In diesen Momenten sind sie sich ihrer selbst bewusst, sind sie »in ihrer Mitte«, tun, was ihnen liegt, und bringen ihr Licht zum Strahlen. Für manche Kinder bedeutet dies, einem Sport nachzugehen, für andere bedeutet es, zu malen, andere sind am erfülltesten, wenn sie anderen Menschen helfen, wie beim Babysitten oder beim Betreuen von älteren Menschen. Egal, was es ist: Wenn Kinder die Tätigkeit finden, bei der sie Erfüllung erleben, fördert das ihr Gefühl für ihre Persönlichkeit und lässt sie die eigenen Stärken erleben.

SOZIALE MEDIEN: DER LIEBEVOLLE BLICK AUF SICH SELBST IN ZEITEN DER SELBSTDARSTELLUNG

Mit der Entwicklung von Social Media gewinnt die Selbstdarstellung, auch bei unseren Kindern und Jugendlichen, eine immer größere Bedeutung. Schon ab dem frühen Jugendalter wird gepostet, was das Zeug hält, und die optische Inszenierung der eigenen Person und des eigenen Lebens steht im Vordergrund.

Der Druck, möglichst schön, sportlich und schlank auszusehen, sich mit beeindruckenden Marken zu schmücken und ein möglichst aufregendes Leben zu präsentieren, steigt mit der Nutzung der sozialen Medien. Das liegt zum einen an der permanenten Abgleichung mit anderen Usern, dem ständigen Vergleichen mit dem Aussehen und dem Leben der anderen. Manchmal so sehr, dass die Inszenierung wichtiger zu sein scheint als das echte Leben. Zum anderen steigt der Druck, sich richtig zu inszenieren, da die Währung in diesem Kosmos Klicks und Likes sind. Und die werden ständig gecheckt. Manchmal kann daraus ein regelrechtes Suchtverhalten entstehen. Auch wenn die Entwicklung sich nicht zu einer wirklichen Sucht entwickelt, kann die Beschäftigung mit Instagram, Facebook und Co. und der Inszenierung der eigenen Person sehr zeit- und energieabsorbierend sein.

Eine Inszenierung meiner selbst ist dem Gedanken der Authentizität fern. Wenn ich mich inszeniere, möchte ich auf eine ganz bestimmte Art wirken, um zu gefallen. Eine gewisse Inszenierung gehört zu jedem von uns. Wir kleiden und stylen uns so, dass wir uns attraktiv empfinden und uns wohlfühlen, auf diese Art und Weise in die Welt zu gehen. Sicherlich sehen die meisten von uns zu Hause auf dem Sofa anders aus, als wenn wir ins Büro, in den Supermarkt oder auf eine Party gehen. Das bedeutet aber nicht, dass wir uns in einem Dauerdruck befinden, uns permanent auf eine bestimmte Art und Weise zu inszenieren, von der wir hoffen, möglichst viel Bestätigung zu erhalten. Eine solche Inszenierung bedeutet, dass wir uns ständig aus der Außenperspektive betrachten. Nimmt diese Perspektive überhand, laufen die Kinder und Jugendlichen Gefahr, den eigenen Blick auf sich zu verlieren: den Blick, der entscheidet, was *ihnen* gefällt, was *sie* mögen, wer *sie* sein mögen, und nicht der Blick, der zu erfassen versucht, welche Inszenierung die meisten Likes generieren wird.

ENTFREMDUNG DURCH »LIKES«

Gerade im Jugendalter besteht ein besonderer Druck, »dazugehören« zu müssen. Dieser Druck wird um ein Vielfaches potenziert, wenn er von der realen auf die virtuelle Welt übertragen wird. Denn in dieser Welt kann eine zum Teil unüberschaubar große Community auf die Inszenierung reagieren, und die »Beurteilung« ist sofort und für alle Welt sichtbar.

Wenn Kinder und Jugendliche in ihrer Identität zu stark geleitet sind von dem, was anderen für sie relevanten Personen gefällt, ist dies abträglich für ihr Selbstbewusstsein.

Jugendliche verlieren so die Verbindung zu sich selbst, zu ihrem eigenen Sein, und sind zu sehr auf andere und deren Beurteilung fokussiert.

Manche Jugendliche erkennen, dass sie unter dem ständig präsenten Social-Media-Druck leiden, und versuchen, selbst Strategien zu finden, damit umzugehen:

→ Lenn, 14 Jahre

Ich habe rausgefunden, dass es für mich besser ist, statt Storys (Videos oder Fotos, die für eine begrenzte Zeitdauer in Social Media sichtbar sind, bevor sie gelöscht werden) Posts zu machen (Fotos oder Videos, die nicht gelöscht werden). Meine Kumpels und ganz besonders die Mädels posten ständig Storys – die sind nur dabei, zu zeigen, was sie gerade alles Tolles erleben. Die hängen nur am Handy, ich finde, das hat oft schon Suchtcharakter.

Posts werden nicht gelöscht, also postet man sie nicht so oft und denkt eher noch mal darüber nach, als andauernd etwas rauszuschicken. Für mich funktioniert das besser. Ich bin entspannter, seitdem ich das so mache.

Gefahren der Selbstdarstellung in den sozialen Medien sind die Tendenz zur narzisstischen Selbstüberhöhung und die mangelnde Empathiefähigkeit, die sich hieraus entwickeln kann. Die amerikanische Schulpsychologin Michelle Borba widmet diesem Thema ihr Buch »Unselfie. Why empathetic kids succeed in our all about me world« (Deutsch: Unselfie. Warum empathische Kinder in unserer Alles-geht-um-mich Welt Erfolg haben). Sie beruft sich auf eine Studie der University of Michigan aus dem Jahr 2010, die ergab, dass die Empathie von Collegestudenten in den USA zum Zeitpunkt der Studie 40 Prozent niedriger war als noch drei Jahrzehnte früher. Tatsächlich kreisen manche Jugendliche so sehr um die eigene Inszenierung, dass die eigene Darstellung oft wichtiger zu sein scheint als das tatsächliche Leben. Auf einer Party etwa sind die besten Posts auf Instagram und Co. wichtiger als das Einlassen auf die anderen Gäste und das Erleben der Gemeinschaft.

> Wer nur mit Senden beschäftigt ist,
> kann nicht empfangen.

Echte Beziehungen mit einem Gefühl für das Gegenüber und tatsächlicher Nähe zu etablieren, wird so schwierig.

Eine narzisstische Selbstübersteigerung bedeutet eben nicht ein Zuviel an Selbstwert, sondern ein zu geringes Selbstwertgefühl, das durch die narzisstische Überhöhung zu kompensieren versucht wird. Durch das geringe Einlassen und den geringen Fokus auf die Bedürfnisse anderer entfremden diese Jugendlichen sich nicht nur von sich selbst, sondern auch von ihren Mitmenschen.

ELTERN SOLLTEN WISSEN, WAS IN DER VIRTUELLEN WELT PASSIERT

Insgesamt sollten Eltern wachsam sein im Hinblick auf die Nutzung ihrer Kinder von Social Media. Tausche dich möglichst regelmäßig mit deinem Kind über seine Aktivitäten im Netz aus, und zeige Interesse für seine Welt, lass sie sie dir von ihm erklären. Wenn du darüber mit deinem Kind in Verbindung bleibst, wirst du ein Gespür dafür bekommen, ob die virtuelle Welt eine zu große Bedeutung im Leben deines Kindes hat, die seinem Selbstwert abträglich ist. Solltest du diese Sorge haben, auch weil du beobachtest, dass dein Kind zu viel am Smartphone hängt, sprich mit ihm darüber. Versuche, Vorwürfe zu vermeiden, und lege dar, wie viel Energie aus dem realen Leben an die virtuelle Welt verloren geht, und versuche, dein Kind für mehr Erfahrungen in der realen Welt zu motivieren. Thematisiere die schädlichen Auswirkungen des ständigen Ver- und Abgleichens für das eigene Selbstwertgefühl: Wer sich ständig mit anderen vergleicht, läuft Gefahr, sich und seinen eigenen Weg zu verlieren. *»Du bist Paula und nicht Charlotte. Du hast deine Freundinnen, deine Familie, deine Hobbys und siehst aus, wie du aussiehst. Und Charlotte hat ihr Leben. Beide seid ihr gut so, wie ihr seid, und ihr seid zwei ganz verschiedene Menschen.«* Suche das Gespräch über Individualität und Authentizität.

Das eigene Aussehen spielt eine wichtige Rolle für das Selbstwertgefühl – bei manchen Menschen mehr, bei anderen etwas weniger. Gerade bei vielen jugendlichen Mädchen hängt das Empfinden des eigenen Werts, auch durch ihre gesteigerten Social-Media-Aktivitäten, sehr stark von der Einschätzung ihres Aussehens ab. Eine intensivere Beschäftigung mit dem Äußeren ist für Jugendliche altersangemessen und auch wichtig auf dem Weg zur Entwicklung der Persönlichkeit, die man sein möchte. Doch das exzessive Vergleichen mit super schlanken, super schönen, schlicht super perfekten anderen Frauen oder Mädchen, das man in manchen Mädchengruppen beobachtet, kann zu eigenen Wertlosigkeitsgefühlen beitragen. Die Mädchen vergleichen sich mit unrealistischen und schier unerreichbaren Idealbildern. Und einige führt das am Ende in eine Essstörung.

Social Media aus dem Alltag unserer jugendlichen Kinder zu verbannen, ist sicherlich keine Lösung. Doch Kinder brauchen unsere Anleitung zum Umgang mit sozialen Medien und sie brauchen Regeln der Nutzung. Worauf du von früh an ein Augenmerk haben kannst, ist, dafür zu sorgen, dass dein Kind seinen Fokus nicht zu sehr auf sein äußeres Erscheinungsbild legt. Wenn dir also gewisse Fernsehshows, in denen es nur um die Äußerlichkeiten junger Frauen geht, ein Dorn im Auge sind, wirst du mit Verboten die Einstellung deines Kindes kaum ändern. Da es am nächsten Tag in der Schule über die Sendung mitreden können will, um sich aus der Freundesgruppe nicht ausgeschlossen zu fühlen, hat sie eine hohe Priorität für dein Kind. Du kannst dir jedoch die Mühe machen und die Show gemeinsam mit deinem Kind ansehen. So hast du die Möglichkeit, ein respektvoll-kritisches Gespräch darüber zu führen, ohne die Sendung, die es begeistert, pauschal abzuwerten. Und ganz wichtig: Du kannst deinem Kind andere Anregungen geben, durch die es etwa intellektuell, sportlich, handwerklich, musikalisch oder sozial gefordert wird und durch die es eine persönliche Erfüllung erleben kann, die seinen Selbstwert auf anderen Gebieten als dem äußeren Erscheinungsbild bestärken.

Versuche, deinem Kind bereits im ganz frühen Alter zu vermitteln, dass viele Facetten es wertvoll machen und dass sein Aussehen lediglich eine davon ist. In einer Welt, in der Optik und äußere Erscheinung eine große Rolle spielen – ob das gut oder schlecht ist, möchte ich an dieser Stelle nicht werten –, ist es umso wichtiger, mit Kindern die Begeisterung über Inhalte zu teilen und mit ihnen den Austausch darüber zu suchen. Du unterstützt damit die Entwicklung eines Selbstwerts, der nicht zentral aus der äußeren Erscheinung gespeist wird.

Wenn dein Kind sich mit seiner Außenwirkung beschäftigt, kannst du immer die Bedeutung einer positiven Ausstrahlung betonen. Unsere Ausstrahlung können wir aktiv gestalten. Es liegt an unserem Inneren, wie wir nach außen wirken. Und eine sympathische, liebevolle, offene, schlicht positive Ausstrahlung ist für die meisten Menschen in der Beurteilung anderer Menschen so viel bedeutsamer als das, was man Schönheit nennt. Eine positive Ausstrahlung ist liebenswert und zieht an. Vielleicht findest du zusammen mit deinem Kind Beispiele: der Opa, der vielleicht nicht traditionell »schön« ist, aber der – zum Beispiel durch seine Begeisterung für alles, was aus Holz ist – eine positive, offene, mitreißende

Ausstrahlung hat. Oder der kleine Stoffhund, den das Kind so sehr liebt und der zottelig und schon ein bisschen ramponiert ist und eben nicht neu und perfekt.

Es gibt viele Social-Media-Inhalte, die unsere Kinder unkritisch »inhalieren« und die wir mit Argusaugen betrachten, weil wir uns der Gefahr bewusst sind, die sie für unsere Kinder bedeuten. Hier macht es keinen Sinn, die Idole unserer Kinder direkt abzuwerten, das wird ihre Begeisterung selten schmälern. Wir machen viel richtig, wenn wir immer wieder das Gespräch mit den Kindern suchen. Wenn du beispielsweise die Heldin, die deine Tochter gerade auf YouTube oder TikTok bewundert, kritisch siehst, weil sie mit ihrer extrem untergewichtigen Figur einen ungesunden Magerwahn fördert, werte diese nicht direkt ab, sondern versuche, dir von deiner Tochter erklären zu lassen, weshalb sie diese junge Frau so bewundert. Erkenne mögliche Talente solcher Heldinnen an, beleuchte aber auch ungesunde Aspekte und versuche, kritische Gedanken bei deiner Tochter zu fördern. Du wirst sie sicher nicht mühelos überzeugen, aber versuche, mit ihr im Austausch zu bleiben und immer wieder kritische Aspekte, die du für gefährlich hältst, auf taktvolle Art und Weise und ohne in die Falle der Abwertung zu tappen anzusprechen.

Ich halte es für sinnvoll, gemeinsam mit den Kindern festzulegen, wie viel Zeit du für Mediennutzung angemessen hältst, und dies als Regel klar zu formulieren. Dies, genau wie eine Aufklärung über die Risiken von Social Media und Regeln darüber, welche Aktivitäten erlaubt sein sollten und welche nicht, ist die Grundlage dafür, dass Kinder Medien in einer gesunden Form und in einem gesunden Maß nutzen. In ihrem Buch »Dreißig Minuten, dann ist aber Schluss! Mit Kindern tiefenentspannt durch den Mediendschungel« führt die Psychologin Patricia Cammarata Eltern durch die ganze Palette digitaler Medien von YouTube, Computerspielen, Instagram und TikTok. Sie zeigt, wie Medienerziehung gelingen kann, auch dann, wenn die Eltern selbst gar keine Digital Natives sind.

Besprich auch mit deinem Kind, welche Informationen es posten kann und welche nicht. Sensibilisiere es dafür, dass es im Internet keine Löschfunktion gibt und es sich sehr sicher sein sollte, was es an Informationen in die Welt senden möchte, da es diese nicht zurückholen kann. Zeige deinem Kind, wie es Informationen über sich schützen kann, sodass nicht jeder Zugriff darauf hat.

Cybermobbing ist für Kinder und Jugendliche eine reale Gefahr. Diese Form von bösartiger Herabsetzung ist für Mobbingopfer extrem selbstwertschädigend, ja bedrohlich. In der »JIM Studie 2020 – Jugend, Information und Medien«[14] des Medienpädagogischen Forschungsverbunds Südwest gaben in einer repräsentativen Befragung unter 12–19-Jährigen 38 Prozent der Befragten an, dass sie in ihrem Umfeld mitbekommen haben, dass jemand im Internet absichtlich fertiggemacht wurde, 11 Prozent wurden nach eigenen Angaben schon einmal »online fertiggemacht«.

Als Eltern können wir versuchen, unsere Kinder für die Gefahren der Nutzung von Social Media zu sensibilisieren. Hundertprozentig schützen können wir sie leider nicht. Der beste Schutz sind Aufklärung über die Risiken und das Vertrauen, das sie in uns etablieren, denn dann können wir hoffen, dass sie sich im Falle von Mobbing oder anderer Herausforderungen an uns wenden. Versuche deshalb, aufrichtiges Interesse an den Aktivitäten deines Kindes zu zeigen, vermeide abwertende Kommentare, und suche das offene Gespräch, sodass dein Kind in einer schwierigen Situation nicht das Gefühl haben muss, dass es nicht zu dir kommen kann, weil du seine Aktivitäten ohnehin nicht gutheißt.

»MIR IST SO LAAAANGWEILIG«

Wir im vorigen Jahrhundert Geborenen erinnern uns an eine Kindheit mit wenig Fernsehen und ohne Internet, Computer und Handy. Was haben wir für endlose und langweilige Sonntage erlebt! Manchmal waren diese Sonntage so öde, dass wir uns wieder richtig auf den Montag und die Schule freuten … Manchmal entstand aus dieser Langeweile auch eine grandiose Idee oder eine erfüllende Aktivität: ein sensationelles Spiel, das man sich mit seinen Geschwistern ausdachte, oder man hatte die Zeit, sich stundenlang in ein Buch und seine Fantasiewelt zu versenken. Man konnte endlose Welten mit Lego oder Playmobil bauen oder sich draußen einen Sport-Parcours ausdenken.

Im Kontext der Mediennutzung möchte ich anmerken, dass eine gewisse Langeweile durchaus Kreativität freisetzen kann. Denn Langeweile schafft Raum für Kreativität – und zwar eigenständig, aus dem eigenen Inneren geschaffene Kreativität. Das verleiht Kindern eine gewisse Selbstständigkeit und auch eine schöpferische Unabhängigkeit, da sie erleben, dass sie in der Lage sind, eigenständig und nicht nur reaktiv zu gestalten. Sie lernen, auf ihre eigene Kreativität zurückzugreifen – das ist eine Fähigkeit, die bei so vielen Herausforderungen des Lebens hilfreich ist. Da Kinder heute durch die entsprechenden Möglichkeiten, die das Internet und die Mediennutzung bieten, immer mehr zu Freizeit-Konsumenten werden, schöpfen sie immer weniger aus sich selbst und immer mehr aus den Möglichkeiten, die die Medien bieten.

Ich bin keine Kulturpessimistin, die behauptet, früher sei alles besser gewesen. Das ist nicht so. Klug und in richtigen Maßen genutzt, bietet das Internet großartige Möglichkeiten des Lernens und kreativen Spiels. Es kann Kinder jedoch zu Konsumenten machen, die auf das, was ihnen vorgegeben wird, nur noch reagieren. Die fast nur noch aus den medialen Angeboten wählen, womit sie sich beschäftigen möchten. Dabei handelt es sich um ein Reagieren, nicht um Agieren. Wir sollten darauf achten, dass Kinder immer wieder die Möglichkeit haben, selbst zu gestalten und aus sich selbst zu schöpfen. Dazu brauchen sie Raum, Zeit und manchmal auch etwas Langeweile.

Ich war beeindruckt, wie anders einer meiner Söhne seine Freizeit gestaltete, als wir einmal für einige Tage eine Medienpause vereinbart hatten. Er fing an, mehr Klavier zu üben, spielte häufiger Basketball und las mehr. Für mich besonders erfreulich: Er suchte häufiger das Gespräch mit mir.

Ich glaube nicht, dass wir unseren Kindern die Mediennutzung verbieten können und sollten. Es sollten jedoch altersgemäß Zeiten vereinbart werden, und besonders interessant finde ich es, ganze Tage ohne Medien festzulegen, an die sich auch die Eltern halten. Dadurch verstehen Kinder, dass Medien-Abstinenz nicht eine Strafe bedeutet, sondern ein familiäres Medien-Detox, das Freiräume für Kreativität und auch Nähe entstehen lässt – beispielsweise Sonntage ohne Mediennutzung für die ganze Familie. Denn kann ich nicht ständig auf mein Handy gucken oder ins Internet gehen, muss ich mir entsprechende Alternativen einfallen lassen. Dann entsteht wirklich Raum – und die Einfälle kommen tatsächlich. Wenn sich alle auf diese Situation einlassen, kann eine völlig neue Dynamik des Miteinanders entstehen.

SITUATIONEN, DIE DEN SELBSTWERT HERAUSFORDERN

Am Ende jeden Schuljahres spielen sich in vielen Kinderseelen Dramen ab: Viel zu viele Schülerinnen und Schüler haben Angst, ihren Eltern ein schlechtes Zeugnis zu präsentieren. Diese Kinder haben gelernt, dass sie keine Fehler machen dürfen. Was heißt das? Ein Fehler bedeutet die Abweichung eines Istzustands vom Sollzustand. Den Sollzustand definieren in der Regel die Eltern für ihre Kinder. Sie formulieren explizit oder drücken implizit aus, was sie etwa an Benehmen und Leistungen sowohl zu Hause als auch in der Schule oder während der Freizeit von ihren Kindern erwarten. Eine Abweichung als solche müsste eigentlich kein Problem sein, wenn Eltern mit dieser Abweichung entspannt umgehen würden und Abweichungen gesellschaftlich nicht negativ konnotiert wären. Viele Eltern – oft auch ohne sich dessen bewusst zu sein – tun sich schwer damit, wenn Kinder ihren Erwartungen nicht entsprechen. Da muss bei einer schlechten Note gar nicht ausdrücklich geschimpft werden: Wenn die Kinder die Enttäuschung im Gesicht des Vaters oder der Mutter sehen, beeinflusst sie dies sehr. Kinder spüren die Hoffnung oder aber auch Erwartung ihrer Eltern an sie, möglichst fehlerfreie Leistung zu erbringen. Explizit gefordert oder implizit von den Kindern erspürt: Keine oder nur begrenzt Fehler machen zu dürfen, setzt sie unter einen enormen Leistungsdruck. Es führt dazu, dass sie ungesunde Strategien entwickeln, um mit Fehlern umzugehen: Sie lügen, verheimlichen oder versuchen überangepasst und überangestrengt, Fehler zu vermeiden, um den Ansprüchen ihrer Eltern zu genügen. All diese Strategien sind der Ausdruck eines unauthentischen Verhaltens – diese Kinder können sich nicht so zeigen, wie sie sind. Sie können nicht vertrauensvoll mit ihren Eltern über ihre Schwächen und vielleicht auch über ihre eigene Enttäuschung sprechen, sondern müssen sich verbiegen, anpassen oder verstellen. Diese unauthentischen, auf dem Bedürfnis nach elterlicher Anerkennung und Liebe fußenden Verhaltensweisen sind für eine psychische Stabilität und eine emotionale Ausgeglichenheit nicht förderlich, denn sie untergraben den Selbstwert des Kindes. Es fühlt sich ungenügend, so wie es ist, und nur dann wertvoll, wenn es den elterlichen Ansprüchen, möglichst fehlerfrei zu sein, genügt – aber wer ist schon fehlerfrei?

FEHLER BERGEN CHANCEN

Elternliebe sollte nicht an gutes Verhalten oder gute Leistungen gekoppelt sein; sie sollte nicht entzogen werden, wenn Kinder sich nicht so verhalten, wie ihre Eltern es mögen, oder wenn sie nicht die Leistungen zeigen, die Eltern sich von ihnen wünschen. Kinder sind kleine Persönlichkeiten in Entwicklung – sie lernen und haben das Recht, Fehler zu machen, sie müssen sogar Fehler machen – das gehört zum Lernen und zur Entwicklung dazu. Manchmal haben Eltern diese Entwicklungsperspektive nicht im Kopf und vermitteln ihren Kindern durch distanziertes Verhalten, dass sie mit deren Verhalten nicht einverstanden sind. Unterkühltes, abweisendes elterliches Benehmen, meist ohne entsprechende Erklärungen, wenn die Kinder sich nicht so verhalten, wie es von ihnen erwartet wird, als Erziehungsmaßnahme einzusetzen, ist *immer* destruktiv, denn es beruht auf dem Prinzip des Liebesentzugs: Verhältst du dich nicht so, wie ich will, bin ich nicht lieb zu dir. Die Konsequenz wird in den Augen der Erwachsenen vielleicht sogar als positiv bewertet, denn Kinder versuchen in der Regel alles, um den Liebesentzug der Eltern zu beenden. Insofern lernen sie aus dem emotional abweisenden Verhalten, welche ihrer Verhaltensweisen nicht erwünscht sind, und sie vermeiden sie zukünftig.

In Bezug auf das Selbstwertgefühl ist diese Form der Erziehung schädlich, denn das Kind lernt, dass es nicht geliebt ist, wie es ist, sondern dass es sich »richtig« benehmen muss, um geliebt zu werden. Es erfährt, dass die elterliche Liebe schwankend und an Bedingungen geknüpft ist – dies ist nicht die Liebe, in der Kinder sich geborgen und beschützt fühlen und die ihnen signalisiert: »Auch wenn du dich manchmal nicht benimmst, wie ich es mir wünsche, können wir darüber reden und uns überlegen, wie wir in Zukunft besser miteinander klarkommen. Und sei gewiss: Ich liebe dich immer, genauso, wie du bist.«

Kinder, die mit der Erfahrung von strafendem Liebesentzug groß geworden sind, legen oft selbst dieses Verhaltensmuster in ihren späteren Partnerschaften als Erwachsene an den Tag. Sie zeigen dem Partner oder der Partnerin durch ihre abweisende Art und ihren emotionalen Rückzug, dass sie mit seinem oder ihrem Verhalten nicht einverstanden sind. Sie haben in ihrem Elternhaus nicht die Chance gehabt, konstruktives Konfliktverhalten zu erlernen, und agieren in über lange Zeit internalisierten und automatisierten Verhaltensmustern. Dies führt häufig zu großen partnerschaftlichen Problemen, denn wer lässt sich schon gern emotional abstrafen? Dieses Verhalten führt zu Kränkungen und Unsicherheit beim emotional »abgestraften« Partner. Hinzu kommt, dass ohne eine konstruktive Gesprächskultur die hinter dem distanzierten Verhalten liegenden Konfliktursachen nicht bearbeitet werden.

Wir sollten unseren Kindern erklären, was wir uns wünschen und was wir erwarten. Sachliche und konstruktive Rückmeldungen zu ihrem Verhalten kann man schon kleinsten Kindern geben, und die Gespräche darüber werden mit wachsendem Alter länger und differenzierter werden. Und dann sollten wir vertrauen in unser Kind und in sein Bedürfnis, ein liebevolles und konstruktives Verhalten an den Tag zu legen. Je mehr wir ihm ein solches Verhalten vorleben, desto leichter wird es ihm fallen. Schaffen wir eine Familienatmosphäre, in der die Kinder spüren, dass sie Fehler machen dürfen, sich auch mal danebenbenehmen können und dass wir dennoch einen liebvollen und respektvollen Umgang miteinander pflegen, so werden auch sie geneigt sein, konstruktiv zu dieser Atmosphäre beizutragen.

Es ist schwierig, einen konstruktiven Umgang mit Fehlern an den Tag zu legen, wenn man selbst mit einer strengen Fehlerkultur erzogen wurde. Deshalb sollten Eltern sich auch hinterfragen, wie sie mit ihren eigenen Fehlern umgehen. Eine selbstwertförderliche Haltung zum Umgang mit Fehlern bedeutet, dass Eltern Fehler nicht als etwas grundsätzlich Negatives ansehen, für das ein Kind – oder sie selbst – sich schämen oder das man verbergen muss. Sondern durchaus als Chance und Möglichkeit, Dinge, die nicht so gut laufen, zu verbessern. Die Grundlage dafür ist, dass die Eltern eine liebevolle, dem Kind Sicherheit gewährende Haltung einnehmen, die es ermöglicht, über Fehler, Schwächen und damit zusammenhängende Sorgen angstfrei und vertrauensvoll zu sprechen. Das Kind muss die Erwartung haben, dass es ihm nach einem solchen Gespräch besser geht als vor dem Gespräch, weil die Eltern eine liebevoll unterstützende und lösungsorientierte Haltung an den Tag legen und nicht eine vorwurfsvoll beschuldigende.

Ich denke, das ist ein Ansatz, in den sich jeder hineinfühlen kann, denn wir alle wissen, wie wir behandelt werden möchten, wenn wir etwas gemacht haben, das nicht fehlerfrei war und über das wir möglicherweise unglücklich sind. Wir möchten von jemandem Empathie erfahren dafür, wie schlecht wir uns fühlen, und wir möchten, dass unser Gesprächspartner konstruktiv mit uns überlegt, »wie man die Kuh vom Eis holen könnte«. Wir wissen auch, wie wir nicht behandelt werden möchten: Wir wollen nicht »runtergemacht« werden und uns noch wertloser und unsicherer fühlen, als wir es ohnehin schon tun, und wir wollen keine Schwarzmalerei hören.

Wir haben in Deutschland immer noch eine strenge Fehlerkultur: Fehler sind negativ besetzt, man versucht, sie zu vermeiden, und wenn sie passieren, schweigt man am liebsten darüber. Die meisten Menschen schämen sich für ihre Fehler und versuchen, sie zu verheimlichen, zumindest gehen sie nicht offensiv damit um. Das ist furchtbar anstrengend und noch schlimmer – man verhindert durch diese Haltung eine konstruktive Auseinandersetzung mit Fehlern.

Dabei steckt in jedem Fehler die Möglichkeit zu Erkenntnis und entsprechend zu Entwicklung.

Wer das Potenzial seiner Fehler erkennt, es analysiert und für das eigene persönliche Wachstum nutzt, muss Fehler nicht verheimlichen und sich dafür schämen.

Mit der Einstellung einer positiven Fehlerkultur geht man als derjenige, der Fehler macht (es gibt niemanden, der keine Fehler macht …), aus der Opferrolle heraus – man ist nun nicht mehr das Opfer eines Fehlers, sondern wird zum Akteur, der aus seinen Fehlern lernt und sie so für sich nutzt. Mit dieser Haltung muss man auch keine Energie in das Verheimlichen von Fehlern stecken, sondern kann offen damit umgehen, authentisch handeln, zu sich stehen und wenn man mag, sogar andere daran teilhaben lassen, welche Chancen zur Entwicklung die eigenen Fehler einem geboten haben.

EINE POSITIVE FEHLERKULTUR ETABLIEREN

Eltern können ihre Kinder sehr unterstützen, wenn sie ihnen schon früh vermitteln, dass es nicht möglich und auch nicht gut ist, Fehler um jeden Preis zu vermeiden, und dass Fehler wichtig sind, weil man aus ihnen lernen kann. Fehler zeigen uns, wo die eigenen Schwächen liegen, an denen wir arbeiten können. Das bedeutet aber auch, dass Eltern vermitteln, dass Schwächen völlig in Ordnung sind, dass jeder Mensch Schwächen hat und dass es vornehmlich darum geht, wie die Menschen mit ihren Schwächen umgehen.

Menschen mit einer negativen Haltung zu Fehlern

- wollen sich ihre Fehler oft nicht eingestehen,
- wollen ihre Fehler vor anderen verheimlichen – sie sind unaufrichtig und geben sich als jemand anders aus, als sie sind. Das fördert ein schwaches Selbstbewusstsein, diese Menschen stehen nicht zu sich, sondern versuchen, einem Ideal hinterherzueifern, dem sie nicht entsprechen. Sie benehmen sich unauthentisch.

Menschen mit einer positiven Haltung zu Fehlern

- setzen sich mit ihren Fehlern auseinander,
- versuchen, daran zu arbeiten,
- sehen sie als Ansporn, um sich zu verbessern,
- empfinden sie als Herausforderung und nicht als Makel,
- sehen Fehler als Möglichkeit für persönliche Entwicklung,
- stehen zu ihren Fehlern, ohne sich dafür abzuwerten.

→ Siehe hierzu die Geschichte
»Vom Hinfallen und Wiederaufstehen«.

→ Simon, 11 Jahre

Ich habe mit den anderen Jungs im Supermarkt Süßigkeiten mitgehen lassen und wir sind erwischt worden. Ich wollte cool sein und habe deshalb mitgemacht. Mir war es super peinlich, und ich hatte auch Angst, als meine Eltern deshalb angerufen wurden. Meine Mama hat mich als Erstes in den Arm genommen und mein Papa hat auch nicht geschimpft. Zu Hause habe ich alles erzählt. Sie haben mir gesagt, dass sie früher auch Druck hatten und cool sein wollten, aber mein Papa meinte, dass es viel cooler ist, wenn man es schafft, Nein zu sagen und zu dem zu stehen, was man richtig findet. Das will ich versuchen. Ich habe so ein Glück mit meinen Eltern. Die anderen Jungs haben mehr Stress bekommen.

Besonders wirksam ist hier das elterliche Vorbild – können Eltern offen zu ihren Fehlern stehen und auch zugeben, dass sie etwas falsch eingeschätzt, vergessen oder übersehen haben, lernen Kinder, dass man seine Fehler nicht verbergen muss. Sie erfahren auch, dass eine Atmosphäre, in der eine positive Fehlerkultur herrscht, ein konstruktives Miteinander fördert, da man ehrlich und authentisch miteinander umgeht. Welch eine Möglichkeit der Erleichterung und welch ein Ausdruck eines vertrauensvollen Umgangs, wenn Kinder sich nach Fehlern oder Niederlagen an ihre Eltern wenden können, um von ihnen Trost und Unterstützung zu erfahren! Wie traurig hingegen, wenn ein Kind nach einer Fehlentscheidung, die es bereut, neben Gefühlen der Traurigkeit, Angst, Scham und Unsicherheit, die es möglicherweise empfindet, auch noch den Druck verspürt und die Last trägt, sich damit und mit den Konsequenzen allein auseinandersetzen zu müssen, weil es das Urteil seiner Eltern fürchtet.

Wenn es Eltern gelingt, auch innerhalb der Familie zu ihren Fehlern zu stehen, sich zu ihnen zu bekennen, sich dafür zu entschuldigen und neue Verhaltensansätze zu finden, durch die sie versuchen, zukünftig diese Fehler zu vermeiden, lernen Kinder automatisch durch ihr Vorbild. Nichts ist wirkungsvoller als ein positives elterliches Verhaltensvorbild, durch das Kinder Reaktionsweisen und Muster erlernen können. Leider gilt dies auch im umgekehrten Fall – auch negative elterliche Verhaltensweisen werden kopiert und oft unbewusst von den Kindern übernommen.

Zur Art und Weise, wie wir selbst mit Fehlern umgehen, gehört an erster Stelle unsere Selbstansprache. Wie oft, wenn wir uns über uns selbst ärgern, rufen wir aus:

»Ich Idiot!«

»Ich Dummkopf!«

»Ich Volldepp!«

Oder wir titulieren uns mit ähnlichen wenig schmeichelhaften Bezeichnungen, wenn wir beispielsweise merken, dass wir einen Anruf, einen Termin oder eine Erledigung vergessen haben.

Würden wir andere Menschen so ansprechen, wenn sie etwas vergessen hätten? Hoffentlich nicht! Auch mit uns selbst sollten wir nicht in dieser Form kommunizieren, denn unsere Kinder übernehmen diese Form der Selbstansprache. Solltest du feststellen, dass du auf diese Art und Weise mit dir sprichst, wenn dir ein Fehler unterläuft, dann empfehle ich dir, gemeinsam mit deiner Familie neue und liebevolle Namen für euch zu überlegen, wenn ihr euch bei Fehlern ertappt. In einer Familie beschimpfte sich die Mutter immer als Dummkopf, wenn ihr ein Fehler passierte. Einer ihrer Söhne schlug »Dummbasasie« stattdessen vor. Es steckt zwar noch das wenig schmeichelhafte Adjektiv »dumm« in dem Begriff, aber die Endung macht ihn lustiger und liebevoller, sodass er nicht so hart und anklagend klingt wie »Dummkopf« und die Familie außerdem immer erst einmal über diesen Begriff lachen musste, was die Situation entspannte. Eine andere Familie fing an, »Ich Schäfchen!« zu sagen, wenn sie merkten, dass sie einen Fehler gemacht hatten. Auch diese Bezeichnung klingt liebevoll und nimmt der Situation damit von vornherein die Schärfe. Lernen Kinder von ihren Eltern, dass sie sich in Situationen, in denen ihnen Fehler unterlaufen, nicht mit wenig charmanten Titulierungen selbst herunterziehen müssen, sondern trotz eines Fehlers einen liebevollen Blick auf sich bewahren können, ist dies für das Erlernen des konstruktiven Umgangs mit Fehlern sehr hilfreich.

Befreiend ist es auch, wenn man über sich lachen kann! Es gibt genug Situationen, in denen etwas schiefläuft und die trotz der Ärgernisse einfach wahnsinnig komisch sind. Wenn dein Kind beobachtet, dass du in solchen Situationen über dich lachen kannst, lernt es, dass man Fehler nicht verbissen ernst nehmen muss und auch trotz Ärger lachen kann.

Besonders spannend ist es für Kinder, wenn Eltern – in angemessener Weise, das heißt altersentsprechend und auch thematisch passend – aus ihrem eigenen Leben über Fehlentscheidungen berichten können: wie sie damit umgegangen sind und vor allem, was sie daraus gelernt haben.

→ Anna, 10 Jahre

In der Schule habe ich etwas Blödes über ein Mädchen erzählt, um mich bei einem anderen Mädchen beliebt zu machen. Das ging nicht gut aus, denn beide haben sich dann gegen mich zusammengetan und mich tagelang wie Luft behandelt. Ich konnte nie mitspielen und fühlte mich so ausgeschlossen und traurig. Lange habe ich mich nicht getraut, Mama davon zu erzählen, denn sie hat mir immer eingebläut: »Sprich nie schlecht über andere. Das gehört sich nicht.« Also wusste ich ja, dass ich etwas falsch gemacht habe und dass es mein Fehler war und also auch meine Schuld, dass die anderen doof zu mir waren. Beim Gute-Nacht-Sagen hat Mama dann gemerkt, dass etwas nicht stimmt, weil ich so geweint habe. Sie hat gefragt, warum ich weine, und ich habe es ihr dann doch erzählt. Sie hat ganz anders reagiert, als ich gedacht hatte, und hat mich in den Arm genommen und getröstet. Dann hat sie mir erzählt, dass es bei ihr früher auch mal so ähnlich war und wie sie aus der Patsche rauskam. Das hat mir geholfen, so habe ich es dann auch gemacht.

Mit selbstunsicheren jugendlichen Patienten, die sich große Sorgen machten, Fehler zu begehen, und die sich deshalb nicht trauten, Wortbeiträge im Unterricht zu leisten, oder auch unsicher waren, in Gruppen von Gleichaltrigen etwas »Falsches« zu sagen, machte ich gern folgende Übung: Ich legte ihnen verschiedene Zitate berühmter Menschen mit deren Einschätzung von Fehlern vor:

»Unsere Fehlschläge sind oft erfolgreicher als unsere Erfolge.«
Henry Ford

»Ein Mensch würde nie dazu kommen, etwas zu tun, wenn er stets warten würde, bis er es so gut kann, dass niemand mehr einen Fehler entdecken könnte.« John Henry Newman

»Die großen Tugenden machen einen Menschen bewundernswert, die kleinen Fehler machen ihn liebenswert.« Pearl S. Buck

»Jeder Mensch macht Fehler. Das Kunststück liegt darin, sie dann zu machen, wenn keiner hinschaut.« Peter Ustinov

»Es ist ein großer Vorteil im Leben, die Fehler, aus denen man lernen kann, möglichst früh zu machen.« Winston Churchill

»Der größte Fehler, den man machen kann, ist, immer Angst zu haben, einen Fehler zu machen.« Dietrich Bonhoeffer

»Ich mag Fehler. Ich finde, sie machen Dinge erst interessant.«
Sarah Dessen

»Wenn jemand seinen Weg gefunden hat, darf er keine Angst haben. Er muss auch den Mut aufbringen, Fehler zu machen.«
(Aus dem Roman »Brida«) Paulo Coelho

»Es ist unmöglich, zu leben, ohne bei etwas zu scheitern. Es sei denn, man lebt so vorsichtig, dass man genauso gut gar nicht gelebt zu haben bräuchte.« J. K. Rowling

»Wer aufhört, Fehler zu machen, lernt nichts mehr dazu.«
Theodor Fontane

»Fehler zu machen, ist so unvermeidlich, wie enttäuscht zu werden.«
Loretta Young

Diese Jugendlichen, die Fehler als etwas grundsätzlich Negatives und zu Vermeidendes betrachteten, waren in der Regel erstaunt über die positiven Bewertungen von Fehlern, die diese erfolgreichen Menschen geäußert hatten. Es ergaben sich interessante Gespräche über den Wert von Fehlern und die Folgen, die die Versuche der Vermeidung und Vertuschung von Fehlern nach sich ziehen. Die Diskussionen eröffneten den Jugendlichen neue Blickwinkel, mithilfe derer ihnen bewusst wurde, dass man Fehler auch als Möglichkeiten zur Verbesserung, zum Lernen und zur persönlichen Entwicklung ansehen kann und dass es in diesem Zusammenhang nicht nur um die freudlose Vermeidung von Fehlern gehen sollte.

In Familien, in denen Fehler keine Katastrophen darstellen und nicht zur Selbstabwertung führen, herrscht ein Klima, in dem folgende Überzeugungen gelebt werden:

* Passieren Fehler, geht davon die Welt nicht unter.
* Wichtig ist, aus Fehlern zu lernen und sie nicht zweimal zu machen.
* Aus Fehlern wird man klug.
* Ich kann mit meiner Familie über Fehler sprechen. Keiner lacht mich aus oder schimpft mit mir.

→ Siehe hierzu die Geschichte
»Auch Hasenkinder machen Fehler«.

NIEDERLAGEN: VERSUCHE AUF DEM WEG ZUM ERFOLG

Wird ein Kind dem Anspruch an sich selbst nicht gerecht, so empfindet es sein Tun als misslungen und wertet dieses als Niederlage. Der Umgang mit persönlichen Niederlagen ist ein dem Umgang mit Fehlern verwandtes Thema. Niederlagen können aus Fehlverhalten entstehen, müssen es aber nicht. Niemand mag Niederlagen und natürlich möchten wir Eltern sie unseren Kindern gern ersparen. Niederlagen, so unangenehm und belastend sie sein mögen, sind aber wichtig, denn:

Durch Niederlagen können Kinder Resilienz entwickeln.

Läuft immer alles glatt, kann das Kind weder Resilienz noch Kampfgeist ausprägen. Selbstverständlich wäre es absurd, Niederlagen zu provozieren, auf jeden Fall ist es aber nicht hilfreich, dem Kind alle Hindernisse aus dem Weg zu räumen. Entscheidend ist jedoch, an seiner Seite zu sein, es zu begleiten und zu unterstützen, wenn es eine Niederlage erlebt.

Niederlagen sind stets subjektiv; was für den einen ein Drama darstellt, ist für den anderen nicht der Rede wert, und so entscheidet jedes Kind gemäß seinen Ansprüchen an sich selbst, was es als Niederlage definiert. Auch hier können wir unseren Kindern helfen, ein gesundes Maß des Anspruchs zu finden. Individuell gibt es große Unterschiede an Selbstansprüchen, schon bei Grundschulkindern kristallisiert sich das heraus. Vieles hiervon ist im Temperament der Kinder angelegt – bereits manch junges Kind verspürt einen ausgeprägten Gestaltungswillen und entwickelt früh ehrgeizige Ziele, möchte sich immer mit anderen messen und sich beweisen. Andere Kinder sind verträumt und verspielt und ziehen sich gern in ihre Fantasiewelt zurück, in der sie Leistungsansprüche, egal, welcher Art, weit von sich weisen. Für beide gilt nicht das normierte Maß x an Selbstanspruch, das sie glücklich macht – beide haben, gemäß ihrem Temperament, sehr unterschiedliche Ansprüche an sich.

Als Eltern können wir nur versuchen zu erfassen, was unserem Kind guttut – ist mein Sohn jemand mit viel Energie, der sich ständig messen möchte? Dann tut es ihm sicher gut, im Verein einer oder auch mehreren Sportarten nachzugehen und sich hier auch an Wettkämpfen zu beteiligen. Mein anderer Sohn lebt in seiner Fantasiewelt und spielt gern allein, baut Welten und geht darin auf. Soll ich ihn in einen Sportverein zwingen, damit er Ehrgeiz entwickelt? Sicher nicht, denn Ehrgeiz entsteht aus freiwilligem Ansporn. Wenn mir Sport grundsätzlich ein wichtiges Anliegen ist, dann kann ich versuchen, eine Sportart zu finden, die ihm gefällt. Vielleicht Fechten, weil er sich dann durch den Sport in eine andere Welt befördern kann – die der Ritter, in der er bei seinen Spielen so aufgeht. Vielleicht wäre aber auch Tanzen etwas, was ihm liegt und Spaß macht, weil er Musik so sehr liebt.

Ein gesunder Anspruch an sich selbst ist einer, der fordert, aber nicht permanent über- oder auch unterfordert. Um solch einen Anspruch entwickeln zu können, müssen Kinder ein gutes Selbstbewusstsein besitzen und ein realistisches Selbstbild von sich haben. Sie müssen ihre Fähigkeiten angemessen einschätzen können, um einen stimmigen Anspruch an sich selbst zu entwickeln, der mit ihrem Potenzial korreliert. Das ist keine leichte Aufgabe und oft benötigen Kinder unsere Unterstützung hierfür. Unserem ehrgeizigen Sohn können wir helfen, ein vielleicht etwas spielerischeres Verhältnis zu Wettkämpfen zu bekommen, damit seine ehrgeizigen Ansprüche an sich selbst nicht zur Verbissenheit entgleiten. Unserem anderen Sohn können wir hin und wieder einen zarten Anstoß geben, ob er nicht vielleicht doch an der einen oder anderen Freizeitaktivität mit anderen Kindern teilnehmen möchte, damit er nicht zu sehr in seine eigene Welt abtaucht. Hierbei gilt, dass wir unsere Kinder zu einer Aktivität anregen können, wir aber immer ihre Reaktionen ernst nehmen und ihre Bedürfnisse im Blick behalten sollten. Wir stärken unsere Kinder, wenn wir ihnen herauszufinden helfen, was ihre Vorlieben, Interessen und Träume sind. Und vor allem, wenn wir ihnen helfen, an diese Träume zu glauben, auch wenn sie verrückt erscheinen mögen.

WIE TRÄUME WAHR WERDEN

Die über 80-jährige britische Verhaltensforscherin Jane Goodall, die das Verhalten von Primaten erforscht und sich für deren Schutz einsetzt, berichtet von der frühen Unterstützung, die sie durch ihre Mutter erfuhr:

» …Meine wundervolle Mutter, die damals, als ich zehn Jahre alt war, meinen Traum, nach Afrika zu gehen, unterstützte, meine Idee, mit wilden Tieren zu leben und Bücher über sie zu schreiben – sie war die Einzige, die über diese verrückte Idee nicht lachte. Wir hatten damals

nur wenig Geld, Afrika war so weit weg, und ich war nur ein kleines Mädchen. Aber sie sagte zu mir, wenn ich so etwas wirklich tun wollte, müsse ich hart arbeiten und jede Chance nutzen, und wenn ich nicht aufgebe, würde ich es vielleicht eines Tages auch schaffen. Das erzähle ich auch allen Jugendlichen …«[15]

Tun Kinder etwas, das sie erfüllt und das sie nicht jemand anderem (im Zweifelsfall ihren Eltern) zuliebe tun, sind sie intrinsisch motiviert, und die Wahrscheinlichkeit, dass sie ein gesundes Maß an Selbstanspruch entwickeln, ist hoch.

Aus der guten Intention heraus, dass aus ihren Kindern »etwas wird«, überfrachten manche Eltern ihre Kinder mit Leistungsansprüchen, die ihnen nicht gerecht werden. Viele Töchter und Söhne versuchen noch als Erwachsene, den Leistungsansprüchen ihrer Eltern gerecht zu werden, und identifizieren sich lebenslang mit den elterlichen Ansprüchen. Manchmal beziehen sich diese Ansprüche auch auf Berufsentscheidungen, und Erwachsene üben den Beruf aus, den ihre Eltern ihnen zugedacht haben. Nicht den Ansprüchen der Eltern gerecht zu werden, empfänden diese Kinder als Niederlage, weshalb sie alles tun, um diesen gerecht zu werden.

Nur selbstbewusste Menschen schaffen es, ihre eigenen Ansprüche an sich selbst zu definieren – sie entwickeln ihren eigenen Kompass und vertrauen auf ihre persönliche Einschätzung. Sie verfolgen von ihnen selbst gesetzte Ziele. Das Schönste, was Eltern passieren kann, ist, dass ihre Kinder eine Leidenschaft für ein Thema entwickeln – sei es für einen Sport, ein Instrument oder ein anderes Hobby wie Malen, Filmen oder die Begeisterung für ein Land oder irgendeinen anderen Inhalt – und dass sie in diesem Bereich eigene Ziele entwickeln.

GOOD TRY!

Es hilft sehr, wenn man beim Umgang mit Niederlagen von jemandem Aufmunterung erfährt. Das müssen nicht unbedingt die Eltern sein, oft sind es auch die Großeltern, Freundinnen, Nachbarn oder Geschwister.

Ich hatte als Jugendliche ein Aha-Erlebnis zum Umgang mit Niederlagen. Während eines Urlaubs spielte ich Volleyball mit einer Gruppe von amerikanischen Jugendlichen. Volleyball war nie meine Stärke gewesen, und es war mir unangenehm, als mein Team aufgrund eines Fehlers von mir einen Punkt verlor. Zu meinem großen Erstaunen setzte aber kein genervtes Stöhnen oder leises Schimpfen ein, sondern ein Mädchen aus meinem Team lächelte mich an und sagte: »Good try!« Guter Versuch?!

Völlig und aufs Angenehmste überrascht nahm ich diese Worte zur Kenntnis: Ich wurde nicht feindselig oder genervt angesehen, trotz meines Fehlers? Ich wurde sogar ermuntert und angelächelt? Damit hatte ich nun wirklich nicht gerechnet. Selbstverständlich half mir diese freundliche Bemerkung, selbstbewusster, motivierter und sicherlich auch engagierter weiterzuspielen, als wenn mich negative Reaktionen getroffen und runtergezogen hätten. Diese Anerkennung meines offensichtlich missglückten Spielzugs, der meinem Team auch noch einen Nachteil eingebracht hatte, als »guter Versuch« ermöglichte mir eine völlig neue Sicht auf Niederlagen. Was wir selbst als Niederlage werten, kann auch als Versuch auf dem Weg zu einem Erfolg gedeutet werden.

> Ein Versuch ist kein Endresultat, sondern eine Etappe auf einem Weg der Entwicklung.

Damit sich Entwicklung und somit auch Erfolg einstellen können, darf man sich nach einem Versuch, der nicht ganz geglückt ist, nicht runterziehen und demotivieren lassen oder gar aufgeben, sondern muss »dranbleiben« und es weiterhin versuchen. Ich spürte, wie sehr die Unterstützung durch meine Teamkollegin mir half, trotz meiner empfundenen Niederlage »dranzubleiben« und einigermaßen selbstsicher und engagiert weiterzuspielen – ihre freundliche Haltung und ihre aufmunternden Worte wirkten meinen Gefühlen der Unsicherheit, Scham und der Minderwertigkeit entgegen. Ich fühlte mich nicht unbrauchbar für mein Team, sondern respektiert und erwünscht – trotz meines unterdurchschnittlichen Spiels.

Wenn wir unseren Kindern bei vermeintlichen oder auch tatsächlichen Niederlagen diese Haltung des »Good try!« vermitteln können, helfen wir ihnen, eine ganz wichtige Eigenschaft zu entwickeln: Ausdauer. Begreifen sie, dass es auf dem Weg zum Erfolg viele Versuche gibt, von denen einige durchaus missglücken können, dann verstehen sie, dass es sich lohnt, sich auch nach einem erfolglosen Versuch weiter zu bemühen – denn nur dann kann sich Erfolg einstellen. Wenn wir ihnen vermitteln: Hinfallen gehört dazu, es kommt aber darauf an, wieder aufzustehen und weiterzugehen, dann lernen sie, dass Niederlagen keine Katastrophen, sondern eben nicht ganz geglückte Versuche sind.

Nur durch missglückte Versuche verstehen wir, woran wir arbeiten müssen, um uns weiterzuentwickeln. Wenn Scham, Selbstzweifel und Minderwertigkeitsgefühle nach einem missglückten Versuch überwiegen, schaffen wir es nicht, »dranzubleiben«. Wir können mit unseren Kindern über ihre Gefühle sprechen und ihnen zeigen, dass wir das, was sie als Niederlage empfinden, als eine Station auf einem Weg der Entwicklung sehen. Und dass es auch nach nicht geglückten Versuchen keinen Grund für Schamgefühle gibt: Wir können unseren Kindern vermitteln, dass Anstrengung, auch wenn sie nicht zum erwünschten Ergebnis führt, etwas Positives und Anerkennenswertes ist und mitnichten etwas, wofür man sich schämen müsste. Auch kleine Kinder können verstehen, dass es anerkennenswerter ist, etwas zu versuchen und vielleicht damit keinen

Erfolg zu haben, als es erst gar nicht zu versuchen. Es ist in diesem Zusammenhang erwiesen, dass Menschen, wenn sie im Alter eine Lebensbilanz ziehen, grundsätzlich eher bereuen, was sie nicht gewagt und erst gar nicht versucht haben, als das, was sie getan haben und was vielleicht scheiterte.

Hier kommt wieder unsere grundsätzliche Haltung zum Tragen: Kommt es uns primär darauf an, dass unser Kind alles »richtig« macht, also möglichst wenig Fehler begeht und wenig Niederlagen erlebt – oder möchten wir es dabei unterstützen, sich auszuprobieren, und begreifen seine Versuche als Ausdruck seiner Entwicklung?

Den Umgang mit Niederlagen, den meine Gesprächspartner in meinem Interview-Buch »Was für ein Kind waren Sie?« schilderten, fand ich besonders spannend, da einige berichteten, dass sie Niederlagen bereits in ihrer Kindheit nicht primär als Rückschlag, sondern als Ansporn erlebt hätten. So antwortete der Boxer Vitali Klitschko auf die Frage, ob er als Kind Niederlagen erlebt hatte:

»Ja, im Sport habe ich oft nicht das erreicht, was ich erreichen wollte. Jede Niederlage gibt dir ein Zeichen, dass du besser werden musst. Jede Niederlage gibt dir eine wahnsinnige Motivation. Sie waren genauso wichtig, hatten genauso eine Bedeutung wie die Siege. Ohne Niederlagen kann man nicht besser und somit auch kein Sieger werden.« [16]

→ Siehe hierzu auch die Geschichte *»Vom Hinfallen und Wiederaufstehen«*.

KONFLIKTE MÜSSEN KEIN DRAMA SEIN

Viele Erwachsene, die sich an schwierige Kindheiten erinnern, betonen besonders ihre Verzweiflung, Hilflosigkeit und Verlassenheitsgefühle in frühen Konfliktsituationen. Konflikte sind den meisten Menschen unangenehm, da sie eine Störung des grundlegenden Bedürfnisses nach Harmonie darstellen. Werden Konflikte dann auch noch unfair, demütigend oder aggressiv ausgetragen, kann das sehr verunsichernd und selbstwertschädigend für Kinder sein.

Was für alle anderen Situationen im Verhältnis zu unseren Kindern gilt, gilt ebenso für unser Verhalten in Konfliktsituationen: Unser Vorbild wirkt am stärksten, stärker als jede Regel, die wir formulieren. Erklären wir unseren Kindern theoretisch, dass man sich rücksichtsvoll auseinandersetzen und dem anderen zuhören sollte, leben ihnen aber im Konflikt mit ihnen oder anderen Personen aufbrausendes und aggressives Verhalten vor, indem wir den anderen beschimpfen und ihm nicht zuhören, so wird unser Vorbild stärker wirken als unsere theoretisch vermittelten Regeln.

Für viele Kinder bedeuten Konflikte große Ängste, da sie mit Liebesentzug einhergehen: Gehorchst du nicht, so bin ich nicht lieb zu dir! Ein solcher Liebesentzug ist extrem schädlich für den Selbstwert des Kindes. Es lernt, dass es nicht bedingungslos geliebt wird, sondern nur, wenn es »brav« ist. Um mit dieser Bedrohung klarzukommen, antizipieren diese Kinder entweder die Wünsche ihrer Eltern und versuchen, sie stets zu erfüllen, um nicht den Liebesentzug spüren zu müssen, oder sie begehren auf, werden aggressiv und oppositionell. Beide Reaktionsmuster zeugen von nicht konstruktivem Konfliktverhalten. Viele Kinder tragen diese destruktiven Muster auch als Erwachsene mit sich; sie hindern sie daran, zufriedenstellende Beziehungen zu führen. Destruktive Konfliktmuster torpedieren jede Beziehung, da auch die Ursachen der Konflikte nicht angemessen bearbeitet werden können. Menschen mit diesen Verhaltensmustern haben es deshalb sehr schwer, harmonische Beziehungen zu führen.

Kinder, die sich der Liebe ihrer Eltern sicher sind und bei Konflikten nicht mit Liebesentzug rechnen müssen, haben die Chance, ein konstruktives Konfliktverhalten zu entwickeln. Die Grundlage hierfür ist ein respektvolles Miteinander, ein Umgang auf Augenhöhe. Beherzigt ein Kind die Maxime, dass es andere nur so behandeln sollte, wie es selbst behandelt werden möchte, dann hat es eine gute Orientierung für einen konstruktiven Umgang miteinander.

Bedürfnisse sind die Triebfeder unseres Handelns. Wir handeln, um unsere Bedürfnisse zu befriedigen, denn das beschert uns ein Gefühl der emotionalen Ausgewogenheit und Zufriedenheit. Bleiben Bedürfnisse unbefriedigt, kommen belastende Gefühle wie Traurigkeit, Mangel, Wut oder Unzufriedenheit auf. Wir setzen Strategien ein, um unsere Bedürfnisse zu erfüllen. Oft sind wir uns der hinter den Strategien stehenden Bedürfnisse, die unsere Handlungen antreiben, gar nicht bewusst. Wenn zwei oder mehrere Menschen einer Gemeinschaft Strategien zur Umsetzung ihrer Bedürfnisse haben, die sich nicht miteinander vereinen lassen, entsteht ein Konflikt um das Umsetzen der unterschiedlichen Strategien zur Erfüllung der dahinterliegenden Bedürfnisse. Dieser kann entweder konstruktiv gelöst oder aggressiv ausgefochten werden. Wenn Aggression eingesetzt wird, geht es um Macht und um Bestimmen, um Gewinnen oder Verlieren, um das Einnehmen der überlegenen oder unterlegenen Position. In diesem Fall gibt es immer Verlierer.

Es gibt auch die Möglichkeit, Konflikte zu lösen, ohne Verlierer zu produzieren. Betrachten wir uns die Konfliktlösung anhand eines typischen Familienkonflikts: Wenn die Kinder selbstständiger werden, entstehen Familienkonflikte etwa um gemeinsam als Familie verbrachte Zeit. Während die Eltern von kleinen Kindern die

Gestaltung des Alltags weitestgehend übernehmen und vorgeben, müssen sich die Eltern von zu Jugendlichen heranwachsenden Kindern immer mehr auch dem Bedürfnis ihrer Kinder nach Autonomie anpassen. So kann es sein, dass Eltern etwa auf einem gemeinsamen Ausflug am Sonntag insistieren, der aus Sicht der Eltern eine selbstverständliche Familientradition darstellt, während die Kinder ab einem bestimmten Moment ihrer Entwicklung keine Lust mehr darauf haben. Bei den Eltern steht das Bedürfnis nach Gemeinschaft mit den Kindern im Vordergrund, das sie mithilfe von Familienritualen wie in diesem Fall dem Sonntagsausflug umzusetzen versuchen. Der Sonntagsausflug ist ihre Strategie, ihr Bedürfnis nach mit den Kindern gemeinsam verbrachter Zeit zu erfüllen. Bei den Kindern haben die Bedürfnisse nach Autonomie von den Eltern und nach mit Freunden verbrachter Gemeinschaft Priorität. Ihre Strategie, diese Bedürfnisse zu erfüllen, ist eine sonntägliche Verabredung mit ihren Freunden. Die Eltern schlagen eine gemeinsame Radtour am Sonntagnachmittag vor, die Kinder rollen mit den Augen und wollen sich lieber mit ihren Freunden treffen. Nun gibt es verschiedene Möglichkeiten, mit diesem Konflikt umzugehen.

So könnten die Eltern einfach »bestimmen« und Ansagen machen. In diesem Fall würden sie ihre Autorität nutzen, um ihre Strategie durchzusetzen. Es wäre absehbar, dass diese Art der Konfliktlösung Verlierer produzieren würde: Die Kinder würden sich aller Wahrscheinlichkeit nach in ihren Bedürfnissen sehr verletzt fühlen und dem Ausflug nur mürrisch und mit schlechter Laune folgen, insofern würde sicherlich die gesamte Familie unter dieser Lösung leiden.

In einem anderen Fall würden die Kinder versuchen, ihre Strategie zur Befriedigung ihrer Bedürfnisse durchzusetzen, und sich weigern, an dem Ausflug teilzunehmen. Das würde sicherlich zu Verletzungen bei den Eltern führen, die sich ebenfalls negativ auf die Familienstimmung auswirken würden.

Hat man den Anspruch, Kinder auf Augenhöhe zu erziehen, so sind die unterschiedlichen Bedürfnisse der einzelnen Familienmitglieder gleichwertig. Die Bedürfnisse der Eltern sind nicht wichtiger als die der Kinder und auch die Umkehrung ist nicht der Fall. Und Kinder sind eben auch nicht »böse« oder »unrecht«, weil sie von den Eltern abweichende Bedürfnisse haben.

Kinder gelten üblicherweise bei Erwachsenen als »brav«, wenn sie ihre eigenen Bedürfnisse zurückstellen. Diese Kinder sind »unkompliziert« und machen den Erwachsenen keinen Stress. Jahrhundertelang sind Kinder autoritär erzogen worden, das Hauptziel war die Unterordnung der kindlichen Bedürfnisse unter die Bedürfnisse der Erwachsenen, die so für das Funktionieren der Gemeinschaft sorgten. Kinder wurden erst im Zuge des aufkommenden Bürgertums als Wesen mit einer von Erwachsenen unterschiedlichen Psychologie erfasst. Dennoch war die Erziehung von Kindern bis in das letzte Jahrhundert hinein von Autorität geprägt, in der die Erfüllung kindlicher Bedürfnisse eine untergeordnete Rolle spielte.

Wie in vielen anderen Situationen ist hier das gesunde Maß entscheidend: Werden stets alle Bedürfnisse eines Kindes erfüllt, wird es sicherlich das, was man ein verwöhntes Kind nennt. Werden seine Bedürfnisse kaum oder nicht wahrgenommen, erlebt es einen ungesunden Mangel an Zuwendung und Fürsorge. In einer Gemeinschaft geht es immer um die Abstimmung und Koordination der unterschiedlichen Bedürfnisse aller Mitglieder. Es geht im Familienalltag ganz pragmatisch darum, Lösungen zu finden, bei denen möglichst alle Familienmitglieder berücksichtigt werden. Dazu sollte jeder die Möglichkeit haben, seine Bedürfnisse zu formulieren. So könnten die Kinder in dem oben genannten Beispiel erklären, dass es ihnen wichtig ist, Zeit mit ihren Freunden zu verbringen (Bedürfnis nach Gemeinschaft mit Freunden) und dass sie deshalb den Wunsch hätten, am Sonntagnachmittag mit ihren Freunden ins Freibad zu fahren: *»Alle treffen sich am Sonntag, es wird bestimmt* *spaßig, und wir wünschen uns, auch dabei zu sein.«* Die Eltern könnten begründen, warum ihnen Zeit mit den Kindern so wichtig ist: »*Wir haben uns diese Woche nicht viel gesehen. Wir vermissen Nähe mit euch und möchten gern Zeit mit euch verbringen«* (Bedürfnis nach Gemeinschaft als Familie). Außerdem könnten sie begründen, warum ihnen das Ritual des Familienausflugs so wichtig ist: »*Wir wünschen uns einen festen Termin in der Woche, bei dem wir alle in Ruhe miteinander Zeit verbringen, deshalb ist uns der Familienausflug am Sonntag so wichtig«* (Bedürfnis nach Struktur, das die Eltern durch die Strategie des Rituals zu erfüllen versuchen). Trägt jeder seine Bedürfnisse und Wünsche, die damit zusammenhängen, vor, kreiert dies eine offene Gesprächsgrundlage, in der man den anderen an seiner Gefühlswelt teilnehmen lässt.

Offenheit birgt die Möglichkeit des Verständnisses für die andere Seite, denn unsere Bedürfnisse sind universell. Wir können sie bei anderen nachvollziehen, weil wir sie von uns kennen, nur mit den Strategien, wie andere ihre Bedürfnisse zu erfüllen versuchen, kommen wir nicht immer klar. Eigene Bedürfnisse und Gefühle zu offenbaren, ist eine konstruktive, verbindende Art, miteinander zu kommunizieren, ganz anders als eine ausgrenzende Diskussion, in die man schnell hineinrutscht und in der es vornehmlich darum geht, die andere Seite abzuwerten, in dem Bestreben, sich durchzusetzen: »*Langweilig! Keine Lust! Immer diese doofen Ausflüge …«* Und auf der anderen Seite: »*Wie egoistisch von euch! Ihr habt keinen Familiensinn. Nie nehmt ihr euch Zeit für uns.«*

Nachdem alle Gesprächspartner ihre Bedürfnisse offengelegt haben, geht es darum, nach Lösungen zu suchen, die möglichst die Bedürfnisse aller Seiten zumindest anteilig berücksichtigen. So könnten die Eltern sich hinsichtlich der Strategie, mit der sie versuchen, ihr Bedürfnis nach Struktur zu erfüllen, flexibler zeigen und nicht auf ihrer Familienroutine des Sonntagsausflugs bestehen, sondern einen anderen Zeitpunkt für einen gemeinsamen Ausflug vorschlagen. Die Kinder hätten so die Möglichkeit, am Sonntagnachmittag ihre Freunde zu sehen, würden aber dem Bedürfnis der Eltern nach Gemeinschaft zu einem anderen Zeitpunkt nachkommen. Hier würden die Eltern auf feste Rituale verzichten, um dem Bedürfnis nach Autonomie und Flexibilität ihrer heranwachsenden Kinder entgegenzukommen.

Es ist hilfreich, wenn wir uns darüber bewusst werden, dass unsere bevorzugte Strategie immer nur eine Lösung von vielen ist, um unser jeweiliges Bedürfnis zu befriedigen. Es gibt viele Möglichkeiten, das Bedürfnis nach Nähe mit den Kindern zu erfüllen (gemeinsame Abendessen, gemeinsames Joggen am Morgen, gemeinsames Kochen …), und es gibt viele Arten, wie Kinder ihr Bedürfnis nach mit Freunden verbrachter Gemeinschaft und Autonomie von den Eltern erfüllen können (am Abend ins Kino gehen, nach der Schule Freunde besuchen oder einladen …). Es ist hilfreich, sich die eigenen Bedürfnisse und die der anderen Beteiligten bewusst zu machen, um dann pragmatische Lösungen zu entwickeln, die möglichst die Bedürfnisse aller Beteiligten berücksichtigen. Und manchmal verzichtet man auch aus freien Stücken auf die Erfüllung eines Bedürfnisses, wenn einem durch ein klärendes Gespräch bewusst wird, wie wichtig der anderen Person die Erfüllung eines anderen Bedürfnisses ist – so wie in diesem Beispiel der Verzicht der Eltern auf den Sonntagsausflug, weil sie feststellen, wie wichtig ihren Kindern das Bedürfnis nach wachsender Autonomie ist, und weil sie mit diesem Ansatz auch ihr eigenes Bedürfnis nach Respekt vor den Bedürfnissen ihrer Kinder befriedigen.

So kann es uns helfen, in schwierigen Momenten, in denen wir uns von unseren Kindern gekränkt fühlen, einen Perspektivwechsel vorzunehmen und uns nicht auf unsere Gefühle der Kränkung, sondern auf die möglichen Bedürfnisse unserer Kinder zu konzentrieren.

Ein Vater erzählte mir einmal, dass er sich immer freute, wenn sein Sohn am Klavier saß und spielte. Er hatte dann das Bedürfnis, sich zu ihm zu setzen, ihm zuzuhören und diesen Moment mit ihm zu teilen. Er verspürte ein Bedürfnis nach Nähe zu seinem Sohn. Sein Sohn reagierte dann meist unwirsch und meinte, er würde aufhören zu spielen, wenn der Vater im Zimmer bliebe. Der Vater wollte natürlich nicht, dass sein Sohn aufhörte zu spielen, also verließ er gekränkt den Raum. Er verstand die Ansage seines Sohnes als Ablehnung seiner Person. Irgendwann versuchte er, seinen Sohn tatsächlich zu verstehen, und suchte das Gespräch mit ihm:

»Du fühlst dich unwohl, wenn ich im Raum bin, wenn du Klavier spielst, oder?«

»Ja.«

»Kannst du sagen, weshalb?«

Der Sohn dachte kurz nach und antwortete: *»Ich habe dann irgendwie das Gefühl, dass ich ein Konzert spielen muss und nicht einfach so entspannt vor mich hin spielen kann.«*

Diese einfache Antwort war für den Vater durchaus verständlich. Er konnte akzeptieren, dass sein Sohn das Klavierspiel aus Freude und zur Entspannung unternahm und Zuhörer ihn deshalb störten. Der Vater konnte nun verstehen, dass die Ablehnung weniger mit seiner Person als vielmehr mit den Bedürfnissen seines Sohnes zu tun hatte. In diesem Moment konnte er sein Gefühl der Kränkung und auch sein Bedürfnis nach Nähe zu seinem Sohn hintanstellen, um das nun von ihm verstandene Bedürfnis seines Sohnes nach Entspannung und Privatsphäre zu respektieren.

Von unseren eigenen abweichende Bedürfnisse anderer Personen nicht als Angriff gegen die eigene Person, sondern als Ausdruck der Bedürfnisse unseres Gegenübers zu sehen, erleichtert das Zusammenleben ungemein. Spüren unsere Kinder, dass wir in Konfliktsituationen klar kommunizieren, versöhnlich und lösungsorientiert sind und nicht ausgrenzend und strafend, so wird auch ihre Bereitschaft zu einer versöhnlichen Einigung gefördert. Ich habe die

Erfahrung gemacht, dass Gespräche über Bedürfnisse und Gefühle Verständnis und intrinsische Kooperation fördern – also eine Kooperation, bei der die Kinder aus einem Verständnis heraus motiviert sind, zu einem harmonischen Familienleben beizutragen. Strafen führen zu einer Kooperation, die auf sozialer Anpassung und nicht auf intrinsischer Motivation beruht. Strafen torpedieren den Selbstwert von Kindern, da sie ein Machtgefälle ausnutzen, das zwischen Eltern und Kindern herrscht. Ich würde immer empfehlen, statt Strafen zu verhängen, an das Verständnis des Kindes zu appellieren.

Was sollte man bei Diskussionen um unterschiedliche Bedürfnisse beachten?

- *Aktives Zuhören* – Zuhören schlägt Brücken. In Konflikten senden wir meist nur, weil wir unseren Standpunkt unbedingt durchsetzen wollen. In vielen Konflikten geht es so vorwiegend um Macht und Dominanz: Wer gewinnt, wer setzt sich durch und wer unterliegt und muss nachgeben? Wollen wir hingegen einen Austausch auf Augenhöhe, so hören wir unserem Kind zunächst zu und gehen auf das ein, was es sagt. Auf diese Art und Weise signalisieren wir ihm, dass wir es ernst nehmen und uns mit seinem Standpunkt auseinandersetzen. Wir verhalten uns respektvoll – so, wie auch wir selbst behandelt werden wollen.

- *Wir beziehen unser Kind in den Lösungsprozess mit ein.* Aus unserer routinierten Erwachsenensicht haben wir meist eingefahrene Vorstellungen, wie Dinge zu laufen haben. Kinder haben oft kreative Ansätze, wie man Probleme lösen kann. Ideen, auf die wir nicht kommen würden. Sie mögen manchmal vielleicht etwas ungewöhnlich oder auch umständlich sein, da die Kinder aber von ihnen überzeugt sind, werden sie sich an getroffene Abmachungen halten.

* Ein gutes Mittel, um nicht in den Reflex des Vorwurfs zu verfallen, sind sogenannte *Ich-Botschaften*. Nicht: »*Du kommst immer zu spät!*«, sondern »*Ich bin besorgt, wenn du nicht pünktlich kommst*«. Grundsätzlich ist es gut, wenn wir darüber sprechen, wie wir selbst fühlen und denken, anstatt uns darüber auszulassen, was unser Gegenüber falsch macht, und dies in vorwurfsvollen »Du-Botschaften« zu übermitteln. Nicht: Was macht der andere falsch? Sondern: Wie geht es mir in dieser Situation, und wie schaffe ich es, dies zu kommunizieren? Damit baue ich *eine Brücke zum Gegenüber*. Eine Brücke meiner dargelegten Bedürfnisse und Gefühle, über die der andere gehen und sein Verhalten entsprechend anpassen kann. Vorwürfe torpedieren die Möglichkeit der Verbindung – sie schaffen Ablehnung, Gegenvorwürfe und Distanz.

* *Den richtigen Moment wählen:* Ein wütender Grundzustand ist nie ein guter Moment für einen sachlichen und wertschätzenden Austausch. Sollten bei uns oder unserem Kind die Emotionen hochkochen, vertagen wir die Auseinandersetzung am besten auf einen Moment, in dem alle in der Lage sind, sich ruhig auszutauschen. Erwachsene, die in ihrer Kindheit Eltern erlebten, die sie anschrien, wenn es einen Konflikt gab, sind diese laute Form der Auseinandersetzung gewohnt. Für sie ist es eine bewusste Entscheidung, aus solchen aggressiven Mustern auszubrechen.

Kinder an Lösungsprozessen zu beteiligen, gibt ihnen ein Gefühl von Selbstwirksamkeit, und sie lernen, dass sie Einfluss auf die Geschehnisse ihres Lebens nehmen können. Eigene Gefühle, Bedürfnisse und Gedanken zu teilen und dann gemeinsam nach Lösungen zu suchen, schafft die Möglichkeit der Verbundenheit. Kinder haben so die Möglichkeit zu lernen, dass es in Konflikten nicht um Gewinnen oder Verlieren, sondern um Annäherung geht.

→ Emil, 8 Jahre

Zwischen Emil und seinen Eltern gab es ständig Streit, da er morgens zu lang trödelte und lieber an seinem Lego-Raumschiff baute (er hatte ein Bedürfnis nach Spiel und Kreativität), anstatt sich zügig anzuziehen. Seine Eltern drohten, ihm sein Lego wegzunehmen, sollte er es nicht schaffen, sich morgens pünktlich für die Schule fertig zu machen (die Eltern hatten ein Bedürfnis nach Pünktlichkeit und einem strukturierten Tagesablauf). Als seine Eltern tatsächlich zum letzten Mittel schreiten wollten und ihm seine Legobausteine entziehen wollten, machte er ihnen folgenden Vorschlag: »Ich gehe abends immer schon mit dem T-Shirt und Pullover ins Bett, die ich am nächsten Tag anziehen will. Hose und Socken lege ich am Abend neben das Bett und die ziehe ich dann schnell noch morgens an.« Ein ähnlicher Versuch, den seine Mutter vorgeschlagen hatte, nämlich die Kleider abends neben das Bett zu legen und sie morgens direkt anzuziehen, war bereits gescheitert. Die Eltern ließen sich auf Emils Vorschlag ein, und siehe da: Mit seinem eigenen, aus Erwachsenenperspektive etwas ungewöhnlichen Vorschlag klappte das morgendliche Anziehen ohne Probleme. Emil stand voll hinter seiner eigenen Idee und war stolz, selbst eine Lösung gefunden zu haben.

Durch konstruktives Konfliktverhalten lernen Kinder, dass man sich auseinandersetzen kann, ohne einander abzuwerten oder zu verletzen. Sie lernen, dass wir durch Annäherung die besten Lösungen für beide Seiten erreichen. Wenn sie für ihren Standpunkt einstehen können, ohne einen Liebesentzug befürchten zu müssen, machen sie die Erfahrung, dass sie selbst Einfluss auf Lösungen nehmen können. All dies trägt zu einem gesunden Selbstwert bei.

EINFÜHLSAM VERSTÄNDNIS UND KOOPERATION FÖRDERN

Alle Kinder durchleben Phasen und manchmal auch solche, in denen sie problematisches Verhalten an den Tag legen. Problematisch in dem Sinn, dass das Verhalten sie selbst und/oder andere belastet. Wir tun unseren Kindern sicherlich keinen Gefallen, wenn wir auf diesem Verhalten »herumreiten« und ein ständiges Augenmerk darauf richten. Ebenso wenig helfen wir ihnen, wenn wir es ignorieren, es nicht thematisieren oder sogar schönreden.

→ Jannis, 8 Jahre

Jannis war der ältere zweier Brüder. Er war ein fröhlicher Junge, begeisterungsfähig und sehr impulsiv. Dies brachte ihm immer wieder Probleme mit seinen Klassenkameraden ein. Bei gemeinsamen Aktivitäten hatte er Schwierigkeiten zu warten, bis er an der Reihe war, er unterbrach im Gespräch oft seine Gesprächspartner und hatte eine Menge überschüssige Energie, die andere Kinder oft abschreckte.

Seine Mutter beobachtete bei Verabredungen ihres Sohnes, dass es aufgrund seines Verhaltens manchmal zu Streitigkeiten zwischen seinen Freunden und ihm kam. Als sie ihn darauf ansprach, fand er keine Erklärung für die Streitigkeiten, außer, dass die anderen »doof und unfair« seien.

Da Jannis dieses impulsive Verhalten auch bei seinem kleinen Bruder zeigte, der bereits abwehrend auf ihn reagierte, nahm sich die Mutter vor, aktiv zu werden. Sie beobachtete Jannis auf dem Spielplatz oder bei einer Verabredung zu Hause, und nachdem es wieder zu Streitigkeiten gekommen war, besprach sie mit ihrem Sohn die Situationen. Sie machte ihn ganz konkret darauf aufmerksam, dass er sich immer das beste Spielzeug nahm und nicht wartete, bis er an der Reihe war (etwa beim Seilbahnfahren auf dem Spielplatz).

Sie fragte ihn in einem freundlichen und nicht vorwurfsvollen Ton, wie er es finden würde, wenn seine Freunde sich so verhielten und er immer das schlechteste Spielzeug bekäme und als Letzter an die Reihe käme. Spontan antwortete er: »Das fände ich saublöd!«

So besprach die Mutter, welche Regeln beim Spielen wichtig sind (mit den guten Spielsachen abwechseln, warten, bis man an der Reihe ist), und Jannis übte dieses Verhalten zu Hause mit seinem kleinen Bruder. Seine Mutter zeigte viel Geduld und schaffte es, ihren Sohn auf lustige und freundliche Weise auf sein Verhalten, mit dem er bei anderen aneckte, aufmerksam zu machen, und arbeitete mit ihm daran, dieses zu verbessern. Durch den Perspektivwechsel, den sie ihn hatte durchführen lassen, hatte sie seine Einsicht erreicht, dass sein Verhalten für andere unangenehm war. Außerdem half sie Jannis durch ihre klare Definition von Regeln und liebevollen Rückmeldungen, an seinem Verhalten zu arbeiten. Jannis war nach wie vor ein temperamentvoller und energetischer Junge, er schaffte es aber mit der Unterstützung seiner Mutter, seine impulsiven Verhaltensweisen besser zu steuern und somit positivere Erfahrungen in Spielsituationen zu erleben.

Dieses Beispiel zeigt, dass unsere Kinder auf unsere Hilfe angewiesen sind, um sich ihres problematischen Verhaltens bewusst zu werden und daran zu arbeiten. Mal abgesehen davon, dass keiner von uns sich gern mit seinen Schwachpunkten befasst, fehlt gerade jüngeren Kindern häufig das Bewusstsein und das entsprechende Verständnis, dass sie sich unangemessen oder ungeschickt verhalten und andere Menschen so vor den Kopf stoßen. Oder sie merken schon, dass sie irgendetwas nicht ganz richtig machen, weil sie häufig anecken, aber sie wissen nicht genau, was es ist. Dann kommt es zu Aussagen wie: *»Die anderen sind doof und unfair«*, denn sie sind altersgemäß zu einer Analyse ihres Verhaltens nicht in der Lage. Wenn wir unsere Kinder aber beobachten und ihr Verhalten mit unserem Erwachsenenverstand analysieren, können wir ihnen wertvolle Hinweise geben. Wir können sie konkret dabei unterstützen, an ihren Schwächen zu arbeiten, bevor diese sich zu starren Mustern verfestigen und ihren Selbstwert schwächen durch die Ablehnung, die sie aufgrund ihrer Verhaltensweisen erfahren.

SO UNTERSTÜTZEN WIR UNSERE KINDER

- Wir wissen es von uns selbst – am empfänglichsten sind wir für Kritik, wenn sie *empathisch und konstruktiv* vorgetragen wird. Dies geht nur, wenn wir ausgeglichen auf unser Kind zugehen, also nicht aggressiv oder vorwurfsvoll. Merken wir, dass wir sehr verärgert über sein Verhalten sind, sollten wir uns erst einmal beruhigen, um dann zu einem späteren Zeitpunkt in ausgeglichener und liebevoller Stimmung auf unser Kind zuzugehen.

- Wir sollten *maßvoll* reagieren – also nicht permanent auf unser Kind »einhämmern«, sondern etwas besprechen und es dann für den Moment gut sein lassen.

- Es ist hilfreich, sich auf *konkrete, für das Kind gut erinnerbare Situationen* zu beziehen: Am besten sprechen wir in Ruhe über eine bestimmte Situation der jüngeren Vergangenheit. Anhand dieser können wir das Verhalten aufgreifen, das unserer Meinung nach problematisch erscheint: *»Hast du gemerkt, dass du dich eben vorgedrängelt hast? Eigentlich war Lukas vor dir dran.«* In diesem Sinn sollten wir auch Verallgemeinerungen meiden im Sinne von: *»Immer drängelst du dich vor.«*

- *Keine »Generalverurteilung«:* Wir sollten differenzieren zwischen dem Verhalten unseres Kindes und seiner Person – nicht *»Du bist unmöglich«*, sondern *»Mir ist aufgefallen, dass du deine Schwester eben sehr laut angeschrien hast. Das hat sie erschreckt«*.

- Wir sollten *sachlich und nicht abwertend* formulieren. Nicht: *»Du bist ja ein frecher Vordrängler!«*, sondern *»Mir ist aufgefallen, dass du nicht abwartest, bis du an der Reihe bist«*.

- Je konkreter, desto besser: Wir sollten *konkrete Hilfestellungen* bieten, die unser Kind unterstützen, sein Verhalten zu verändern. Im obigen Beispiel waren es Regeln, die die Mutter mit ihrem Sohn aufstellte und die ihm zeigten, welches Verhalten erwünscht war.

- *Dranbleiben:* Entscheidend ist, dass wir auf liebevolle Art und Weise an der Thematik dranbleiben. Wir sollten unserem Kind Rückmeldungen geben – positive, wenn wir merken, dass es sich anstrengt, um sein Verhalten zu verbessern. Korrigierende, wenn wir beobachten, dass es das problematische Verhalten an den Tag legt. Oft fokussieren wir uns nur auf das problematische Verhalten und lassen das positive Verhalten unkommentiert, dabei ist es genauso wichtig, unser Kind wissen zu lassen, dass wir die Anstrengung, mit der es sein Verhalten zu verändern versucht, wahrnehmen: *»Ich habe gesehen, dass du heute immer gewartet hast, bis du an der Reihe warst!«*

- Auch *Humor* hilft viel. Man kann gemeinsam mit dem Kind ein Fantasiewesen erfinden, das mit dem schwierigen Verhalten assoziiert wird: zum Beispiel ein schnaubender Drache oder ein kleiner Wutkobold. Diese Wesen sollten nie beleidigend sein, sondern liebevoll gewählt werden. Du kannst dir gemeinsam mit deinem Kind eine Figur ausdenken und dann zum Beispiel fragen: *»Ist jetzt gerade wieder der Drache Daniel Drängel aktiv?«* Oder: *»Hat da gerade der Kobold Willi Wüterich geschubst?«* Darüber können Kinder oft lachen, und es hilft ihnen, ihr Verhalten mit etwas Abstand zu betrachten, um es dann auch zu regulieren.

Alles hat zwei Seiten: Häufig kann man an einem problematischen Verhalten auch etwas Positives erkennen. Im obigen Beispiel von Jannis stellte sich sein impulsives Verhalten in Spielsituationen mit anderen Kindern als schwierig dar. Gleichzeitig bedeutete seine Impulsivität aber auch ein hohes Maß an Energie und ein lebendiges Temperament. So war Jannis grundsätzlich ein energetischer, fröhlicher und begeisterungsfähiger Junge.

Man kann einem Kind durchaus erklären, dass das hohe Maß an Energie, das ihm zur Verfügung steht, manchmal für andere unangenehm ist und dass man deshalb mit ihm übt, wie es sein Verhalten so steuern kann, dass diese viele Energie nicht problematisch für seine Mitmenschen ist. Man kann ihm aber ebenso vermitteln, dass diese viele Energie auch toll ist, beispielsweise, wenn Jannis sich mit voller Kraft und Begeisterung neuen Situationen öffnet, und dass sein lebendiges Temperament liebenswert und inspirierend ist. Ein Kind hat so die Möglichkeit zu verstehen, dass es nicht darum geht, dass es »falsch« wäre, sondern darum, dass wir versuchen, ihm zu helfen, sich mit den Besonderheiten seines Temperaments auf die anderen Kinder einzustellen, damit es besser mit ihnen zurechtkommt. Spürt unser Kind unsere Akzeptanz und Liebe, so ermöglicht ihm dies, auch selbst akzeptierend auf seine Besonderheiten zu blicken und sich deshalb nicht abzuwerten. Es bietet ihm die Möglichkeit, diese als Anteil seiner grundsätzlich liebenswerten Persönlichkeit anzunehmen.

Speziell Kinder, die mit problematischen Verhaltensweisen zu kämpfen haben, sind abhängig von unserem liebevollen Blick auf sie, von unserer liebevollen Haltung, damit sie nicht über sich die Einstellung: *Ich bin falsch, etwas stimmt nicht mit mir* entwickeln, sondern: *Ich habe Stärken und Schwächen und bin liebenswert, so wie ich bin.*

Wenn sich problematische Verhaltensweisen unserer Kinder zu Mustern entwickeln, tun wir ihnen einen großen Gefallen, wenn wir sie nicht in gedankliche Schubladen einsortieren, in denen wir sie mit

Etiketten wie ängstlich/aggressiv/impulsiv/perfektionistisch … versehen. Nach dem Motto: Sie ist nun einmal ein ängstliches Häschen, da kann man nichts machen/Er ist halt so ein impulsiver Rabauke, das wird er nie lernen … Auch wenn in Kindern gewisse Eigenschaften ihres Temperaments angelegt sind, so sind sie Persönlichkeiten in Entwicklung und benötigen manchmal unsere Unterstützung, damit sich entwicklungshemmende Muster nicht zu sehr verfestigen.

Wenn dein Sohn also beispielsweise wiederholt Herausforderungen nicht annimmt, die du und andere ihm durchaus zutrauen würden, weil er Angst hat, eine Niederlage zu erleben. Oder wenn deine Tochter etwa häufig mit anderen Kindern in Streitereien gerät und sich deshalb andere Kinder nicht mehr mit ihr verabreden möchten und sie darüber traurig ist: In solchen Fällen haben sich schwächende Verhaltensweisen unserer Kinder zu Mustern verfestigt, unter denen sie leiden, aus denen sie aber allein meist nicht herausfinden.

In diesen Situationen unterstützen wir unsere Kinder, wenn es uns gelingt, bei ihnen Eigenschaften zu fördern, die diesen belastenden Verhaltensmustern entgegenwirken – sozusagen als natürliche Verhaltens-Gegenpole. Wenn wir feststellen, dass unser Kind zum Perfektionismus neigt, besteht der natürliche elterliche Reflex darin, unser Kind für seinen Perfektionismus zu loben. Dadurch verstärken wir dieses Verhalten. Da Perfektionismus sich schnell zu einer Eigenart entwickeln kann, unter der Kinder leiden können, wäre es hilfreich, hier die Gelassenheit und das Vertrauen unseres Kindes zu fördern. Neigt es zur Ängstlichkeit, so sollten wir versuchen, seinen Mut und seine Abenteuerlust zu fördern. Tendiert es zur Impulsivität, so sollten wir uns viel Zeit nehmen, um seine Geduld zu fördern.

Statt unser Kind mit negativen Rückmeldungen von seinem schwächenden Verhaltensmuster abbringen zu wollen, sollten wir versuchen, Anregungen für stärkende Verhaltensweisen zu geben:

Statt: »*Du musst nicht so ängstlich sein.*«
»*Versuch, den Weg bis an die Ecke allein zu gehen, ich warte hier und winke, wenn du angekommen bist.*«

Statt: »*Sei nicht so ungeduldig und vorschnell, husch nicht so über deine Aufgaben.*«
»*Lass uns gemeinsam zehn Minuten Zeit nehmen, um diesen Absatz ganz in Ruhe durchzulesen.*«

Statt: »*Sei nicht so perfektionistisch und übergenau!*«
»*Du brauchst nicht noch mal deine Aufgaben zu kontrollieren, vertrau darauf, dass du sie gut genug gemacht hast, und lass uns lieber einen Spaziergang machen.*«

Damit Verhaltensmuster sich nicht einseitig verfestigen, ist es gut, wenn wir Kindern möglichst konkrete Verhaltensalternativen aufzeigen, die den schwächenden Mustern entgegenwirken. Gleichzeitig ist es auch hilfreich, wenn wir unseren Kindern erklären, weshalb diese Alternativen gut für sie sind. Du kannst deinem ängstlichen Sohn erklären, dass viele Kinder ängstliche Phasen durchleben und dass das in gewisser Weise »normal« ist. Dass es aber gerade ängstlichen Kindern guttut, sich kleinen Herausforderungen zu stellen und schrittweise zu merken, dass sie mehr schaffen, als sie dachten. Du kannst deiner perfektionistischen Tochter erläutern, dass es toll ist, wenn Menschen leistungsbereit sind und sich anstrengen, dass man es aber auch übertreiben kann mit der Perfektion und dass sie einen dann zu viel Kraft kostet. Und dass deshalb auch Vertrauen und Zuversicht wichtige Eigenschaften sind, die man übt, wenn man irgendwann die Aufgaben liegen lässt und einfach sagt, dass es jetzt gut ist, so wie es ist.

Kinder brauchen oft unsere Hilfe und unsere Erklärungen, um diese Zusammenhänge zu verstehen, ihre Muster zu erkennen und überhaupt zu begreifen, dass sie sich mit diesen Mustern schwächen und ausbremsen. Mit dieser Unterstützung können sie das Vertrauen entwickeln, dass es ihnen gelingen kann, für sie schwächende Muster zu überwinden.

Ich möchte an diesem Punkt noch einmal betonen, dass es hier nicht darum geht, Persönlichkeiten zu ändern, sondern darum, unsere Kinder bestmöglich in ihren Entwicklungsaufgaben zu unterstützen. Letztendlich helfen wir unseren Kindern, eine Haltung der Selbstannahme zu entwickeln, wenn wir ihnen vermitteln: Mit diesem Verhalten machst du dir das Leben schwer, und ich kann dich dabei unterstützen, dies zu ändern, sodass du es ein bisschen leichter hast. Und sei dir gewiss: Ich liebe dich genauso, wie du bist.

Ich denke, es ist für Kinder sehr wichtig, diesen annehmenden Satz so ausgesprochen tatsächlich auch von ihren Eltern zu hören, weil er ihnen eine grundlegende Geborgenheit vermittelt.

FRUSTRATIONEN VERMEIDEN: ERKLÄRUNGEN STATT ANSAGEN

Kinder als eigenständige Persönlichkeiten auf Augenhöhe zu behandeln, bietet den Nährboden für einen guten Selbstwert. Aber was genau bedeutet das im Umgang mit einem Kind? Diese Haltung impliziert, dass wir unsere Kinder als gleichwürdige Menschen behandeln. Nur weil sie jünger sind und ihre Gehirne und Körper noch nicht so ausgereift sind wie die eines Erwachsenen, sind sie keine minderwürdigen Menschen. Wir überhöhen sie auch nicht und übertragen ihnen keine Verantwortung, die sie aufgrund ihres jungen Alters nicht tragen können und sollen. Wir behandeln sie auf Augenhöhe, das heißt, wir nehmen sie ihrem Alter gemäß auf angemessene Weise ernst und gehen entsprechend auf sie ein.

Wie in den vorangestellten Kapiteln beschrieben, bedeutet das, dass wir unsere Kinder altersangemessen Entscheidungen treffen lassen, wann immer es möglich ist. Dass wir uns für ihre Bedürfnisse und Ansichten interessieren und ihnen gegenüber Wertschätzung ausdrücken. Es heißt auch, dass wir, wenn wir Entscheidungen fällen, die unsere Kinder und ihren Alltag betreffen, altersgerecht erklären, warum wir sie fällen.

Gefühle der Ablehnung, Angst oder Wut entstehen bei Kindern häufig, weil sie unsere Entscheidungen schlichtweg nicht verstehen. Ihr ursächliches mangelndes Verständnis hinter ihren Gefühlen können sie selbst oft nicht erkennen und daher auch nicht formulieren. Sie können nur ihr frustriertes Gefühl als Reaktion auf unsere Entscheidung zum Ausdruck bringen. Eltern reagieren dann auf die Gefühle ihrer Kinder oft hilflos und mit Unverständnis. Dies sind Situationen, die sich oft aus Nichtigkeiten heraus zu Dramen entwickeln können.

Unser Kind auf Augenhöhe zu behandeln, bedeutet auch, uns in sein Verständnis der Welt hineinzuversetzen und ihm Situationen, die uns selbstverständlich erscheinen, zu erklären. So können wir viele Frustrationen vermeiden.

→ Bianca, 28 Jahre, Mutter von Claas, 3 Jahre

Bianca hatte nach einer kinderärztlichen Untersuchung erfahren, dass der BMI (Body Mass Index) ihres Kindes zu hoch war, ihr Sohn also für seine Körpergröße zu schwer und dementsprechend übergewichtig war. Sie hatte die Empfehlung erhalten, die Ernährung ihres Sohnes umzustellen, und nahm sich vor, das Essen gesünder und mit mehr Obst und Gemüse statt mit vorwiegend kohlehydrathaltigen Nahrungsmitteln zuzubereiten und die Süßigkeiten zu reduzieren. Als Erstes leerte sie die Schublade in der Küche aus, von der sich

Claas bisher ungefragt und selbstständig mit Süßigkeiten versorgen konnte. Als ihr Sohn auf die leere Schublade mit wütendem Geschrei reagierte, versuchte sie, ihn erst zu trösten, sie nahm ihn in den Arm und erklärte, es sei doch nicht so schlimm, mal weniger Süßigkeiten zu essen, Mama und Papa würden jetzt auch weniger naschen. Als er nicht aufhörte zu schreien, erlaubte sie ihm, »ausnahmsweise« vor der abendlichen Fernsehstunde kurz fernzusehen. Sie lenkte ihn ab und er beruhigte sich. Warum sie die Schublade geleert hatte, erklärte sie mit keinem Wort.

Zugegebenermaßen ist es schwierig, einem Dreijährigen etwas so Attraktives wie den unbegrenzten Zugang zu Süßigkeiten zu entziehen und ihm dann auch noch das Thema gesunde Ernährung zu erklären. Sicherlich hätte Claas auch frustriert reagiert, wenn seine Mutter dies getan hätte, er wäre aber gewiss motivierter gewesen, sich auf das neue Essensangebot einzulassen, wenn sie ihm die positiven Folgen gesunder Ernährung und die negativen Folgen ungesunder Ernährung altersgerecht erklärt hätte.

Hätte sie ihm zudem im Rahmen dieser Veränderung Wahlangebote gelassen, hätte er nicht nur das Gefühl gehabt, dass ihm etwas entzogen würde, sondern auch, dass er einen Teil Kontrolle bewahren würde. Sie hätte ihm beispielsweise erklären können, dass es in Zukunft einen süßen Snack, wie einen Pudding oder Joghurt seiner Wahl, zu einem bestimmten Zeitpunkt des Tages gebe und dass er sich außerdem aussuchen könne, welches Obst er gern als Snack hätte. Claas wäre sicherlich motivierter gewesen zu kooperieren, da er ein gewisses Mitspracherecht gehabt hätte. Ohne jegliche Erklärung empfand er das Leeren der Schublade nachvollziehbarerweise als Bestrafung und reagierte entsprechend.

Seine Mutter schilderte, dass sie Angst vor seiner Reaktion hatte und gar nicht über eine Erklärung ihrer Entscheidung nachgedacht hatte. Sie erkannte, wie sie ihren eigenen Erziehungsstil auf ihr Kind übertrug: Sie sei mit »Ansagen« ihrer Eltern aufgewachsen und habe es bei ihrem Sohn genauso gehandhabt.

Oft fürchten Eltern Diskussionen um Themen, von denen sie wissen, dass ihre Kinder negativ darauf reagieren werden. Sie nehmen eine vermeintliche Abkürzung und machen Ansagen ohne Erklärungen oder versuchen, ihre Kinder durch Ablenkungen von deren emotionalen Reaktionen wie Enttäuschung, Wut oder Traurigkeit abzubringen.

Letztendlich erreicht man durch diese »Abkürzungen« meist kurze Phasen des Gehorsams, aber keine intrinsische Kooperation. Wird ein Kind übergangen und wird über es bestimmt, wird es folgen, weil es das muss, aber nicht, weil es davon überzeugt ist. Wird es durch Angenehmes von den als unangenehm empfundenen Folgen einer Entscheidung abgelenkt, ist es vorübergehend folgsam, aber auch hier kooperiert es nicht aus Überzeugung. Der Umweg der Erklärung, auch wenn sie und die meist folgende Diskussion für den Moment mehr Gedanken, Energie, Geduld, Empathie und Zeit der Eltern erfordern, ist in der Regel der Weg, der zu einer Kooperation führt, die auf einem Verständnis des Kindes beruht. Dies ist eine Kooperation, die auf einem solideren Fundament fußt als das Folgen aus Gehorsam vor der Autorität der Entscheidungen der Eltern oder Folgsamkeit aufgrund manipulativer Ablenkung des Kindes.

Entscheidend kommt hinzu, dass ein Gehorsam ohne intrinsische Motivation nicht zu einer Stärkung des kindlichen Selbstwertes führt: Ein Kind, das »Ansagen« befolgt, ohne verstanden zu haben, weshalb, handelt nicht aus eigenem Willen, es verspürt keine Kontrolle über sein Tun, sondern folgt, weil es dies muss. Ein Kind, das im Rahmen seines Entwicklungsstands verstanden hat, weshalb es etwas so tut, wie die Eltern es ihm vorschlagen, hat die Möglichkeit, eine Einsicht für sein Tun zu entwickeln. Es versteht, warum es auf eine bestimmte Art und Weise handelt, und tut dies nun auch aus eigenem Verständnis und Willen heraus. Es erlangt so ein Gefühl der Kontrolle über sein willentliches Handeln, das sich sehr unterscheidet von einem Handeln aus purer Folgsamkeit. Ein Kind, dem man erklärt, warum bestimmte Dinge gemacht werden müssen, wie sie gemacht werden, ist ein Kind, das man als Gesprächspartner ernst nimmt.

Auf Augenhöhe angesprochen und zum Nachdenken angeregt zu werden, fördert den Selbstwert des Kindes. Durch Ansagen, die das Kind – ohne eine Erklärung und ohne die Möglichkeit eines Austausches – zu befolgen hat, wird Gehorsam und Anpassung gefördert, nicht Reflexion, Verständnis und Kooperation.

Ich möchte hier nicht missverstanden werden – natürlich kann man im hektischen Familienalltag nicht jede Handlung, die man von seinem Kind erwartet, erklären und begründen. Es gibt aber täglich so viele kleine und dann auch große Entscheidungen, bei denen altersgerechte Erklärungen auf Augenhöhe einen riesigen Unterschied im Selbstverständnis des Kindes machen können. Diese Haltung wirkt sich nicht zuletzt entscheidend auf die Qualität der Eltern-Kind-Beziehung aus.

Kinder sind bereit zu kooperieren. Wir müssen ihnen nur die Möglichkeit dazu geben.

Häufig wird von Eltern argumentiert, dass nicht genug Zeit da sei, um Kindern so vieles zu erklären. Doch ich habe die Erfahrung bei mir, aber auch bei sehr vielen anderen Eltern gemacht, dass man die Zeit, die man zu einem Zeitpunkt in Erklärungen und möglicherweise auch Diskussionen um ein Thema investiert, zu einem anderen Zeitpunkt »geschenkt« bekommt. Hat ein Kind verstanden, warum man gern hätte, dass es dieses oder jenes auf diese oder jene Art und Weise tut, und ist es einverstanden damit, so spart man sich zu späteren Zeitpunkten oft Auseinandersetzungen, die von einem kindlichen Unverständnis und/oder Widerwillen herrühren. Ich erinnere mich an manche Situation, in der ich meinen Kindern abgehetzt und angespannt Ansagen machte und sie mit Widerwillen darauf reagierten. Wenn ich in der inneren Verfassung war, das Ganze aus der Metaperspektive betrachten zu können, so erkannte ich: Na klar reagieren sie genervt. Wenn jemand so mit mir sprechen würde, wäre ich auch nicht motiviert. Wann immer es mir gelang, durchzuatmen und den vermeintlichen Umweg der Erklärung zu nehmen, entspannte sich die Situation.

WIE GEHT MAN MIT KRÄNKUNG UM?

Der Umgang mit Kränkungen ist ein so wichtiges Thema, dass er im Schulunterricht ausführlich behandelt werden sollte, denn er ist von existenzieller Bedeutung für das menschliche Miteinander. Wir alle werden gekränkt und kränken andere. Das ist unausweichlich und liegt in der Natur des Menschen. Nicht unausweichlich ist der unangemessene Umgang mit Kränkungen, der Verletzungen verstärkt und Konflikte intensiviert.

Ich bin der Überzeugung, dass viele Erwachsene nie gelernt haben, wie sie angemessen, also idealerweise selbstwirksam mit Kränkungen umgehen können. Auch ich bemühe mich immer wieder, angemessen auf empfundene Kränkungen zu reagieren. Ich schreibe bewusst »empfunden«, denn vieles, was wir als Kränkung empfinden, war vom Absender nicht so intendiert. Das Ergebnis dieses häufig unangemessenen Umgangs ist, dass unglaublich viele zwischenmenschliche Konflikte aus den empfundenen Kränkungen und unserem Umgang damit entstehen. Eltern können ihren Kindern einen unermesslich wertvollen Dienst erweisen, wenn sie sie dabei unterstützen, angemessen mit Kränkungen umzugehen.

Manche Kinder sind relativ robust und stecken Kränkungen leichter weg als andere. Andere Kinder sind sensibler und haben größere Schwierigkeiten, mit Gefühlen der Kränkung umzugehen. Auch ist die Schwelle der Kränkbarkeit aus unterschiedlichen Gründen – Veranlagung, gutes Selbstwertgefühl, Erziehung – bei einigen Kindern höher als bei anderen. Manche Kinder werden schon durch vermeintliche Kleinigkeiten aus der Bahn geworfen, andere lassen sich nicht so schnell aus ihrer Mitte bringen. Selbstunsichere Menschen sind besonders leicht kränkbar. Wer sich selbst als nicht liebenswert, als nicht wertvoll, als nicht »richtig« empfindet, unterstellt anderen häufig, dass sie in ähnlich abwertender Form über ihn urteilen.

Wer gekränkt ist, reagiert meist nicht konstruktiv. Er oder sie wird:

- laut
- aggressiv
- abweisend
- vorwurfsvoll
- passiv-aggressiv
- traurig und zieht sich zurück.

Es gibt die lauten und den anderen angreifenden Reaktionen und die rückzügigen, den anderen mit Nichtbeachtung oder Liebesentzug strafenden Reaktionen. Oft übernehmen wir diese Muster – unbewusst – von unseren Eltern. Diese Reaktionen führen nicht zu einem Gefühl der Selbstwirksamkeit, sondern sind eher Ausdruck von Hilflosigkeit.

Durch unsere gekränkte Reaktion machen wir es unserem Gesprächspartner schwer, einfühlsam mit uns umzugehen, denn wer laut, zurückgezogen oder bockig reagiert, stößt sein Gegenüber meist so vor den Kopf, dass diese Person sich zurückzieht oder die unangemessene Reaktion kritisiert. Dann wiederum fühlt sich die gekränkte Person in ihrer Einschätzung bestätigt, dass die andere Person nicht viel von ihr hält, und ihr Selbstwertgefühl wird geschwächt. Der Konflikt, der durch die empfundene Kränkung ausgelöst wurde, wird nicht gelöst, und die Kränkung wird verstärkt.

Wie reagiert man denn nun angemessen und selbstwirksam auf eine Kränkung? Zugegebenermaßen ist eine »ideale« Reaktion bei Kränkung kaum möglich – denn Kränkung bedeutet nun einmal, dass wir in unseren Gefühlen verletzt sind und uns dementsprechend geschwächt und nicht in unserer Mitte fühlen, aus der heraus wir souverän und gelassen reagieren könnten.

Um die Situation zu klären, sollten wir mit dem umgehen, was wir in solchen Momenten oft zu vermeiden versuchen – mit unseren Gefühlen.

In Momenten der Kränkung ist es hilfreich, auf seine Gefühle

- zu achten
- sie zu erkennen
- sie zu benennen.

Nur, wenn ich auf meine Gefühle achte, kann ich sie erkennen und in der Folge auch benennen:

- *als Allererstes vor mir selbst*: Werde ich mir über die unangenehmen Gefühle bewusst, die mich aus meiner Mitte reißen, habe ich die Möglichkeit, damit umzugehen. Ich kann mich fragen: Welche Gefühle löst die Kränkung in mir aus? Traurigkeit, Wut, Unsicherheit, Minderwertigkeitsgefühle? Weshalb fühle ich mich gekränkt? Diese Gefühle sind allesamt unangenehm. Wenn ich analysiere und verstehe, weshalb diese unangenehmen Emotionen in mir hochkommen, bin ich ihnen nicht hilflos ausgeliefert. Besonders hilfreich ist es, wenn es gelingt, die hinter den belastenden Gefühlen stehenden Bedürfnisse zu erkennen und sich somit mehr mit sich selbst und weniger mit Anfeindungen gegen die Person, die die Kränkung ausgelöst hat, zu beschäftigen. Der typische Reflex in einer Kränkungssituation besteht darin, sich mit den Fehlern und der Abwertung der kränkenden Person zu beschäftigen: »*Meine Freundin ist blöd, denn sie hat mich in letzter Sekunde im Stich gelassen und mir nicht wie versprochen bei den Hausaufgaben geholfen.*« Hilfreicher ist es, im inneren Dialog die vier Schritte der Gewaltfreien Kommunikation auf die eigene Situation anzuwenden: eine objektive Beschreibung der Situation vornehmen, das eigene Gefühl sowie das eigene Bedürfnis benennen und eine Bitte formulieren, die man an den anderen hat: »*Meine Freundin hat unsere Verabredung kurzfristig abgesagt. Ich bin enttäuscht, denn meine Bedürfnisse sind Unterstützung, Freundschaft und Zuverlässigkeit. Ich werde meine Freundin bitten, ihre Zusagen in Zukunft einzuhalten.*« Für Kinder ist das eine schwierige Reflexion, denn Bedürfnisse sind etwas Abstraktes und schwer zu Benennendes. Wir können sie aber durch Fragen anleiten zu überlegen, was genau passiert ist (objektive Beobachtung statt wütender Beschuldigungen), wie sie sich fühlen (Gefühl), was sie brauchen, damit sie sich gut fühlen (Bedürfnis), und worum sie den anderen bitten wollen (Bitte). Leiten wir unsere Kinder an, in dieser Form Kränkungssituationen zu betrachten, schafft das etwas Distanz, und sie werden von ihren Gefühlen nicht überrannt, sondern sind in der Lage, selbstwirksam mit der unangenehmen Situation umzugehen. Das erfordert viel Übung und auch Geduld mit sich selbst. Eine Liste mit Bedürfnissen an die Küchenwand zu hängen, hilft der Familie, sich mit gängigen Bedürfnissen vertraut zu machen und zu überlegen, um welche Bedürfnisse es in der jeweiligen Situation genau geht.[17]

- *vor den anderen:* Wenn ich meine Beobachtung, Gefühle, Bedürfnisse und Bitte kommuniziere, bin ich in der Lage, Verbindung herzustellen. Ich kann mich und meine Kränkung erklären und so eine Brücke zu meinem Gegenüber schlagen. Offenbare ich mich, so schaffe ich Gelegenheit, gemeinsam Lösungen der Heilung zu entwickeln. Reagiere ich in hilflosen Mustern der Aggression oder des Rückzugs, so offenbare ich mich nicht. Ich spreche nicht über meine Gefühle der Verletzung, sondern greife den anderen an – entweder aggressiv und vorwurfsvoll oder rückzügig und passiv-aggressiv. Eine gemeinsame Lösung der Situation wird mit diesen Mustern schier unmöglich. Achte, erkenne und benenne ich meine Gefühle und Bedürfnisse, so kommuniziere ich in Ich-Botschaften. Ich spreche darüber, wie es mir geht und was ich brauche. Ich gebe durch meine Offenbarung dem anderen die Gelegenheit, einfühlsam und heilend darauf einzugehen. Greife ich den anderen an, so sende ich vorwurfsvolle Du-Botschaften, die meist zu einer Spirale aus Vorwürfen und Gegenvorwürfen führen. Spreche ich über meine Gefühle, so erfordert dies ein Vertrauen in die andere Person, ein Vertrauen darin, dass sie sorgsam und konstruktiv mit meiner Offenbarung umgeht. Menschen, die nicht in der Lage sind, über ihre Gefühle zu sprechen, fehlt oft das Vertrauen in ihr Gegenüber. Oft sind es Erwachsene, auf deren Gefühle in ihrer Kindheit nicht einfühlsam und heilend eingegangen wurde. Sie haben gelernt, sich zurückzuziehen, um sich vor Verletzungen und Enttäuschungen zu schützen.

Wenn du beobachtest, dass dein Kind leicht kränkbar ist, dass es also leicht die Fassung verliert – weint, schreit, beleidigt oder rückzügig reagiert –, so versuche behutsam, der Kränkung auf den Grund zu gehen.

Kinder merken häufig nur, dass sie von belastenden Gefühlen überwältigt werden – sie sind aber spontan meist nicht in der Lage zu verstehen, was genau mit ihnen los ist. Sie fühlen nur unangenehme Gefühle wie Wut, Scham oder Traurigkeit, die durch die Kränkung ausgelöst wurden. Sie können die Gefühle und die empfundene Kränkung aber nicht benennen und einordnen. Ihr Verhalten ist Ausdruck ihrer Gefühle. Es ist nun einmal für einen Vierjährigen schwierig, zu erkennen und zu benennen, dass er sich so wütend auf den Boden schmeißt, weil er auf seine Babyschwester eifersüchtig ist; und auch einer Zehnjährigen wird es nicht leichtfallen, zu erkennen und zu erklären, dass sie beleidigt reagiert, weil der Vater das Bild der großen Schwester mehr gelobt hat als das ihrige. Oft gehen wir Erwachsenen nur auf das emotionale Verhalten der Kinder ein, das Ausdruck ihrer gekränkten Gefühle ist, die sie in dem Augenblick zu benennen nicht in der Lage sind. So reagieren Eltern auf kindliche Wutanfälle, Zickigkeit, Bocken oder Aggression meist mit Regulierung – wir gehen auf das – in unseren Augen – unangemessene Verhalten ein und versuchen, unser Kind dazu zu bringen, dieses Verhalten einzustellen. Wir reden begütigend auf das wütende/zickige/bockige/aggressive Kind ein und hoffen, dass es wieder zu einem ausgeglichenen Verhalten findet. Oder wir kündigen Konsequenzen an, sollte sich unser Kind nicht beruhigen. Oder versprechen Belohnungen, sollte es sich besser benehmen. Benimmt es sich wieder ausgeglichen, so befassen wir uns meist nicht weiter mit der Ursache des aus unserer Sicht unangemessenen Verhaltens.

Auf diese Art und Weise lernt unser Kind, welches Benehmen sozial erwünscht ist. Die Gefühle und Ursachen seiner Kränkung zu erkennen und wie es damit umgehen könnte, lernt es nicht. Wenn es aggressiv, zickig oder beleidigt reagiert, können wir versuchen, unser Kind dabei zu unterstützen, herauszufinden und zu verstehen, warum es so gekränkt reagiert. Statt ihm zu sagen, was es gerade nicht gut macht, und es anzuweisen, sich zu benehmen, könnten wir liebevoll auf es eingehen und es fragen, was es denn gerade so verletzt hat, dass es so schreien muss/so genervt/so unfreundlich reagieren muss.

Und das Verb »muss« ist hier tatsächlich meist angemessen – denn das Kind ist so hilflos und von den Gefühlen seiner Kränkung überwältigt, dass es einfach nicht weiß, wie es sonst reagieren könnte. Wir können ihm aber helfen, andere Reaktionsmuster zu entwickeln.

Entscheidend ist – und das ist in solchen Momenten, in denen das Verhalten unseres Kindes an unseren Nerven zieht, eine große Herausforderung –, dass wir die Frage nach dem Grund seines Verhaltens nicht als Vorwurf formulieren, sondern mit ehrlichem und liebevollem Interesse.

Im Moment der Kränkung fühlt sich ein Kind einfach nur allein, hilflos und unverstanden.

Wenn wir es schaffen, eine liebevolle Verbindung zu ihm aufzubauen, und ihm dabei helfen, seine Gefühle zu erkennen und zu benennen, helfen wir ihm, sich aus dem »Gefängnis der Kränkung« zu befreien, aus dem das Entkommen ohne Hilfe schwierig ist.

Manchmal eskaliert die Situation so sehr, dass man einem Kind erst einmal Zeit geben muss, sich zu beruhigen. Ist etwas Zeit vergangen und es ist wieder in seiner Mitte, so sind die meisten Erwachsenen und auch Kinder froh, wenn das Konfliktthema abgehakt ist. Belastenden Themen aus dem Weg zu gehen, ist eine normale menschliche Tendenz – wir alle versuchen, uns nicht mit unangenehmen Erfahrungen zu konfrontieren. Da dies aber nur kurzfristig für Harmonie sorgt und nicht langfristig für einen selbstwirksamen Umgang deines Kindes mit Kränkungen, solltest du die Situation in einem wohlwollenden Gespräch noch einmal aufgreifen – dann, wenn alle Beteiligten entspannt und ruhig sind. Ein guter Moment ist oft der Zeitpunkt des Zubettbringens, an dem man den Tag noch einmal Revue passieren lassen kann.

Wenn Kinder lernen zu erkennen, welche unangenehmen Gefühle der Kränkung sie empfinden und was die Auslöser dieser

Gefühle sind, können sie lernen, sich mitzuteilen, statt in den immer gleichen hilflosen Mustern des gekränkten Verhaltens zu reagieren und dadurch die Situation und ihre Gefühle der Kränkung zu verschlimmern.

→ Lea, 34 Jahre, Mutter von Nina, 2, und Henry, 5 Jahre
Lea und Nina machen gemeinsam ein Puzzle-Spiel für Kleinkinder. Sie haben Spaß zusammen, und Nina jauchzt vor Freude, immer wenn sie ein Teil eingesetzt hat. Lea lobt sie und freut sich mit ihr. Heinrich spielt im selben Raum mit seinen Spielzeugautos und fängt plötzlich an, sie umherzuwerfen. Lea reagiert verärgert und weist ihn an, damit aufzuhören. Er stampft wütend auf und verlässt den Raum, die Tür hinter sich zuknallend. Ziemlich sauer läuft die Mutter ihrem Sohn hinterher und teilt ihm verärgert mit, dass er bis zum Abendessen in seinem Zimmer bleiben soll. Als es wenig später Zeit zum Abendessen ist, ruft Lea Henry zum Essen. Er kommt freudig erleichtert und freundlich an den Esstisch und auch die Mutter ist wieder freundlich und zugewandt. Alle sind erleichtert über die wiederhergestellte Harmonie und Ruhe. Die Situation wird nicht mehr besprochen.

Sicherlich hat Henry durch die Reaktion seiner Mutter und die verhängte Auszeit in seinem Zimmer gelernt, dass er nicht mit Autos um sich werfen und auch keine Türen knallen darf. Doch den Grund seiner Wut konnte er nicht ergründen und der Mutter vermitteln, und so wird er auch in Zukunft keine hilfreichen Verhaltensmuster an den Tag legen können, wenn wieder ähnliche Gefühle in ihm aufsteigen. Vielleicht wird er nicht mehr aggressiv reagieren, da er nicht allein in seinem Zimmer bleiben möchte, vielleicht wird er stattdessen traurig und zurückgezogen reagieren, ohne Krach oder etwas kaputt zu machen. Ein Verhalten, das ihm hilft, konstruktiv mit seiner Kränkung umzugehen, lernt er nicht.

Wenn es der Mutter gelänge, in seinem unangemessenen Verhalten seine Not zu erkennen und ihm trotz dieses Verhaltens liebevoll zu begegnen, könnte sie ein Gespräch über seine Gefühle mit ihm führen:

Lea: »*Mein Schatz, was ist denn los? Du wirkst ja sehr wütend.*«
Henry: »*Ja, ich bin auch wütend! Nie spielst du mit mir, immer nur mit Nina.*«
Lea: »*Du fühlst dich zurückgesetzt und möchtest auch mit mir allein spielen?*«
Henry: »*Ja, das will ich.*«
Lea: »*Was würdest du denn gern spielen?*«
Henry: »*Ich möchte Polizei mit dir spielen.*«
Lea: »*Gut, dann spiele ich nach dem Puzzle Polizei mit dir.*«
Henry: »*Super.*«
Lea: »*Und das nächste Mal, wenn du wütend bist, kommst du zu mir und sagst mir, warum du wütend bist, einverstanden? Mit Autos zu schmeißen, ist nämlich nicht gut, da kannst du anderen wehtun. Außerdem kann ich besser verstehen, weshalb du wütend bist, wenn wir darüber reden.*«
Henry: »*Ja, Mama.*«

Kinder können noch nicht einordnen, dass es Auslöser (Mama spielt nicht allein mit mir) gibt, die zu ihren Gefühlen (Eifersucht, Traurigkeit) beitragen, und dass es hilft, über die Gefühle zu sprechen, weil es dann die Möglichkeit gibt zu erkennen, welche unerfüllten Bedürfnisse (Nähe zu Mama) zu den Gefühlen führten. Dann kann man Wünsche äußern (ich möchte auch mit dir alleine spielen) und Lösungen entwickeln (Mama spielt allein Polizei mit mir), um die Bedürfnisse zu erfüllen, die dann auch die Gefühle verändern (ich bin froh).

> Machen Kinder die Erfahrung, dass sie durch ein Gespräch ihre Situation verbessern und sich von unangenehmen Gefühlen befreien können, so ist dies eine Erfahrung der Selbstwirksamkeit.

Es ist kein natürlicher kindlicher Reflex, so zu agieren. Der natürliche kindliche, hilflose Reflex ist, mit gekränktem Verhalten zu reagieren. Meist konzentrieren wir Eltern uns darauf, unangemessenes Verhalten, das der Kränkung folgt, zu regulieren, um unser Kind zu einem sozial angemessenen Verhalten zu erziehen. Die Ursachenforschung über die Auslöser, die zu dem unangemessenen Verhalten geführt haben, kommt hierbei oft zu kurz. Wenn unser Kind gute Erfahrungen in Gesprächen mit uns macht und darauf vertrauen kann, dass wir einfühlsam auf seine Gefühle eingehen, ist es wahrscheinlich, dass es sich, wenn es Gefühle der Kränkung erlebt, an uns wenden mag.

Lernen Kinder, nicht in Gefühlen der Kränkung zu verharren, sondern sich aus dem sehr einengenden »Gefängnis der Kränkung« zu befreien, so sind sie nicht mehr in der »Opfer-Position« gefangen, sondern tragen als Akteure zur Besserung ihrer Situation bei. Als Kind braucht man die Anleitung von Erwachsenen, um den Schritt von der Kränkung zur Heilung zu vollziehen.

ELTERNLIEBE: DER SCHATZ, DER UNSEREN KINDERN DAS TOR ZUR SELBSTLIEBE ÖFFNET

Menschen versuchen, mangelnde Selbstliebe auf mannigfaltige Art zu kompensieren: Sie versuchen, die Leere, die durch mangelnde Selbstliebe entstanden ist, durch die Liebe anderer Menschen zu füllen, und erwarten von diesen Menschen den Schlüssel zu ihrem Glück. Andere versuchen, die Leere durch Ruhm, Reichtum, Drogen oder andere Abhängigkeiten zu füllen.

Abhängigkeiten oder Ersatzbefriedigungen können nie das Gefühl der Selbstliebe ersetzen. Wie es der Begriff sagt: Selbstliebe bedeutet, dass wir uns selbst lieben – so wie wir sind. Wir können Selbstakzeptanz und Selbstliebe, den resultierenden Selbstwert und das Glück, das damit einhergeht, nicht delegieren. Das kann uns, auch wenn er oder sie es wollte, keiner abnehmen, wir können es nur selbst entwickeln und empfinden. Doch Eltern können unendlich viel tun, um für ihre Kinder das Fundament für Selbstliebe und einen gesunden Selbstwert zu legen.

Im letzten Kapitel dieses Buches möchte ich noch einmal auf die tausend Gesichter der Elternliebe eingehen – *das* Lebenselixier für alle Kinder dieser Welt.

ICH LIEBE DICH SO, WIE DU BIST

Durch den liebevollen Blick der Eltern, durch ihr liebevolles Verhalten erleben Kinder, dass sie liebenswert sind. Um einen guten Selbstwert zu entwickeln, müssen sich Kinder der Liebe ihrer Eltern sicher sein – bedingungslos. Es gibt kein bestärkenderes Gefühl, das Eltern ihren Kindern vermitteln können, als: Wir lieben dich genauso, wie du bist. Du bist wunderbar, und wir sind so froh, dass du unser Kind bist.

Durch die positive, wärmende Kraft der Liebe erleben Kinder eine Geborgenheit, die ihnen emotionale Sicherheit verleiht und mithilfe derer sie sich entwickeln, wachsen und gedeihen können. Dieses universelle Gefühl können Eltern auf unterschiedlichen Ebenen ausdrücken.

KUSCHELN TUT GUT

Es gibt individuell unterschiedliche Bedürfnisse nach körperlicher Nähe und Berührung. Manche Menschen mögen nahen Körperkontakt. Sie berühren, umarmen und küssen andere Menschen gern und halten generell wenig körperlichen Abstand zu ihren Mitmenschen, im Gegenteil: Sie suchen körperliche Nähe geradezu. Andere Menschen bezeichnen sich eher als »nordisch distanziert« und bevorzugen körperlichen Abstand zu ihren Mitmenschen. Sie ziehen den Handschlag der Umarmung mit Küsschen vor und vermeiden körperliche Nähe und Berührungen ihrer Mitmenschen.

Grundsätzlich ist das Bedürfnis nach körperlicher Nähe zu unseren engsten Vertrauenspersonen ein universelles, auch wenn es unterschiedliche Ausprägungen der Intensität des Bedürfnisses gibt. Körperliche Nähe zwischen Eltern und ihrem Kind schafft ein Gefühl der Wärme und Geborgenheit. Eine Umarmung, Kuscheln, Streicheln oder ein Kuss auf die Wange signalisieren ihm, dass die Eltern seine Nähe suchen, und dies stellt Verbindung zwischen ihnen her. Körperliche Nähe und Zuwendung vermitteln über das körperliche Fühlen ein Erleben der Elternliebe. Kinder spüren unmittelbar, dass sie liebenswert sind, wenn sie die Erfahrung machen, dass ihr Körper gern umarmt, gekuschelt oder geküsst wird. Dies ruft ein Gefühl des Angenommenseins hervor und trägt zu einem positiven Körpergefühl bei.

Bei körperlichen Berührungen zwischen vertrauten Personen wird das Hormon Oxytocin ausgeschüttet. Es sorgt für das wohlige Gefühl, dass wir bei diesen Berührungen empfinden. Oxytocin löst bei einer Geburt die Wehen aus und sorgt bei der Mutter für den Milcheinschuss. Es wird auch Bindungshormon genannt und unterstützt die enge Bindung zwischen Mutter und Kind.

Kuscheln ist nicht nur angenehm, sondern auch gesundheitsfördernd: Oxytocin sorgt nicht nur für Wohlbefinden, sondern hilft auch beim Abbau von Stress. Es wirkt regulierend auf die Ausschüttung des Stresshormons Cortisol und trägt zur Entspannung bei.

→ Anouk, 8 Jahre
Wenn mein Papa mich so richtig fest drückt, eigentlich fast quetscht, dann weiß ich, dass er mich gerade sehr doll lieb hat.

Niemand sollte sich zu Umarmungen oder Küssen zwingen, denn die Liebe übermittelt sich in der Authentizität der Geste. Niemand kann etwas für seine Vorlieben oder Abneigungen, sie machen uns zu der Person, die wir sind. Solltest du also zu den Eltern gehören, die sich eher in der körperlichen Distanz wohlfühlen, fallen dir vielleicht kleine Gesten, wie die Hand deines Kindes zu berühren oder ihm über den Kopf zu streicheln, leichter und du findest über diese feinen Gesten eine Möglichkeit, deine Liebe auch auf körperlicher Ebene zu zeigen. Sollte dir bewusst sein, dass dir körperliche Gesten der Zärtlichkeit schwerfallen, kannst du versuchen, deinem Kind deine Liebe umso deutlicher auf anderen Ebenen zu übermitteln.

Niemand sollte aber zu Umarmungen oder Küssen gezwungen werden. Es gibt Kinder – auch schon kleine Kinder –, die lieber auf körperliche Distanz gehen, und das sollten Erwachsene immer respektieren.

LIEBESERKLÄRUNGEN MACHEN DAS LEBEN SCHÖN

Es gibt unendlich viele Variationen, Liebeserklärungen zu formulieren. Der Fantasie sind hier keine Grenzen gesetzt. So wie jedes Liebespaar seine ganz eigene Sprache pflegt, gibt es auch in jeder Eltern-Kind-Beziehung eigene Wege, Liebe sprachlich zu übermitteln.

»Ich bin so glücklich, dass du mein Kind bist.«
»Du bist mein Geschenk.«
»Du bist mein Sonnenschein/mein Augenstern/mein Goldschatz …«

Genau wie Liebeserklärungen unter Paaren zu einem Gefühl des Angenommenseins, der Nähe und der Zugehörigkeit beitragen, gilt dies auch für Eltern-Kind-Konstellationen. Drücken Eltern ihre Liebe ihrem Kind gegenüber explizit sprachlich aus, erzeugt dies ein Gefühl der Nähe und Verbindung und trägt zur emotionalen Geborgenheit des Kindes bei.

Doch nicht alle Eltern machen ihren Kindern Liebeserklärungen. Das kann ganz unterschiedliche Ursachen haben: Manche Eltern sind selbst mit wenig Liebesbekundungen ihrer Eltern groß geworden und haben diese Art zu kommunizieren übernommen. Manche Erwachsene sind einfach in ihrer Art weniger emotional, und es liegt ihnen nicht, derart gefühlvoll zu kommunizieren. Manche Eltern denken, sie »verhätscheln« ihre Kinder, wenn sie ihnen zu oft sagen, dass sie sie lieben.

Um es ganz explizit an dieser Stelle zu sagen: Es gibt für Kinder nichts Stärkenderes, als die Liebe ihrer Eltern zu spüren.

Zu viel Elternliebe gibt es nicht.

Kinder werden »verhätschelt«, wenn ihre Eltern ihnen jeden ihrer Wünsche erfüllen, keine Grenzen setzen und ihnen nicht beibringen, auf die Bedürfnisse ihrer Mitmenschen einzugehen. Aber niemals werden sie »verhätschelt«, wenn ihre Eltern ihnen ihre Liebe erklären.

Es gibt Kinder, die verunsichert werden, wenn ihre Eltern ihnen nicht ihre Liebe ausdrücken.

→ Andrea, 49 Jahre

Als ich klein war, sagte ich meiner Mutter immer, sie sei die liebste, beste Mutter der Welt, und meinem Vater, er sei der liebste, beste Vater der Welt. Sie lächelten mich dann meist an und sagten weiter nichts. Meist fragte ich sie dann: »Hast du mich lieb?« Und sie bejahten es. Ich kann mich nicht erinnern, dass sie einmal von sich aus gesagt hätten, dass sie mich lieb hatten. Ich hatte das tiefe Bedürfnis, von ihnen zu hören, dass sie mich liebten.

Ich suchte mir dann einen Mann, der emotional ähnlich gefärbt war – auch bei ihm gewöhnte ich mir an zu fragen: »Liebst du mich?«, und er bejahte es, sagte es aber auch nur selten von sich aus.

Meine Kinder habe ich mit Liebeserklärungen überschüttet. Sie sind heute erwachsen. Auch wenn sie nicht mehr zu Hause leben, sind wir im engen Kontakt, und sie schreiben mir oft, dass sie mich lieben, oder sagen es mir auch im Gespräch. Ich freue mich darüber, und ich wünsche mir für sie, dass sie ihren Partnern und Partnerinnen auch diese Liebe entgegenbringen können. Es gibt kein schöneres Gefühl im Leben, und wenn man es fühlt, sollte man es äußern.

Aus eigener Erfahrung wissen wir, wie wohltuend, kraftvoll und einfach lebensnotwenig Liebeserklärungen sind. Ein Tag, der durch eine Liebeserklärung bereichert wird – sei es von unserem Partner, unseren Eltern, unseren Freunden oder auch unseren Kindern –, ist ein Tag, der mit positiver Kraft angefüllt wird. Liebe ist ein Akku, der uns auflädt, der uns positiv voranschreiten lässt und der ein Schutzschild im Kampf gegen Unbill und Widrigkeiten bietet. Und im umgekehrten Fall weiß jeder, der vergeblich von seinen Eltern oder von seinem Partner auf Zeichen der Liebe gewartet hat, wie frustrierend und verunsichernd sich dies anfühlt.

Solltest du zu den Eltern gehören, die bisher – aus welchen Gründen auch immer – mit ihren Liebesbekundungen zurückhaltend waren, gräme dich nicht! Eine Liebeserklärung sollte immer von Herzen kommen und nie erzwungen sein, um ihren Zauber zu entfalten. Solltest du bisher einfach aus Gewohnheit oder emotionaler Zurückhaltung deine Liebe wenig ausgedrückt haben, kannst du dieses Verhalten ändern. Und solltest du tatsächlich eine Barriere fühlen, deine Liebe auszudrücken, kannst du dir bewusst machen, welche Verunsicherung dies bei deinem Kind auslösen kann. Oder anders ausgedrückt, wie viel Potenzial an Sicherheit und Kraft du deinem Kind durch das Ausdrücken deiner Liebe vermitteln könntest.

> ✳ Wir geben unseren Kindern gutes Essen und Vitamine, um ihre Körper vor Krankheiten zu schützen. Könnte man Liebe als Tabletten an Kinder weitergeben, würden sie sich nie den Magen damit verderben, und man könnte die Dosis nicht hoch genug verordnen. ✳ ✳

KOSENAMEN MACHEN UNS BESONDERS

Eine Art der verbalen Liebesbekundung sind Kosenamen. Eltern und oft auch Geschwister untereinander erfinden Kosenamen, mit denen sie ihre Liebe und besondere Zuneigung füreinander ausdrücken. Oft haften diese Namen den ehemaligen Kindern noch als Erwachsene an und drücken die besondere Beziehung aus, die Namensträger und Namensgeber miteinander verbindet.

Das Gegenteil von Kosenamen sind Namen oder Bezeichnungen, mit denen man sich über Kinder lustig macht, mit denen man sie aufzieht. Ironie bei Namenserfindungen sollte man immer vermeiden, denn sie erzeugen eine emotionale Isolation bei dem, der sie erdulden muss. Erwachsene, die den Umgang mit Ironie gewohnt sind, unterschätzen manchmal die Verletzung, die sie damit auslösen. Die Abwertung, die durch despektierliche Bezeichnungen ausgedrückt wird, schadet dem Selbstwert des Kindes und der Beziehung zwischen Eltern und Kind.

BLICKE MACHEN MUT

Blicke sind kraftvolle Möglichkeiten, zu kommunizieren. Durch unsere Blicke können wir sehr viel ausdrücken, ohne zu sprechen und ohne unser Kind zu berühren. Unser Blick kann sagen: Lass das!, er kann sagen: Meinst du das jetzt im Ernst?, oder er kann sagen: Du bist mein wundervolles Kind und ich liebe dich über alles auf der Welt. Signalisiert unser Blick Liebe, so ist er innig, warm und liebevoll und ruht auf unserem Kind. Unsere Gesichtszüge sind entspannt, weich und freundlich.

Unsere Blicke können unsere Kinder bremsen und hemmen oder motivieren und beschwingen.

Kleine Kinder orientieren sich an den Blicken ihrer Eltern, wenn sie in eine Situation geraten, die sie verunsichert oder die ihnen Schwierigkeiten bereitet.

Ein liebevoller Blick hat die Kraft, unseren Kindern Sicherheit und Aufmunterung, auch ohne Worte oder Berührungen, zu vermitteln. Die Pandemie-Zeiten, in denen wir gezwungen sind, eine Maske in der Öffentlichkeit zu tragen, schärfen das Auge für die Blicke anderer Menschen. Die Augen sind oft das Einzige, was von einem Gesicht mit Maske wirklich zu erkennen ist. Ich bin beeindruckt, wie gut man Blicke auch mit Maske unterscheiden kann. Lernt man einmal, über die Maske hinwegzusehen, sind die Augen die Möglichkeit, Verbindung mit dem Gegenüber aufzunehmen – ein Lächeln erkennt man mit einer Gesichtsmaske nur an den Augen. Ein Blick kann auch über der Maske liebevoll und warmherzig sein.

In einem Zeitungsartikel las ich die Aussage einer Zug-Reisebegleiterin, die nach gut einem Jahr Pandemie berichtete, dass sie sich an das Tragen der Maske gewöhnt hätte und gelernt hätte, mit den Augen zu lächeln. Wie schön!

TRÖSTEN VERLEIHT KRAFT

Trost in einer schwierigen Situation von einer geliebten Person gewährt zu bekommen, bedeutet Liebe, Geborgenheit und emotionale Zuflucht. Geht es uns schlecht, sind wir verletzt und angegriffen, fühlen wir uns ausgeschlossen und einsam, so empfinden wir uns als besonders geschwächt, und der Trost einer nahestehenden Person kann uns stärken. Er kann uns helfen, wieder eine optimistischere Perspektive zu entwickeln und nicht kraftlos zu resignieren.

Kinder, die bei Traurigkeit und Enttäuschung die Sicherheit haben, von ihren Eltern getröstet zu werden, haben die Gewissheit, dass sie mit ihrem Leid und ihren Schwierigkeiten nicht allein sind. Das schafft eine wunderbare Basis für ein Grundvertrauen und einen soliden Schutz gegen das, was von außen an Angriffen oder

Verletzungen kommen mag. Trost hilft, schützt und stärkt unsere Kinder. Sie verstehen: Nicht ich bin grundsätzlich falsch, sondern dies ist eine schwierige Situation. Es gibt Lösungen. Ich bin nicht allein damit, meine Eltern halten zu mir und helfen mir.

Kinder, die nicht getröstet werden, müssen viel Kraft aufbringen, um mit ihrem Leid und dem emotionalen Alleinsein zurechtzukommen. Dies kann zu emotionalen Überforderungen führen, die sich im schlimmsten Fall in depressiven, psychosomatischen oder Symptomen der Angst ausdrücken können.

Trost bedeutet nicht, unseren Kindern uneingeschränkt recht zu geben. Es bedeutet, an ihrer Seite zu sein, ihren Schmerz anzuerkennen und zu versuchen, ihr Leid zu lindern.

→ Ariane, 10 Jahre

Ariane war schon häufiger in ihrer Klasse wegen Problemen des Sozialverhaltens aufgefallen. Sie gab selbst an, andere gern zu ärgern, und geriet ständig in Konflikte, weil sie Loyalitäten von Freundinnen untereinander ausspielte und Lügen über andere Kinder erzählte, um Aufmerksamkeit zu erlangen.

In der Schule war es wieder zu einem größeren Streit zwischen ihr und anderen Kindern gekommen, der in der Klassengemeinschaft besprochen wurde. Nach diesem Schultag hatte Ariane das Gefühl, ganz allein auf der Welt zu sein und keine Freunde zu haben. Sie fühlte sich einsam und minderwertig. Sie wagte nicht, ihrer Mutter von ihren Problemen zu berichten, da sie irgendwie fühlte, dass sie einiges falsch gemacht hatte und zu einem großen Teil Verursacherin dieses Streits war. Ihre Mutter spürte jedoch, dass Ariane belastet war, und sprach sie darauf an. Ariane brach sofort in Tränen aus und berichtete vom Streit und dass alle anderen so gemein zu ihr waren.

Die Mutter nahm ihre Tochter in den Arm, streichelte ihr über den Kopf, hielt sie fest und vermittelte ihr Wärme und Liebe. Als Ariane sich etwas beruhigt hatte, gelang es ihrer Mutter, durch geduldiges und genaues Nachfragen zu rekonstruieren, wie der Streit zustande gekommen war und welchen Anteil Ariane daran hatte. Gemeinsam überlegten sie, wie Ariane sich in Zukunft benehmen könnte, damit es nicht mehr zu solchen Eskalationen kommen würde.

Der Mutter war es gelungen, ihre Tochter liebevoll zu trösten und ihr Geborgenheit zu vermitteln. Gleichzeitig schaffte sie es, ihre Tochter dazu zu bewegen, ihr eigenes Verhalten kritisch zu hinterfragen. Damit gelang ihr ein äußerst konstruktives Vorgehen: Ihre Tochter zu bemitleiden und mit ihr gemeinsam über die anderen Kinder zu schimpfen, hätte Ariane nicht weitergeholfen. Sie wäre zwar kurzfristig getröstet, ohne Reflexion würde sie jedoch langfristig durch dieselben Verhaltensmuster immer wieder vor denselben Problemen stehen. Sie nur zu kritisieren und ihr aufzuzeigen, was sie falsch gemacht hatte, ohne sie zu trösten, hätte Ariane sicher emotional überfordert und geschwächt.

Die Mischung aus liebevollem Eingehen und kritischem Hinterfragen war sehr hilfreich für das Kind. Ariane hatte so die Sicherheit, dass sie nicht allein war und ihre Mutter mit ihr fühlte. Gleichzeitig entwickelten beide gemeinsam konstruktive Ideen, wie sie Streit zukünftig vermeiden könnte. Der Trost war das emotionale Schutzschild, mithilfe dessen es Ariane gelang, sich selbst kritisch und konstruktiv mit ihrem eigenen Verhalten auseinanderzusetzen.

Durch liebevollen elterlichen Trost erlernen Kinder eine Möglichkeit des inneren Sprechens. Wir geben ihnen durch unser Sprechen, durch unser tröstendes Verhalten ein Muster, wie sie später selbst mit sich in einen inneren Dialog treten können, wenn sie Trost benötigen. Wenn Kinder in jungen Jahren ein »Trost-Muster« internalisieren, können sie später in schwierigen Situationen darauf zurückgreifen und liebevoll mit sich selbst umgehen.

Kinder, die in schwierigen Situationen ungetröstet bleiben,

entwickeln Strategien, wie sie allein mit diesen Situationen fertigwerden. Eine Strategie ist das »Wegdrücken« der Gefühle, um diesen nicht so schmerzlich ausgeliefert zu sein. Für das emotionale Gleichgewicht ist diese Strategie vielleicht kurzfristig wirksam, langfristig aber ungesund. Für die gesunde Entwicklung von Kindern ist es wichtig, dass sie mit all ihren Gefühlen zu ihren Eltern kommen können und sicher sein können, dass sie dort immer mit offenen Armen empfangen werden und Trost erfahren. Kinder sollten die Gewissheit haben, dass es keine »falschen« oder unerlaubten Gefühle gibt. In vielen Familien sind belastende Gefühle tabu und werden nicht gezeigt oder thematisiert. Wut wird unterdrückt, und es gehört zum Familienbenehmen, dass Gefühle der Wut nicht ausgelebt oder gezeigt werden dürfen. In anderen Familien hat man ein Problem mit Traurigkeit, und es besteht die ungeschriebene, aber von allen beachtete Regel, dass man die anderen Familienmitglieder nicht mit seiner Traurigkeit belasten darf.

Kinder sollten sich ihren Eltern mit allen Gefühlen zeigen dürfen, den leichten und heiteren ebenso wie den belastenden.

Manche Eltern berichten, dass sie spüren, dass ihre Kinder belastet sind, oder dass sie auch wissen, dass ihr Kind etwas Belastendes erlebt hat, etwa das Zerbrechen einer Freundschaft, es darüber aber nicht sprechen möchte. Diese Eltern würden gern trösten, kommen aber nicht an ihre Kinder heran.

Sollte es dir so ergehen, hab Geduld und Ausdauer. Zeig deinem Kind, dass du für es da bist. Du kannst versuchen, ihm zu spiegeln, welche Gefühle bei dir ankommen: »*Ich habe den Eindruck, du bist gerade echt traurig/belastet/wütend*«, und so behutsam versuchen, ein Gespräch in Gang zu setzen. Versuche – auch wenn du alles wissen und verstehen willst –, nicht zu viel zu »bohren« oder das Gespräch wie ein Verhör zu führen, sondern gib deinem Kind durch aktives Zuhören die Möglichkeit, seine Gefühle und Probleme auszudrücken. Es kann sein, dass wir manchmal zu ungeduldig sind und zu schnell Ursachen und »Schuldige« ausmachen wollen – das verschreckt manche Kinder. So ein Gespräch mag nicht beim ersten Mal zustande kommen; wenn dein Kind jedoch merkt, dass du »dranbleibst« und ernsthaft an ihm und seinen Sorgen interessiert bist, mag es sich vielleicht später öffnen. Ein häufiger Grund, warum Kinder nicht erzählen mögen, ist die Angst, »verurteilt« zu werden. Oft reagieren wir mit Vorhaltungen oder Ermahnungen, durch die sich unser Kind tendenziell noch schlechter fühlt als vor dem Gespräch. Überlege, wie du auf dein Kind eingehen kannst, sodass es die Erfahrung macht, dass es sich nach einem Gespräch mit dir besser fühlt als zuvor.

REFLEXION

Überlege, ob es in deiner Familie Gefühle gibt, die man nicht zeigen darf. Über die nicht gesprochen werden darf. Häufig hat dies seine Wurzeln in der eigenen Ursprungsfamilie.

Solltest du dir solcher tabuisierten Gefühle bewusst werden, überlege, worin das in deiner oder vielleicht auch in der Geschichte deiner Partnerin/deines Partners begründet liegen könnte. Wie so oft: das Bewusstmachen dieser Zusammenhänge ist der erste und immens wichtige Schritt! Hast du ein Bewusstsein für unterdrückte Gefühle oder solche, die in deiner Familie überspielt werden, kannst du dich öffnen für einen neuen Umgang damit. Hab Geduld mit dir, und suche den Austausch mit anderen erwachsenen Familienmitgliedern (Partner, Partnerin, Eltern, Geschwister ...), wenn du dadurch Unterstützung erfährst. Sei besonders feinfühlig im Umgang mit genau diesen Gefühlen bei deinem Kind.

SICH EINLASSEN SCHAFFT NÄHE

Der Erwachsenenalltag ist gefüllt mit vielen sehr unterschiedlichen Verpflichtungen, und so haben die meisten Eltern nur begrenzt Zeit, sich ihren Kindern intensiv zuzuwenden. Doch auch wenn wir nur einen kurzen Moment Zeit mit unseren Kindern haben, so macht es einen entscheidenden Unterschied, ob wir uns einfach nur mit ihnen beschäftigen oder ob wir uns voll und ganz auf sie einlassen. Häufig kommen wir den Wünschen unserer Kinder nach gemeinsamem Spiel oder einer Unterhaltung halbherzig nach. Wir konzentrieren uns nicht voll auf sie, sondern machen noch etwas »nebenbei« (aufräumen, mailen, kochen …). Oder wir machen nichts nebenbei, sind aber gedanklich noch bei einem Jobthema oder der Einkaufsliste für den nächsten Tag. Das ist normaler Alltag und unseren vielen Verpflichtungen geschuldet.

Intensität entsteht, wenn wir es schaffen, unserem Kind einen Moment der ungeteilten Aufmerksamkeit zu schenken. Wenn wir mit unserem Sohn Playmobil spielen, können wir halbherzig vom Tisch aus ab und zu eine Figur oder ein Auto bewegen oder eine Szene kommentieren und dabei versuchen, unsere Mail fertig zu schreiben. Oder wir lassen die Mail ruhen, legen uns mit unserem Kind auf den Teppich und steigen für 10 Minuten richtig in das Spiel ein. Wir versuchen, die Welt aus den Augen unseres Sohnes zu sehen und in diese einzutauchen. Die Intensität dieses Einlassens ist um ein Vielfaches größer als das halbherzige Miteinanderbeschäftigen, mit dem wir einen Kompromiss suchen zwischen dem Beruhigen unseres elterlichen Gewissens und unseren sonstigen Verpflichtungen. Wirkliches Einlassen, gekennzeichnet durch ungeteilte Aufmerksamkeit und intensive Zuwendung, schafft Freude, Nähe und Verbindung zueinander. Wir multitasken, weil wir der Ansicht sind, dadurch Zeit zu sparen. Die Rechnung geht aber in der Regel nicht auf, denn wir werden durch das halbherzige Spiel immer wieder aus der Formulierung der Mail herausgerissen und brauchen viel länger, als wenn wir uns einmal ohne Unterbrechung darauf konzentrieren würden.

Wir könnten kleine Momente am Tag – das können 10 oder 15 Minuten sein – nutzen, um zu versuchen, uns voll auf unser Kind einzulassen und uns ihm gänzlich zuzuwenden. Tun wir dies, fühlt es sich gesehen, ernst genommen und geliebt. Sein Bedürfnis nach Zuwendung wird gestillt, und es kann sich dann auch meist gut allein weiterbeschäftigen, besser, als wenn dieses Bedürfnis nur halb oder teilweise gestillt wurde und es immer wieder auf die eine oder andere Art und Weise nach unserer Zuwendung und Aufmerksamkeit verlangt.

→ Vincent, 15 Jahre
Meine Mutter ist sehr busy, sie arbeitet hart und ist oft gestresst. Ich weiß, dass sie mich liebt, weil sie sich immer ein Bein für mich ausreißt. Wenn ich sie um Hilfe bitte, zum Beispiel für ein Projekt in der Schule, bei dem ich nicht weiterkomme, hilft sie mir immer. Irgendwie schafft sie das für mich.

Unsere Aufteilung zwischen unseren Verpflichtungen und der Zeit, in der wir uns mit unseren Kindern beschäftigen, können wir bereits kleinen Kindern gut erklären: »Jetzt spiele ich einen Moment Kaufladen mit dir und danach muss ich an meinem Computer etwas arbeiten. Wenn du nicht allein sein magst, kann ich mich in dein Zimmer setzen, aber ich muss danach arbeiten und kann dann nicht mehr spielen. Jetzt lass uns aber loslegen, denn ich möchte unbedingt etwas bei dir einkaufen.«

Je älter Kinder werden und je ausgeprägter ihr Zeitgefühl wird, desto klarer kann man die Zeit benennen, die man für das gemeinsame Spiel hat: »Ich knete jetzt 15 Minuten mit dir und danach muss ich noch eine Mail schreiben. Wollen wir gemeinsam etwas kneten oder jeder für sich?«

Wenn wir unsere Planung mit den Kindern besprechen, können sie sich darauf einstellen und werden nicht unerwartet enttäuscht. Uns gibt dies die Möglichkeit, uns einen Rahmen zu schaffen, innerhalb dessen wir uns voll auf das Spiel mit den Kindern einlassen. Kinder lieben es, wenn sie spüren, dass wir hundertprozentig bei ihnen sind, wenn wir wirklich im Spiel aufgehen und am besten sogar Spaß daran haben. Geteilter Spaß, gemeinsam erlebte Freude schaffen Verbindung und emotionale Nähe.

Am schönsten sind natürlich Open-end-Situationen, in denen wir Erwachsene nicht unter Druck stehen und ganz in die Welt unseres Kindes eintauchen können. Ich habe immer Erwachsene bewundert, die im Spiel mit ihren Kindern die Zeit und alle anstehenden Verpflichtungen vergessen können. Von ihrem Umfeld werden diese Erwachsenen häufig als verspielt oder verträumt bezeichnet. Dies ist eine Frage der Persönlichkeit – manche Menschen sind in der Hauptsache auf ihre Pflichten und Ziele konzentriert und somit auf die Zukunft und auf alles, was erledigt werden muss, um diesem Ziel näher zu kommen. Andere sind weniger auf die Zukunft fokussiert, sie sind in der Lage, den Moment zu genießen. Das gibt ihnen die Möglichkeit, spontaner zu sein und sich stärker auf die Gegenwart einzulassen. Auch wenn wir nicht alle diese »verspielte« Persönlichkeit besitzen, bin ich der Überzeugung, dass jeder von uns eher pflichtbewussten Erwachsenen ein Stück weit lernen kann, sich mit einem Kind auf die Gegenwart einzulassen. Denn Kinder leben ausschließlich im Moment und haben das Talent, diesen intensiv zu erleben. Wenn es uns gelingt, diese Kunst mit unseren Kindern zu teilen, stellen wir Intensität, Verbindung und Nähe her. Es freut Kinder besonders, wenn es uns gelingt, uns auf ihr Tempo einzulassen. Obwohl Kinder die wunderbare Gabe haben, sich ganz in ihr Spiel zu vertiefen und die Zeit und alles um sie herum völlig zu vergessen, müssen sie sich im Alltag so oft nach uns und unserem abgehetzten Erwachsenen-Zeitplan richten. Da sie keine Agenda und keinen vollgestopften Terminkalender haben, genießen sie es, wenn wir uns Zeit nehmen und uns an ihr Tempo anpassen.

Eine Möglichkeit des Einlassens, die sich täglich bietet, ist die des Gesprächs. Unser Alltag besteht aus vielfältigen Gesprächen, und häufig drehen sie sich um die Organisation des Familienlebens oder um Sachinformationen:

»Wann schreibst du deine Englisch-Arbeit?«

»Wie kommst du nach dem Sport nach Hause?«

»Hast du das Geburtstagsbild für Oma schon fertig gemalt?«

Diese Alltagsdinge müssen besprochen werden, hier geht es um den Austausch von zweckdienlichen Informationen, die den Familienalltag regeln. In solchen Gesprächen erfahren wir jedoch nichts vom Innenleben unseres Kindes. Wenn es uns gelingt, einmal am Tag ein Gespräch zu fördern, in dem unser Kind uns von dem erzählt, was es bewegt, wenn es uns an seinen Gefühlen teilhaben lässt, an seinen Träumen oder Ideen, dann erfahren wir Wichtiges über es, und das bringt uns einander näher.

Auch hierfür müssen wir uns einlassen. Solche Gespräche entstehen nicht zwischen Tür und Angel und vor allem nicht, wenn wir in Gedanken woanders sind. Das häufigste Argument von Eltern, das ich höre, warum solche Gespräche kaum stattfinden, ist der Mangel an Zeit. Ich glaube natürlich, dass Zeitdruck uns Erwachsene stresst, ungeduldig und müde macht. Ich glaube aber nicht, dass das Problem in den meisten Fällen tatsächlich der Mangel an Zeit ist (außer bei Eltern, die tatsächlich von morgens früh bis nachts, wenn das Kind schläft, aus dem Haus sind und somit keine Gelegenheit haben, mit ihrem Kind zu kommunizieren), sondern die Haltung, die aufgrund von Zeitdruck entsteht.

Wenn ich angespannt bin, weil ich mich abhetze, um mein Kind nicht schon wieder zu spät zum Kindergarten zu bringen, und es mich beim gestressten Anziehen mit besorgtem Blick fragt: »Mama, wann stirbt Oma?«, dann ist dieses Thema aus unterschiedlichen

Gründen keines, was ich in dieser abgehetzten Stimmung gern bespreche. Ich nehme mir nicht die 3 oder vielleicht auch 5 Minuten, die dieses Gespräch dauern würde. Ich müsste durchatmen, meinen Plan zurückstellen, meinen Pünktlichkeitsdrang überwinden und dem Fragen meines Kindes Priorität geben. Ich müsste meine Haltung überprüfen und verändern, hin zu einer Haltung, die Einlassen ermöglicht. Eine Haltung, mit der ich mich in mein Kind hineinversetze und fühle, wie wichtig ihm diese Frage jetzt ist. Oft antworten wir in solchen Situationen: *»Das besprechen wir nachher, mein Schatz.«* Und in dem Moment wissen wir bereits, dass wir es natürlich nicht nachher besprechen werden, weil wir es vergessen haben und weil unser Kind nachher nicht mehr in der Stimmung ist, diese Frage zu erörtern.

Kinder leben im Hier und Jetzt
und nicht auf Wiedervorlage.

Ob mein Kind nun tatsächlich etwas verspätet im Kindergarten erscheint, ist schnell vergessen. Ob ich dagegen erkenne, dass dies eine Chance für ein Einlassen ist, das zu einem intensiven Gespräch führen kann, kann einen wichtigen Beitrag dazu leisten, meinem Kind den Fokus zu geben, der Nähe herstellt. Es ist gar nicht so schwierig, solche Gespräche zu fördern, nur müssen wir aus unseren eingefahrenen Reaktionsmustern ausbrechen und uns tatsächlich auf die Situation einlassen, in der unser Kind sich gerade befindet.[18]

WENN ES UNS NICHT GELINGT, UNS LIEBEVOLL EINZULASSEN

Ich muss gestehen, dass ich zu den Menschen gehöre, denen Pünktlichkeit sehr wichtig ist und die gern ihre To-do-Liste abarbeiten. In der Retrospektive habe ich bei meinen Kindern oft genug Möglichkeiten eines liebevollen Einlassens zugunsten eines pünktlichen Erscheinens bei einem Termin verpasst. Ich kann nur sagen, dass mich die Momente, in denen mir eine Haltungsänderung gelang und ich den Hebel von »Zeitdruck und Perfektion« auf »Einlassen und Nähe« umschalten konnte, immer sehr glücklich gemacht haben. Im Nachhinein wirkt in vielen Situationen, wenn der Druck in mir überhandnahm und ich nur noch ungeduldig reagieren und wenig liebevoll auf meine Kinder eingehen konnte, der Stress, den ich mir machte, so unbedeutend im Vergleich zu der Chance, die ich verpasst habe, um empathisch auf sie einzugehen und Nähe und Verbindung zu ihnen aufzubauen. In anderen Worten: Aus der Distanz und in der Retrospektive wirken die Prioritäten, die ich manchmal zu Lasten eines liebevollen Eingehens auf meine Kinder gesetzt habe, heute nicht mehr von Bedeutung und einfach verkehrt.

Ich erinnere mich an eine Situation, als mein jüngster Sohn noch ein wenige Wochen alter Säugling war, mein mittlerer Sohn ein Kindergartenkind und mein ältester ein Grundschüler. Mein ältester Sohn hatte den Traum, Schauspieler zu werden, und eine befreundete Produzentin hatte ihm eine Komparsenrolle in einem Spielfilm ermöglicht. In dieser Rolle musste er zwar nur zwei Sätze sagen, und Sprechen fiel ihm nicht schwer, was er aber noch nicht konnte, war Basketballspielen, und dies sollte er für die Komparsenrolle einigermaßen beherrschen. So nahm er einige Male an einem Basketballtraining eines Vereins teil, der etwa 45 Minuten Autofahrt von uns entfernt war.

Für diese Termine hatte ich drei Kinder im Schlepptau, und es musste an alles gedacht werden, was jedes während dieser längeren Termine an Essen, Trinken, Windeln, Spielsachen etc. benötigte. Vor einem dieser Trainings packte ich gerade den Säugling ins Auto, mein mittlerer Sohn saß bereits auf seinem Sitz, als der Älteste aus der Haustür kam (damals selbst erst neun Jahre alt), uns alle am bzw. im Auto sah und reflexartig die Haustür hinter sich schloss. Ich hatte aber leider meine gepackte Tasche mit meinem Handy, den

Schlüsseln, dem Portemonnaie und allen Sachen, die die Kinder in dieser Zeit benötigten, noch im Haus gelassen.

Als mein Sohn die Tür schloss, lief vor meinem inneren Auge sofort ein Film ab: mit dem Organisieren eines Schlüsseldienstes (ohne Handy und am Freitagnachmittag), dem ewigen Warten auf den Dienst in der Augusthitze ohne Trinken, dem antizipierten Schreien meines Babys und dem ausgefallenen Training, für das die Teilnahme meines Sohnes mit viel Mühe organisiert worden war und das noch rechtzeitig vor dem baldigen Filmtermin stattfinden musste. Natürlich hatte ich seit der Geburt meines jüngsten Sohnes wochenlang nicht mehr durchgeschlafen, hatte keine einzige Minute des Tages mehr für mich allein, war angespannt und übermüdet. Ich hatte mich seit der Geburt des jüngsten Kindes so sehr bemüht, alles perfekt zu machen, allen zu genügen und alles super zu organisieren. Ich wollte die perfekte Mutter, die perfekte Frau sein und mir selbst beweisen, dass ich stark genug war, alles zu schaffen. Und dann verlor ich mit einem Türschlag die Fassung.

Ich atmete eben nicht ruhig durch und ging in mich, um mir zu versichern, dass es sich hier keineswegs um eine Katastrophe, sondern lediglich um ein Missgeschick handelte. Ich schimpfte meinen armen Sohn aus, wie er dazu käme, einfach die Tür hinter sich zuzuknallen. Ob er nicht nachdenken könne? Ob er nicht mithelfen könne? Ich gab ihm die Verantwortung für die Situation, was komplett unfair war. Nicht er war dafür verantwortlich, sondern ich. Ich hätte nie so unfair reagieren dürfen.

Ich erinnere mich nicht mehr daran, wie der Nachmittag im Einzelnen weiter verlief. Ich glaube, es war alles halb so schlimm. Ich erreichte den Schlüsseldienst über das Telefon einer Nachbarin, wir warteten und es dauerte auch gar nicht so lang. Was ich nicht vergesse, ist meine überforderte, unempathische und lieblose Reaktion. Aus heutiger Sicht kann ich verstehen, warum ich so reagierte, auch wenn es komplett unangemessen war. Wir Eltern sind eben

Menschen, und es gibt Situationen, die uns überfordern, in denen es uns nicht gelingt, unsere Haltung der Überforderung oder der inneren Anspannung in eine zu lenken, bei der wir uns die Situation aus der Metaperspektive angucken, unsere Bewertung der Situation überprüfen und überlegen:

Ist es jetzt wirklich so schlimm, diesen Termin zu verpassen?
Ist es so dramatisch, auf einen Schlüsseldienst zu warten?
Ist es fair, meinem Sohn die Schuld zu geben?

Nein, natürlich nicht. Die Antwort auf jede dieser Fragen lautete eindeutig »nein«. Und heute, mit fast erwachsenen Kindern und vielen gut durchschlafenen Nächten, fällt es mir natürlich leicht, dies sofort zu erkennen. Hätte ich diese Fragen so für mich gestellt und beantwortet, wäre ich vermutlich in der Lage gewesen, einen Schritt zurückzutreten und mich mit meiner Haltung zu beschäftigen. Ich hätte mir vermutlich folgende Fragen gestellt:

Möchte ich meinen Kindern auch in herausfordernden Situationen mit Empathie begegnen?
Möchte ich gern ein Vorbild sein, das bei Planabweichungen nicht die Fassung verliert?
Könnte ich auch aus dieser Situation eine gestalten, die uns trotz der Komplikationen einander näherbringt?

Und eindeutig wäre die Antwort auf jede dieser Fragen ein klares »Ja« gewesen.

Die Herausforderung in solch schwierigen Situationen, in denen wir uns unseren Kindern gegenüber unfair und unangemessen benehmen, ist, uns immer wieder bewusst zu werden und immer wieder einzuordnen, wie viel Anteil wir selbst an der Situation haben. Dazu müssen wir uns unserer eigenen Gefühle bewusst werden, die in der Situation ausschlaggebend waren und zu unserem Verhalten geführt haben. Wenn wir diese feststellen, einordnen und benennen können, ist das die Grundlage dafür, auf unser Kind zuzugehen und Verantwortung für unser Verhalten zu übernehmen.

Liebe zu unseren Kindern verhindert leider nicht, dass wir unangemessen reagieren. Liebe inspiriert uns oft zu großzügigem, fürsorglichem und empathischem Verhalten. Aber sie schützt uns nicht vor »Ausrutschern«. Manchmal nehmen Gefühle der Überforderung, der Verletzung oder der Ungeduld überhand, und dann ist es schnell geschehen: Wir waren ungerecht, wir sind laut geworden, wir haben manipuliert, wir haben gedroht. Dies sind – aus der Retrospektive – meist nachvollziehbare emotionale Reaktionen. Sie passieren, auch wenn wir uns wünschten, sie würden nicht geschehen. Selbst die große und umwerfende Kraft Liebe kann diese Reaktionen leider nicht verhindern. Was jedoch Liebe kann: Sie kann dafür sorgen, dass wir uns um Heilung bemühen. Wir können dafür sorgen, dass die Verletzungen, die wir unserem Kind zugefügt haben, im Nachhinein nicht zu klaffenden Wunden werden, die Nähe und Vertrauen untergraben und zu Beziehungsproblemen führen.

Liebe kann dafür sorgen, dass wir die Arbeit der Reflexion übernehmen. Dass wir die Situation aus der Distanz noch einmal betrachten und überlegen, wie es zu dieser emotionalen »Explosion« kommen konnte und was unser Anteil daran war. Hierbei sollten wir uns bewusst machen, welche Faktoren zu unserem Verhalten (in diesem Fall die ungerechte Behandlung meines Sohnes) geführt haben:

- Welche meiner *Bedürfnisse* führten zu meinem Verhalten? Aufgrund meiner Bedürfnisse nach Kontrolle und Harmonie wollte ich »perfekt« sein, es allen recht machen, und habe mich damit selbst sehr unter Druck gesetzt.

* Welche beteiligten *Gefühle* führten zu meinem Verhalten? Ich war übermüdet, ich war gestresst.

Ich konnte feststellen, dass ich durch die Priorisierung eines anderen Bedürfnisses, das sich vor mein Bedürfnis schob, mich liebevoll auf meine Kinder einzulassen, unangemessen reagiert habe. Mein unrealistischer Perfektionsanspruch an mich selbst löste Stress und Überforderungsgefühle in mir aus, die zu meinem unfairen Verhalten führten. Wenn wir die Situation entsprechend analysiert haben, können wir auf unsere Kinder zugehen, um uns zu erklären und gegebenenfalls auch zu entschuldigen.

Unsere Kinder spüren unsere Liebe, wenn wir unsere Beziehung hüten und sorgsam damit umgehen, wenn wir achtsam immer wieder an Heilung arbeiten. Außerdem lernen sie durch unser Vorbild, wie man sich nach einem unangemessenen Verhalten konstruktiv und für eine Beziehung heilend verhalten kann.

Was wir uns bewusst machen sollten: Letztendlich ist es für die Eltern-Kind-Beziehung unwichtig, weshalb die Eltern sich unangemessen verhalten – schädlich ist es auf jeden Fall. Denn Kinder können und müssen nicht verstehen, weshalb ihre Eltern sich ihnen gegenüber derart verhalten – es verletzt sie, schädigt ihr Selbstwertgefühl und das Vertrauen und die Nähe zu ihren Eltern. Eltern haben die Aufgabe, ihre Kinder zu schützen, und Kinder haben das Recht, geschützt zu werden.

Viele Kinder warten noch als Erwachsene auf den ersten Schritt ihrer Eltern, bei dem die Eltern Verantwortung für ihr Verhalten übernehmen. Solche Schritte können auch in späten Jahren noch die ersehnte Annäherung zwischen Eltern und ihren Kindern bringen. Nicht immer gelingt dies ohne die professionelle Hilfe einer Therapeutin oder eines Coachs, wenn Verhaltensmuster sich über viele Jahre verfestigt haben.

GEBORGENHEIT ALS SCHUTZSCHILD FÜR DAS KIND

Manche Menschen haben tendenziell eine positive Betrachtungsweise ihres Lebens und sind das, was man Optimisten nennt. Sie haben Zutrauen in sich, das Leben und eine gute Zukunft. Ein optimistischer Mensch neigt dazu, sich selbst, seine Umwelt und seine Zukunft positiv zu bewerten. Mit dieser Einstellung hat er mehr Selbstvertrauen, Kraft, Energie und gute Ausstrahlung als ein Mensch, der dem Leben pessimistisch gegenübersteht: Die Wahrscheinlichkeit, dass ihm das, was er sich vornimmt, gelingt, ist sehr viel größer als bei einem Menschen, der mit depressiven Gedankenschemata durch das Leben geht. Optimismus hat sogar einen Einfluss auf die Dauer unseres Lebens: Wie eine Studie der Boston University aus dem Jahr 2019[19] gezeigt hat, wird Optimismus verbunden mit einer durchschnittlich 11–15 Prozent längeren Lebensdauer und einer höheren Wahrscheinlichkeit, 85 Jahre alt oder älter zu werden.

Wie wir wissen, spielen sowohl Umwelt- als auch genetische Einflüsse eine Rolle bei so etwas Fundamentalem wie der Einstellung dem Leben gegenüber. Zwillingsstudien zeigen, dass eine optimistische Lebenshaltung zu etwa 25 Prozent angeboren ist, der Rest wird durch unsere Erfahrungen und Modell-Lernen geprägt. Vieles übernehmen wir von unseren Eltern. Kinder kommen mit einem angeborenen Temperament auf die Welt, die einen mit einem leichteren als die anderen. Es gibt »unkomplizierte« Kinder, die als Babys gut durchschlafen, nicht wählerisch und ausreichend essen und durch ihre gewinnende Art schon als Kleinkinder ihre Mitmenschen mit ihrem Lächeln und ihrer offenen Art für sich gewinnen. Es gibt »mäkelige« Kinder, die bereits als Babys schlecht schlafen, sehr wählerisch essen und schon als Kleinkinder schüchterner, gehemmter oder ungeschickter auf andere Menschen zugehen und darum nicht so leicht Anschluss finden. Unabhängig vom Temperament, durch das Kinder mehr oder weniger Leichtigkeit mit in die Wiege gelegt bekommen, bin ich der festen Überzeugung, dass wir Eltern in jedem Fall zu einer vertrauensvollen Haltung unseres Kindes dem Leben gegenüber beitragen können: Wir können unserem Kind Geborgenheit vermitteln.

Geborgenheit heißt: Ein Kind muss sich nicht fürchten, egal, was geschieht. Geborgenheit heißt auch: Ein Kind weiß immer, wohin es gehört, wo sein emotionales Zuhause ist, wo ein guter, emotional warmer Ort auf es wartet. Geborgenheit bedeutet also: Es ist immer ein Erwachsener da, der ihm vermittelt: Ich bin immer für dich da, egal, was geschieht. Ich beschütze dich, dir kann nichts passieren. Du bist sicher.

Wenn es Eltern gelingt, ihrem Kind dieses ultimative Sicherheitsgefühl zu vermitteln, fördern sie sein Vertrauen in sich, in seine Umwelt und in seine Zukunft.

> Bedingungslose Geborgenheit ist eine emotionale Decke, in die ein Kind sich immer kuscheln kann, die ihm nie verwehrt wird, auf die es immer zurückgreifen kann.

Kinder, die dieses Gefühl vermittelt bekommen, tragen einen unglaublichen Schatz in sich.

Geborgenheit brauchen Kinder am stärksten, wenn sie unangenehme Gefühle aushalten müssen: wenn sie an sich zweifeln, wenn sie Angst haben, wenn sie traurig sind, auch wenn sie von Gefühlen wie Neid oder Wut überschwemmt werden. Wenn Kinder diesen belastenden Gefühlen ausgesetzt sind, sind sie verunsichert. Ihr Vertrauen in sich, in ihre Umwelt und ihre Zukunft ist für diesen Moment erschüttert. Kinder haben noch keinen reichen Erfahrungsschatz, der ihnen helfen würde zu erkennen, dass bestimmte Situationen lösbar oder auch einfach gar nicht so schlimm sind. Vieles erleben Kinder zum ersten Mal, und die Gefühle, die man zum ersten Mal erlebt, werden besonders bewusst und entsprechend intensiv wahrgenommen, die positiven wie auch die negativen. Unangenehme Emotionen können Kinder besonders stark verunsichern. Oft ist unser elterlicher Impuls aber nicht, diese emotionale Verunsicherung aufzufangen, sondern das Verhalten unseres Kindes zu beeinflussen.

In diesen schwierigen Momenten neigen wir dazu zu bewerten:
»So benimmt man sich nicht.«
Wir lenken ab:
»Komm, lass uns ein Eis essen.«
Oder geben einen Tipp:
»Also, an deiner Stelle würde ich …«

Was das Kind in diesen Situationen als Allererstes braucht, bevor es sich über sein Verhalten Gedanken machen kann, ist das Gefühl, geliebt zu werden und geborgen zu sein. Meist übermittelt sich dies am unverstelltesten durch körperliche Nähe: Muss ein Kind weinen, kann es sehr tröstlich sein, sich erst einmal in den Armen der Eltern auszuweinen. Wenn es dann emotional an seine Geborgenheitsbasis angedockt hat, es sich von seinen Eltern aufgefangen fühlt, können sich beide gemeinsam dem eigentlichen Problem widmen. Mit Worten können die Eltern vermitteln, dass sie gemeinsam mit ihrem Kind nach einer Lösung suchen werden und dass sie – die großen und erfahrenen Erwachsenen – sicher sind, dass alles gut wird.

DER ZAUBER DER VERGEBUNG

Vergebung ist ein großes Wort. Viele Menschen tragen jahrzehntealten seelischen und emotionalen Ballast mit sich und sind nicht in der Lage, einer anderen Person zu vergeben. Vergebung ist eine Haltung, die man lernen kann – leichter als Kind denn als Erwachsener, und vor allem dann, wenn man ein entsprechendes Vorbild hat. Auch im Eltern-Kind-Alltag gibt es immer wieder Momente, in denen unsere Kinder uns enttäuschen, wir ärgerlich werden, wir uns von ihnen hintergangen oder nicht respektiert fühlen.

Im Kapitel »Konflikte müssen kein Drama sein« befasse ich mich eingehender mit Konfliktverhalten, ich möchte hier lediglich auf das Thema Vergebung eingehen. Eltern, die nachtragend reagieren oder ihre Kinder mit Liebesentzug strafen, schlüpfen in eine »Opfer«-Position, in der sie sich als Opfer des Verhaltens der Kinder sehen. Durch diese Haltung machen sie ihre Kinder zwangsläufig zu »Tätern«. Dies kann ungesunde seelische Folgen für die Kinder mit sich bringen, wie unangemessene Schuldgefühle, Selbstabwertung, Ängste oder depressive Verstimmungen. Es ist selbstredend, dass eine Eltern-Kind-Beziehung dieser Art nicht selbstwertfördernd ist.

Vergebung ist eine emotionale Haltung, die auf Großzügigkeit und Liebe beruht und die man niemandem aufzwingen kann. Sie basiert immer auf Freiwilligkeit. Aber:

> Letztendlich ist Vergebung ein Ausdruck von Selbstliebe.

Bleibe ich gefangen in Gefühlen des Vorwurfs, des Ärgers und der Schuldzuweisung, so verringere ich meine eigene emotionale Energie, gerate in einen Zustand der Dysbalance und belaste mich mit zersetzenden, negativen Gefühlen. Kann ich nicht vergeben, so verharre ich in den Gefühlen der Kränkung und schließe mich ein in ein Gefängnis des Leids, ausgelöst durch das unangemessene Verhalten anderer Menschen. Letztendlich sitze ich in einer Opfer-Position fest, in der meine Kränkung so ausgeprägt ist, dass es mir nicht gelingt, darüber hinwegzukommen und voranzuschreiten – die Grundlage für Entwicklung.

Vergebung ist eine Fähigkeit, die es uns erlaubt, nicht zu verbittern, sondern großzügig, liebevoll und in Verbindung mit uns und anderen zu bleiben. Ich habe die Erfahrung gemacht, dass es manchen Menschen für den Prozess der Vergebung hilft, das Verhalten des Menschen, unter dem sie gelitten haben, nicht als Bösartigkeit oder bewusste Schikane, sondern als persönliche Unfähigkeit oder Unzulänglichkeit zu erkennen. Die eigenen Eltern, die man sich als Kind fast allwissend und allmächtig denkt, in mancher Hinsicht als unzulänglich zu erkennen, ist ein besonders schwieriger Prozess, kann aber helfen, eine Entwicklung der Vergebung in Gang zu setzen.

→ Jan, 31, Vater von Elias, 3 Jahre

Jan litt viele Jahre unter dem unempathischen und wenig liebevollen Verhalten seiner Mutter. Als Jugendlicher begann er, ihr dies dauerhaft zum Vorwurf zu machen – manchmal explizit, meist jedoch innerlich, gedanklich und emotional. Er verbrachte viel Zeit damit, seiner Mutter gedanklich Vorwürfe zu machen, sich über sie zu ärgern und insgesamt negative Gefühle gegen sie zu hegen. Mithilfe von therapeutischer Arbeit konnte er schließlich erkennen, dass er nicht minderwertig und der mütterlichen Gefühle nicht wert war, sondern dass seine Mutter schlichtweg nicht in der Lage war, Empathie zu zeigen. Auch nicht bei anderen Personen ihres Umfelds, was wiederum an ihrer eigenen Lebensgeschichte lag. Diese Erkenntnis half ihm, sich aus der Opferposition zu befreien und seine Mutter weniger als »Täterin« denn in gewisser Weise als Opfer ihrer eigenen Erziehung zu sehen. Aufgrund dieser Einsicht war er in der Lage, ihr nach vielen Jahren innerlich zu vergeben.

Im Umgang mit seinem kleinen Sohn bemühte er sich, nach den kleinen und großen Konflikten des Alltags explizit versöhnlich auf ihn zuzugehen. Er nahm sich fest vor, ihm ein vergebendes und nicht nachtragendes Verhalten vorzuleben, da er die erlösende Wirkung der Vergebung in seinem Leben in einem großen Konflikt erfahren hatte.

Der Akt der Vergebung muss gar nicht nach außen dokumentiert werden. Manche Menschen vergeben auch Menschen, mit denen sie keinen Kontakt mehr haben oder die vielleicht sogar bereits verstorben sind. Entscheidend ist der innere Prozess der Vergebung, um sich von dem Leid der Vorwurfsstarre und aus der Opferposition zu befreien.

Da wir alle im Laufe unseres Lebens immer wieder mit dem Thema Vergebung konfrontiert werden, sowohl auf der vergebenden als auch auf der zu vergebenden Seite, ist es hilfreich für unsere Kinder, wenn sie uns als Vorbilder erleben, die in der Lage sind, Konflikte angemessen auszutragen und dann auch beizulegen, idealerweise eben auch mit einer Haltung der Vergebung. Wir können uns immer wieder aufs Neue entscheiden, unseren Kindern, auch nach Enttäuschungen und Konflikten, liebenswürdig und eben nicht nachtragend zu begegnen. Mit dieser Haltung drücken wir unsere bedingungslose Liebe aus: Auch wenn es Enttäuschungen oder Konflikte zwischen uns gibt – du bist immer mein wunderbares Kind, das ich über alles liebe, und diese Konflikte können meine Liebe nicht schmälern.

Ich weiß aus persönlicher und therapeutischer Erfahrung, dass Vergebung tatsächlich eine der größten Herausforderungen darstellt, mit denen Menschen emotional konfrontiert werden. Je tiefer Verletzungen wirken, desto schwieriger fühlt es sich an, sich auf den Prozess der Vergebung einzulassen. Viele Menschen halten diesen Prozess nicht für notwendig, da sie nicht verstehen, dass es sich um eine Befreiung für sie als Vergebende handelt.

Spürst du, wenn du dies liest, Widerstand oder Hilflosigkeit in Bezug auf deine eigene Fähigkeit zu vergeben, bist aber innerlich und rational davon überzeugt, dass es auch für dich eine Erleichterung sein könnte, entsprechend zu agieren, so kann es dir helfen, dir Hilfe zu suchen bei einem Coach, einer Therapeutin, vielleicht auch von kirchlicher Seite, wenn du dort eine Vertrauensperson kennst. Es kann dir helfen, dich für das Thema Vergebung zu öffnen. Es ist ein wichtiges Lebensthema, das uns und unseren Kindern große Erleichterung oder große Bitterkeit bereiten kann.

LIEBE »EINFACH SO«

Wenn du versuchst, deinem Kind jeden Tag zu zeigen, dass du es liebst, dass du glücklich bist, dass es in deinem Leben ist, müssen das keine besonderen Momente sein, sondern Momente »einfach so«, wie etwa solche:

* in denen du dein Kind bewusst ansiehst und ihm sagst, wie sehr du es liebst,
* in denen du dir Zeit nimmst, um mit ihm zu spielen und zu lachen,
* in denen du ihm über sein Haar streichst und es fest in den Arm nimmst,
* in denen du ihm ein Gute-Nacht-Lied singst und ihm seine Lieblingsgeschichte zum 43. Mal erzählst.

Oft bekommen wir im Alltagsstress den Tunnelblick, gucken nicht nach rechts und links und fokussieren uns nur auf das, was zu erledigen ist. Darüber vernachlässigen wir manchmal die »einfach so«-Momente, in denen wir unser Kind einfach mal umarmen oder ihm sagen, wie lieb wir es haben – ohne besonderen Grund, »einfach so«. Die »einfach so«-Momente sind die, die den Alltag warm und hell machen.

Kinder können so viel Freude und Glück in den Kleinigkeiten des Alltags empfinden. Wenn wir uns auf sie, ihr Staunen und ihre Freude einlassen und manches mit ihnen teilen, schafft dies Verbundenheit. Eltern können dafür sorgen, dass ihre Kinder »satt« an Liebe sind. So ziehen sie Kinder groß, die emotional gut genährt und nicht bedürftig nach Liebe sind. Bedürftigkeit ist ein Ausdruck von Mangel und emotionaler Not.

→ Caspar, 11 Jahre
Manchmal streicht meine Mutter mir über den Kopf und sagt mir, dass sie sich keinen besseren Sohn als mich vorstellen kann und dass sie mich sehr liebt. Da fühle ich dann ihre Liebe so richtig.

Alle in diesem Kapitel genannten Punkte tragen dazu bei, eine liebevolle Grundstimmung zu schaffen. Jede und jeder von uns erinnert sich an die atmosphärische Grundstimmung, die in der Kindheit bei ihr oder ihm zu Hause herrschte. So wie jede Wohnung und jedes Haus einen eigenen Geruch hat, wenn man eintritt (meistens stellt man dies nur als Gast bei anderen Wohnungen fest, in seinen eigenen vier Wänden nimmt man den Geruch nicht mehr wahr), so gibt es auch in jeder Familie eine emotionale Grundstimmung. In manchen Familien herrscht ein heiterer, leichter und liebevoller Grundton, Gäste werden herzlich empfangen. In anderen Familien ist die Atmosphäre eher gedrückt, in wieder anderen ist sie von offenen Spannungen geprägt, in manchen von Isolation und Rückzug. Natürlich gibt es in jeder Familie atmosphärische Schwankungen, aber insgesamt ist jede Familie von einer Grundatmosphäre geprägt. Eltern können dafür sorgen, dass sie und ihre Kinder einen liebevollen und respektvollen Umgang miteinander pflegen.

REFLEXION

Halte einen Moment inne, und überlege dir, wie dein Kind wohl die Familienatmosphäre bei euch beschreiben würde.

Würde es eher zu den Adjektiven auf der linken oder auf der rechten Seite tendieren?

* liebevoll – lieblos
* heiter – gedrückt
* fröhlich – traurig
* zugewandt – abweisend
* hilfsbereit – nicht hilfsbereit
* offen – verschlossen
* annehmend – ablehnend
* respektvoll – respektlos
* entspannt – gestresst
* geborgen – von Unsicherheit geprägt
* unterstützend – nicht unterstützend
* berechenbar – unberechenbar
* Vertrauen einflößend – Misstrauen fördernd
* ehrlich – unehrlich

Diese Fragen können dir dabei helfen, die Antwort zu finden:

* Lacht ihr oft miteinander?
* Verbringt ihr regelmäßig Zeit mit Gesprächen und gemeinsamen Aktivitäten?
* Fühlt ihr Nähe zueinander?
* Gibt es oft Streit? Wie wird der Streit ausgetragen?
* Kommt dein Kind zu dir, wenn es Trost braucht?
* Seid ihr liebevoll miteinander?
* Sprecht ihr respektvoll miteinander?
* Helft ihr einander?

Wenn du glaubst, dass dein Kind einige Adjektive auf der rechten Seite auswählen würde, um die bei euch herrschende Familienatmosphäre zu beschreiben, kann es helfen, wenn du dich mit diesen Eigenschaften auseinandersetzt. Du kannst Schritt für Schritt versuchen, mehr liebevolle Gesten und Ansprachen, mehr gemeinsame Aktivitäten und Gespräche im Familienalltag zu installieren, um den einer eher wenig geborgenen Familienatmosphäre entsprechenden Adjektiven entgegenzuwirken. Deinem Kind das Gefühl zu geben, dass du seine Gefühle und Bedürfnisse siehst und wahrnimmst, ist der erste Schritt hin zu einer liebevolleren Atmosphäre. Frag es einfach öfters wie es ihm geht, und versuche, seine Gefühle zu erfassen. Du wirst sehen, dass eine positive Dynamik entsteht: Wenn du als Vater oder Mutter einen liebevollen Ton anschlägst oder mit Freude und Engagement etwas mit deinem Kind unternimmst, wirst du mehr zurückbekommen, als du gegeben hast. Kindern ist nichts wichtiger als die Aufmerksamkeit und die Liebe ihrer Eltern.

Vielleicht gibt es in eurer Familie einzelne Bereiche, in denen du den Eindruck hast, dass die Familienatmosphäre positiv ist, und andere, in denen eine eher negative Grundstimmung herrscht. So kann es sein, dass ihr regelmäßig gemeinsame Mahlzeiten einnehmt, bei denen schöne Gespräche stattfinden, und es euch als Eltern auch toll gelingt, gemütliche Abendrituale des Zubettbringens mit gemeinsamem Lesen und Reden zu gestalten. Es kann jedoch beispielsweise sein, dass es euch als Familie nicht gut gelingt, Konflikte zu lösen, und dass in solchen Momenten die Stimmung schnell kippt, Anschuldigungen hin und her fliegen und Türen knallen. Am besten tauscht ihr euch als Eltern darüber aus, wo ihr findet, dass eine liebevolle, vertrauensvolle und heitere Grundstimmung im Familienalltag überwiegt, und wo ihr Verbesserungspotenzial seht. Wenn die Kinder alt genug sind, könnt ihr sie auch ihrem Alter entsprechend nach ihren Vorschlägen fragen, wie man die Situation verbessern könnte. So kann es gelingen, dass die ganze Familie sich bewusst wird, dass man bestimmte Situationen verbessern kann, und dass jeder versucht, auf seine Art zum Gelingen beizutragen.

So stützt ihr einen liebevollen Familienalltag:

- Austausch bei gemeinsamen Mahlzeiten.
- Rituale, wie das Zubettgehritual.
- Gemeinsame Aktivitäten – Spiele, gemeinsames Musizieren, Kochen, Gärtnern, Basteln, Sportaktivitäten, gemeinsam Musik hören.
- Einander zuhören.
- Liebevolle Gesten wie Umarmungen, über den Kopf streicheln.
- Liebeserklärungen, einfach so.
- Interesse am Alltag der anderen zeigen – die Kinder nach ihrem Leben fragen, nach ihren Freunden, ihrem Hobby, ihrem Lieblingscomputerspiel. Auch nach der Schule, aber nicht nur danach.
- Als Eltern auch von eurem Alltag erzählen.
- Gemeinsame Erlebnisse schaffen, auch im Alltag kleine »Erlebnisinseln« einbauen – ein Frühlingspicknick im Wald veranstalten, zusammen Zaubertricks lernen und Oma und Opa eine Show bereiten, auf dem Balkon unter dem sommerlichen Sternenhimmel übernachten.
- Konflikte friedlich lösen.

Auch mit den besten Vorsätzen werden Eltern es nicht verhindern können, dass sie ihre Kinder das eine oder andere Mal unangemessen behandeln und auch verletzen. Oft merken sie es noch nicht einmal. In jedem Elterndasein entstehen unbewusste und entsprechend unbemerkte Kränkungen ihrer Kinder. Unbewusste Handlungen können wir nicht steuern. Wir können jedoch ein bewusst liebevolles Verhalten steuern und somit einen stabilen emotionalen Schutzmantel für unsere Kinder schaffen, der sie behütet – auch vor manch unbedachter Kränkung von uns selbst.

SELBSTWERT-GESCHICHTEN ZUM VORLESEN

AUCH HASENKINDER MACHEN FEHLER

Ben und Tim waren beste Hasenfreunde. Sie kannten sich seit den Tagen im Hasen-Kindergarten, in dem sie beide am liebsten miteinander im Garten spielten, rutschten und schaukelten.

Beide waren sie in der vierten Klasse der Hasenschule. Ihre kleine Hasenschule befand sich in einer gemütlichen Höhle am Waldrand, direkt an einer großen Lichtung gelegen. Es roch dort gut nach den Kräutern der Wiese, man hörte draußen die Libellen und Hummeln summen, und bei schönem Wetter fand der Unterricht meist in der Sonne und an der frischen Luft statt.

Besonders liebten Ben und Tim die Pausen, wenn sie um die Wette hoppeln konnten und mit dem Ball, den Ben zum Geburtstag geschenkt bekommen hatte, kickten.

Auch nach der Schule trafen sie sich, wann immer sie es durften, zum Fußballspielen entweder in ihrem Garten oder an dem weiten Platz an der Hasen-Heide bei der großen Kastanie, wo sich auch das Hasen-Wirtshaus befand. Von ihrem Taschengeld kauften sie sich dort nach dem Kicken oft frischen Möhrensaft, der ganz besonders köstlich schmeckte, weil er mit einigen Blättern Löwenzahnsalat abgeschmeckt war.

Bens Hasenmutter hatte ihrem Sohn eingeschärft, nicht zu nah bei den Häusern der Hasen-Siedlung zu kicken, sondern an das Ende des Platzes zum freien Feld hin zu hoppeln, damit sie keine Fensterscheiben mit dem Ball trafen und kaputt machten. Auch Tims Papa hatte seinem Sohn gesagt, dass er mit seinem Freund lieber auf dem Feld oder im Wald kicken sollte, damit durch ihr Spiel nichts zu Bruch ging. Scherben waren nun einmal für Hasenpfötchen ganz besonders gefährlich und unangenehm, und jeder im Hasendorf achtete darauf, nichts aus Glas fallen zu lassen oder kaputt zu machen. Sich die Splitter aus den Pfötchen zu ziehen, war schmerzhaft und schwierig, das wusste bereits jedes Hasenkind. Weil es aus dem Hasen-Wirtshaus aber immer so köstlich nach frischem Karottenkuchen roch und die anderen Hoppel-Gäste in dem Garten vor der Gaststätte Krümel fallen ließen, die sich Ben und Tim dann später schnappten, kickten sie doch am liebsten ganz in der Nähe des Wirtshauses »Zur goldenen Möhre«.

Es kam, wie es kommen musste: Eines Tages machte Ben einen besonders kraftvollen Schuss, der hasenhaarscharf am Tor vorbei direkt in die große, mit Ostereiern bunt bemalte Fensterscheibe des Gasthauses flog.

Blitzschnell hoppelten Ben und Tim nach Hause und drehten sich nicht einmal um, damit der dicke Wirt Nepomuk, der aus der »Goldenen Möhre« gerannt kam, sie nicht erwischte.

Zu Hause aßen beide mit ihren Familien zu Abend. Tim ging zur Verwunderung seiner Eltern ganz besonders früh ins Bett und hatte schlechte Träume vom schimpfenden Wirt Nepomuk. Seinen Eltern von der zerbrochenen Fensterscheibe zu erzählen, hatte er sich nicht getraut, denn er wusste ja, dass er etwas Falsches gemacht hatte – sein Vater hatte ihn immer wieder daran erinnert, nicht zu nah an der Hasen-Siedlung zu kicken. Am nächsten Morgen konnte er sein Frühstück – eine frisch gebackene, noch warme Haselnussschnitte, die er sonst so liebte – nicht essen, so ein schlechtes Gewissen hatte er wegen der zerbrochenen Scheibe. Seine Mutter meinte: »Timmi, du bist ja ganz blass um die Schnute – ist dir nicht gut?«, doch Tim schüttelte nur den Kopf, gab ihr einen Abschieds-Schmatz, zog seinen Korbranzen an und hoppelte los zur Schule.

Dort angekommen, traf er Ben, der entspannt wirkte und ihn fröhlich begrüßte: »Was ist denn los, Tim, warum guckst du so traurig?«

Tim murmelte: »Na, du hast Nerven – ich habe ein super schlechtes Gewissen wegen der zerbrochenen Scheibe und weil wir weggehoppelt sind. Meine Eltern werden bestimmt sehr mit mir schimpfen, wenn sie das rausbekommen.«

Bens Öhrchen knickten vor Erstaunen ein und aus seinen braunen Augen blickte er seinen Freund ganz verwundert an. »Ach, du hast deinen Eltern nichts erzählt? Das hätte ich gar nicht ausgehalten. Du Armer! So ein schweres Geheimnis schleppst du mit dir rum.«

Nun wackelte Tim vor Erstaunen mit seinen Öhrchen und seine Schnurrhaare bebten vor Aufregung. »Was, du hast es deinen Eltern gesagt? Wow! Haben sie sehr geschimpft?«

Ben antwortete: »Na ja, in großen Hoppel-Jubel sind sie nicht gerade ausgebrochen, und natürlich haben sie mich gefragt, warum ich nicht das gemacht habe, was sie mir eingeschärft haben – nämlich weit weg von der Siedlung zu spielen. Als ich ihnen das mit dem köstlichen Kuchenduft erklärte und dass wir uns dort die Krümel stibitzen, haben sie lang mit mir gesprochen, dass es wichtig ist, dass sie mir vertrauen können, damit sie sich keine Sorgen machen müssen. Und sie haben mir erklärt, dass man sich nur aufeinander verlassen kann, wenn man einander vertraut, und dass das in Familien und Freundschaften das Wichtigste ist.

Das habe ich verstanden. Ich mag es ja auch, wenn meine Mama oder mein Papa mir etwas versprechen und es dann auch wirklich einhalten – zum Beispiel, wenn sie mir versprechen, dass wir am Wochenende zum Hasen-Rummel gehen, und es dann nicht absagen, weil sie so viel zu tun haben. Dann haben wir uns zusammen überlegt, was wir am besten machen mit Wirt Nepomuk. Sie wollten, dass ich mich bei ihm entschuldige, aber das traue ich mich allein nicht. Also werden sie heute nach der Schule mit mir zum Wirt gehen und ich soll mich dort dann entschuldigen. Wir haben auch besprochen, dass ich mein Taschengeld für die Scheibe beisteuern muss. Das ist doof, aber ich verstehe es. Komm doch mit heute, dann entschuldigen wir uns zusammen und teilen uns auch das Taschengeld – das ist fair, und du kannst deinen Eltern dann sagen, dass du das Problem schon gelöst hast.«

Tim hoppelte von einem Hinterbein auf das andere – das tat er immer, wenn er aufgeregt war. »Na klar komme ich mit dir mit. Wenn du dich entschuldigst, mache ich es auch, auch wenn es dein Schuss war, der durch die Scheibe ging. Wir haben ja beide dort gekickt. Meinetwegen gebe ich auch etwas von meinem Taschengeld, aber dann behalte ich die ganze verfuchste Geschichte einfach für mich – meine Eltern müssen ja nichts davon erfahren.«

Nun zog Ben seine Hasenstirn in Falten. »Aber warum willst du deine Eltern anlügen? Mein Papa sagt: Jeder macht mal Fehler. Das ist normal. Dass Fehler passieren, ist nicht schlimm, schlimm ist es, wenn man nicht zu ihnen steht und nicht aus ihnen lernt. Also überleg es dir. Wenn du willst, komm ich mit zu deinen Eltern, und wir sagen es ihnen zusammen.«

Nun atmete Tim tief durch: »Okay, wenn du mitkommst, sage ich es ihnen. Sie sagen auch immer, ich soll ihnen alles erzählen, aber ich weiß halt nicht, ob es dann nicht doch ein riesiges Karnickel-Donnerwetter geben wird.«

Da legte Ben seine Pfote um seinen Freund. »Wenn du ihnen erzählst, dass du dich entschuldigt hast, es dir leidtut und du auch dein Taschengeld hergibst, wird alles karottig gut werden.«

»Großes Möhren-Ehrenwort?«, fragte Tim, nun schon zuversichtlicher lächelnd.

»Riesig großes Möhren-Ehrenwort«, antwortete sein Freund und die beiden hoppelten Pfote an Pfote in den Unterricht.

Neulich traute ich mich, etwas sehr Schwieriges zu machen. Ich hatte es mir lange vorgenommen und wollte es unbedingt schaffen. Ich hatte richtig starkes Herzklopfen, meine Knie waren weich. Doch: Es gelang nicht. So ein Mist! Ich fiel hin, schlug mir das Knie auf. Was aber noch viel schlimmer als das blutige Knie war: Ich fühlte mich richtig blöd. Die anderen Kinder blickten mich spöttisch an und tuschelten über mich. Ich wurde rot und rannte weg. Ich wollte niemandem in die Augen blicken. Ich wollte allein sein und nie mehr so etwas Peinliches erleben.

In den darauffolgenden Tagen, Wochen und Monaten vermied ich alles, was schiefgehen könnte. Ich wollte einfach nie mehr dieses schreckliche Misserfolgs-Gefühl erleben. Ich fiel nicht mehr hin, ich schlug mir nicht mehr das Knie auf, aber ich hatte auch keine Schmetterlinge mehr im Bauch vor Aufregung, wenn die anderen Kinder den Hügel runtersausten oder um die Wette auf die Bäume kletterten. Denn ich machte einfach nicht mehr mit. Ich war oft allein und gab mir einfach nur Mühe, nichts Peinliches zu machen.

Ich empfand nun nicht mehr dieses schreckliche Gefühl, das ich hatte, als ich gefallen war. Aber es machte sich ein anderes Gefühl immer öfter in meinem Bauch breit: Ich fühlte mich ausgeschlossen von den anderen Kindern und ich fand alles so langweilig. Es ging nichts schief, aber richtig gut lief es auch nicht, richtig Spaß hatte ich schon lange nicht mehr gehabt. Da ich sowieso nichts Lustiges und Spannendes mehr mitmachte, zogen die anderen Kinder ohne mich los, und ich war meist für mich allein. Irgendwie sehnte ich mich nach den alten Zeiten, aber ich wusste nicht mehr, wie ich dahin kommen sollte – denn blamieren wollte ich mich nie mehr, auf keinen Fall!

Irgendwann beobachtete ich von meinem Garten aus, wie die anderen Kinder hintereinander von einer großen Mauer heruntersprangen. Es ging wohl darum, wer am weitesten springen konnte.

Alle trauten sich, nur ausgerechnet der lange Tom stolperte und fiel ganz ungeschickt hin, als er landete. Er kugelte zur Seite, und das sah irgendwie lustig aus, sogar ich musste lachen, als ich es aus der Ferne sah. Dann aber dachte ich: Der arme Tom, die anderen lachen ihn aus, das ist ihm bestimmt super peinlich, und gleich wird er wegrennen so wie ich damals.

Zu meiner Verwunderung rannte der lange Tom nicht davon. Er stand auf, wischte sich den Dreck von der Hose, grinste und verbeugte sich. Er verbeugte sich, wie nach einem Theaterstück! Ihm schien gar nichts peinlich zu sein. Und was machten die anderen Kinder? Sie klatschten Applaus, wie nach einem guten Theaterstück. Ich traute meinen Augen und Ohren kaum. Einer nach dem anderen sprang noch einmal von der Mauer, und auch Tom. Und wie er sprang! Dieses Mal am weitesten von allen, er landete perfekt, und nun klatschten die anderen wieder, ohne dass er sich vorher verbeugte.

Das beeindruckte mich ungeheuer. Wie ich Tom beneidete dafür, dass er zwar hinfiel, es ihm aber überhaupt nicht peinlich war, und vor allem, dass er sich traute, wieder zu springen! Was für ein Glückspilz – er war nicht davongerannt und hatte sich nicht vor den anderen versteckt. Oh, wie ich wünschte, ich könnte so sein wie er. Und plötzlich spürte ich sie wieder, die Schmetterlinge im Bauch!

Und bevor ich nachdenken konnte, sprang ich von meiner Schaukel und rannte, so schnell ich konnte, hinaus zu den anderen Kindern. Ich spürte, ich wollte dabei sein, ich wollte Spaß haben, und wenn es sein musste, würde ich auch in Kauf nehmen, dass mir noch einmal etwas misslang. Das würde aber nicht mehr schlimm werden, denn ich hatte jetzt begriffen: Hinfallen ist nicht schlimm, es ist auch nicht peinlich, ich muss nur wieder aufstehen und es noch einmal versuchen. Und zur Not verbeuge ich mich eben.

FRAU DR. WACKELZAHN UND DAS VERBOTENE LACHEN

Die Klavierstunde von Häschen Max stand wieder bevor. Jeden Montag um 17 Uhr fand sie statt, kurz nach dem täglichen Hasen-Kaffeestündchen, bei dem er heute eine köstliche Möhren-Sahne-Schnitte verspeist hatte. Eigentlich sein Lieblingskuchen. Montags konnte er ihn aber gar nicht richtig genießen, denn die bevorstehende Klavierstunde mit Frau Diplom-Musiklehrerin Dr. Magdalena Wackelzahn lag ihm schwer im Magen. Wieder einmal hatte er diese Woche nicht genug geübt, eigentlich fast gar nicht, nur kurz nach der Schule, und er wusste, dass dies nicht ausreichend war, denn den Hoppelmarsch von Wolfgang Amadeus von Hasian konnte er immer noch nicht fehlerfrei spielen – obwohl er nun schon seit gut vier Wochen versuchte, ihn in die Pfötchen zu bekommen.

Im letzten Jahr hatte Max seinen Eltern Hilda und Harry wochenlang erklärt, dass er Klavier lernen wollte. Seine Freundin Tessa Hüpf hatte zu Hause ein wunderschönes Klavier aus schwarzem Holz, und immer wenn er sie besuchte, spielte sie ihm herrliche Klavierstücke vor. Max war heimlich verliebt in das Hasenmädchen Tessa, deren für Häsinnen ungewöhnlich grüne Augen für ihn die schönsten der Welt waren. In seinem tiefsten Hasenherz erhoffte er sich, sie zu beeindrucken und zu entzücken, wenn er dieses Instrument auch so wie sie erlernen würde. In seinen Zukunftsträumen sah er sich schon vierpfötig mit ihr Klavier spielen. Max wurde es ganz warm ums Herz, und er seufzte leise, wenn er sich dieses Bild mit seiner wunderschönen Tessa am Klavier vorstellte.

Hilda und Harry waren zunächst gar nicht begeistert von der Klavierlern-Idee ihres Sohnes gewesen. Sie wollten, dass Max lieber die Hasen-Flöte lernen sollte, so wie seine große Schwester Ida, denn dann hätten sie nicht so ein großes und teures Instrument in ihr kleines Hasenhäuschen stellen müssen. Ihretwegen hätte er auch das Akkordeon erlernen können, wie seine Tante Elli mit den flotten Pfötchen, oder die Mundharmonika wie Onkel Berti. Dass es nun ausgerechnet ein so großes Klavier sein sollte, passte ihnen eigentlich gar nicht. Da Max aber nicht lockerließ und regelrecht darum bettelte, Klavier lernen zu dürfen, gaben sie schließlich nach, und zu Weihnachten brachte der Weihnachtshase das ersehnte Instrument. Vorher hatte sich Papa Harry allerdings sehr ernsthaft mit seinem Sohn zusammengesetzt und mit ihm den Unterricht besprochen: »Max«, meinte Papa Harry, »falls du mit dem Klavierunterricht beginnst, darf das kein Strohfeuer sein. Deine Mama und ich erwarten dann, dass du den Unterricht tatsächlich auch ausdauernd durchhältst. Wir sind auch bereit, dir eine besonders gute Klavierlehrerin zu suchen – wenn schon, denn schon. Du musst dich dann aber natürlich auch anstrengen und fleißig üben. Du kennst den alten Spruch, den in meiner Schulzeit, als ich noch ein fauler kleiner Hase war, meine Großmama Langohr immer zitierte, wenn ich eine schlechte Schularbeit nach Hause brachte: Ohne Fleiß keinen Preis. Und so ist es auch beim Klavierspiel – nur, wenn du fleißig übst, wirst du Fortschritte machen und schöne Stücke spielen können, die dir Freude bereiten. Bist du bereit dazu?«

»Natürlich, mein lieber Flauschohr-Papa«, rief Max, während er seinem Papa um den Hals fiel und seine Hasenschnauze am weichen Wangenfell seines Papas rieb. »Natürlich werde ich super, super fleißig üben – großes Karnickel-Ehrenwort!«, meinte Max und gab seinem Vater in alter Hasenmanier die linke Vorderpfote darauf.

»Gut, mein lieber Max, dann verlassen wir uns darauf und erfüllen dir diesen Herzenswunsch«, erwiderte sein Papa und machte ihn in diesem Moment zum glücklichsten Jungen in ganz Hasihausen. Und wie glücklich war Max erst, als der Weihnachtshase tatsächlich das ersehnte Instrument brachte – ein wunderschönes, glänzendes Klavier, in Eierschalenfarbe lackiert. Sehnsüchtig fieberte Max der ersten Klavierstunde entgegen, die noch während der Weihnachtsferien stattfand, als in Hasihausen die meisten Familien gemütlich die kalten Tage in ihren Hasenhäuschen verbrachten und die Hasenkinder mit ihren neuen Spielzeugen spielten.

Während der ersten Wochen des Klavierunterrichts freute Max sich immer sehr auf seine Lehrerin Dr. Magdalena Wackelzahn. Sie war eine ältere, freundliche, aber strenge Lehrerin mit einer schwarz umrandeten Brille, die ihn mit den dicken Brillengläsern etwas an seine Urtante Hanni erinnerte. In einer der ersten Stunden musste er kichern, da Frau Dr. Wackelzahn im Takt mit ihren Pfötchen klatschte, gleichzeitig aber auch mit ihren großen Schneidezähnen wackelte. »Oho«, dachte er. »Frau Dr. Wackelzahn macht ihrem Namen alle Ehre.« Als sie ihn kichern sah, blickte sie ihn streng von der Seite an und meinte: »Maximilian, das Erlernen eines Instruments erfordert Anstrengung und Konzentration; ich denke nicht, dass an meinem Unterricht irgendetwas lachhaft sein sollte!«. Max errötete bis über seine Schnurrhaare. »Wie peinlich!«, dachte er und strengte sich sehr an, nicht mehr zu lachen, wenn ihre Zähne im Takt klapperten.

Nachdem er die ersten Lieder mühelos erlernt hatte und freudig spielte, nahm sich Frau Dr. Wackelzahn immer schwierigere Stücke vor. Max musste nun mehr üben, um sie zu erlernen, und das Üben erforderte mehr Anstrengung. Nun gelang ihm das Spiel nicht mehr auf Anhieb wie so oft zu Beginn des Unterrichts, denn jetzt musste er mehrere Male immer wieder ein und dieselbe Stelle üben, bis sie ihm endlich fehlerfrei gelang. Sein anfänglicher Schwung war verloren gegangen, und da seine Klavierlehrerin so streng war und zu der Sorte Hasen gehörte, die zum Lachen in den Hasen-Vorratskeller gingen, machte ihm der Unterricht immer weniger Freude. Weil er nun immer weniger übte, kam er nur noch langsam voran,

Frau Dr. Wackelzahn guckte immer griesgrämiger drein, und Max hatte nun immer weniger Lust auf die Klavierstunden. Frau Dr. Wackelzahn klapperte nun nicht mehr mit den Vorderzähnen im Takt, denn da gab es gar keinen Takt mehr, den Max zustande bekommen hätte. Der süße Traum des vierpfötigen Klavierspiels mit Tessa rückte in immer weitere Ferne.

Und so kam es, dass Max sich überhaupt nicht mehr anstrengte, so wie er es seinem Papa vor dem Beginn des Unterrichts versprochen hatte. Er hatte natürlich ein schlechtes Gewissen, denn er wusste, dass er sich nicht an sein großes Karnickel-Ehrenwort gehalten hatte – und das hatten ihm seine Eltern Hilda und Harry schon früh beigebracht:

»Da hilft kein Gejammer, da hilft kein Gewimmer – ans Karnickel-Ehrenwort halten wir uns immer.«

Nun wusste er nicht, wie er sich verhalten sollte. Vor den Klavier-Montagen graute es ihm immer so sehr, dennoch konnte er seinen Eltern nicht sagen, dass er nicht mehr weiterspielen wollte – er hatte seinem Papa doch versprochen durchzuhalten! Und fleißig zu üben …

Seine Eltern waren sehr fleißige Hasen und arbeiteten das ganze Jahr über in ihrer Ostereier-Dekorationswerkstatt »HiHa« (der Name ergab sich aus den ersten beiden Buchstaben ihrer Vornamen). Dort waren sie immer bis zum frühen Abend mit ihrer Arbeit beschäftigt; ihre Auftragsbücher waren seitenlang gefüllt mit Bestellungen der Osterhasen des ganzen Landes. Denn Hilda und Harry waren ganz besonders begabte Eier-Dekorierer, die die schönsten und ausgefallensten Eier-Muster im ganzen Land erfanden. Ihre beliebteste Kollektion war die »HiHa-Kollektion«, für die sie vierpfötig Eier in besonders leuchtenden Farbtönen bemalten und diese mit kleinen glitzernden Partikeln benetzten, die aus einer geheimen und einzigartigen Mischung aus Muschelperlmutt und Sand hergestellt wurden. Nur Max' Eltern kannten diese Mischung und nur ihre gemeinsame Arbeit an einem Ei ergab diese besonders beliebten Ei-Dekorationen. Wegen dieser einzigartigen, vierpfötigen Gemeinschaftskreation seiner Eltern war Max auch der Gedanke des vierpfötigen Klavierspiels mit Tessa gekommen – auch er hätte gern gemeinsam mit seiner Freundin etwas Schönes – in seinem Fall Musik – hergestellt.

Da seine Eltern tagsüber so beschäftigt waren, merkten sie nicht, dass ihr Sohn mit dem Klavierspiel schluderte. Ab und zu fragten sie ihn: »Hast du heute schon Klavier geübt, mein Mäxchen?«, und stets nickte er oder bejahte die Frage – und auch diese Flunkerei erschwerte sein Herz mit schlechtem Gewissen.

Zum Glück kam ihm eines Tages seine große Schwester Ida zu Hilfe.

Hasenmädchen Ida, die nach der Schule mit ihrem kleinen Bruder zu Hause war, war natürlich aufgefallen, dass ihr Bruder nicht mehr, so wie zu Beginn seines Klavierunterrichts, begeistert seine Hasenlieder übte. Besonders dass er nun seit Wochen nicht mit dem Hasenmarsch von Wolfgang Amadeus von Hasian weiterkam, beobachtete sie und erstaunte sie. Sie merkte, wie verdrossen ihr kleiner Bruder der Klavierlehrerin die Pforte öffnete, wenn sie montags zum Unterricht erschien – so ganz anders als zu Beginn des Unterrichts, als er Frau Dr. Wackelzahn freudig entgegengehoppelt war und es kaum erwarten konnte, ihr vorzuspielen, was er in der vorangegangenen Woche geübt hatte.

Auch der schlecht gelaunte Blick der älteren Hasendame fiel Ida auf und deshalb sprach sie ihren kleinen Bruder an: »Sag mal, Mäxchen, der Klavierunterricht macht dir nicht mehr so große Freude wie zu Beginn, oder?«

»Nicht so große Freude? Ida, der Unterricht macht mir überhaupt keine Freude mehr – ich hasse diese langweiligen Klavierstunden mit dieser miesepetrigen Lehrerin, bei der man nicht mal lachen darf!«

Nun war Ida sehr erstaunt. »Aber du wolltest doch unbedingt Klavier lernen und hast Papa in die Pfote versprochen, fleißig zu üben. Er hat sich beim Direktor des Hasen-Musikvereins nach der besten Lehrerin erkundigt, damit du es möglichst schnell lernst.«

»Das ist es ja, Ida. Ich weiß es und deshalb habe ich auch so ein schlechtes Gewissen. Ich weiß, ich habe mein großes Hasen-Ehrenwort nicht gehalten, und ich glaube, ich habe dafür einfach nicht genug Talent. Diese ganzen Märsche, bei denen die Wackelzahn mit ihren Beißern im Takt mitklappert, nerven mich! Ich bin dafür nicht musikalisch genug!«

Nun kullerten Ida vor Lachen riesige Hasentränen aus ihren großen braunen Augen. »Was macht sie? Die Wackelzahn wackelt mit ihren Beißern im Takt?«

Da musste auch Max sehr lachen. Endlich konnte er darüber lachen, und zwar so sehr, dass er sich auf dem Boden kugelte und sich vor Lachen seinen kleinen runden Hasenbauch hielt.

Als sich beide beruhigt hatten, erzählte Max seiner Schwester, wie sehr er sich auf den Unterricht gefreut hatte, wie schön noch der Anfang gewesen war, aber wie wenig ihm das Erlernen des Instruments mittlerweile Freude machte – die griesgrämige Art seiner Lehrerin, ihr »Lach-Verbot« und auch die langweiligen Musikstücke, die sie auswählte, verdarben ihm den Unterricht. »Ich würde so gern mal Hasen-Swing spielen, nicht immer die ganzen alten Kamellen. Aber Dr. Wackelzahn besteht auf den alten Stücken und sagt, das würde sich so gehören.«

»So ein Quatsch!«, meinte Ida. »Musik soll Spaß machen, da muss sich nichts ›gehören‹. Natürlich musst du üben, um voranzukommen – dass du bei der schlecht gelaunten Lehrerin keine große Lust hast zu üben, kann ich verstehen. Warte mal, ich habe da eine Idee …«

Mit geheimnisvollem Blick hoppelte Ida aus dem Haus. Als sie wenig später zurückkam, leuchteten ihre Augen. »Ich habe Klavier-Kai aus der Klasse über mir gefragt, ob er dir Unterricht geben

möchte. Er spielt Klavier, seitdem er drei Jahre alt ist, und kennt jeden Hasen-Swing und die neuesten Lieder aus den Hasen-Charts, die dir Spaß machen. Und er hat zugestimmt, dich zu unterrichten!«

»Das ist ja toll!«, rief Max freudig aus. Doch dann wurde seine Stimme leiser. »Und wie sagen wir das Mama und Papa?«

»Am besten ganz ehrlich«, antwortete die große Schwester. »Erzähl ihnen alles genauso, wie du es mir erzählt hast, und dann werden sie es verstehen. Du musst dann auch zugeben, dass du nicht viel geübt hast und dass Frau Dr. Wackelzahn bestimmt auch deshalb so griesgrämig wurde. Ihre Unterrichtsart scheint aber einfach nicht so zu dir zu passen – du brauchst einen jüngeren, cooleren Lehrer, der auch andere Stücke mit dir einübt und bei dem du auch mal lachen darfst! Das werden sie verstehen. Sie werden etwas sauer sein, dass du sie angeflunkert hast, wenn sie später aber merken, dass du dir mit dem neuen Lehrer Mühe gibst, wird alles wieder gut. Und dann gibst du uns allen mal ein schönes Familienkonzert.«

Und so geschah es tatsächlich. Max nahm all seinen Mut zusammen und nutzte das nächste Abendessen, um seinem Herzen Luft zu machen. Er erzählte seinen Eltern all das, was er auch Ida erzählt hatte. Als er wahrheitsgemäß alles berichtet hatte, auch dass er die Eltern beschwindelt hatte und gar nicht regelmäßig geübt hatte, blickten seine Eltern ihn streng an. Nach einem Moment des Schweigens war er jedoch völlig überrascht über ihre Reaktion.

Seine Mutter lächelte ihn über den Tisch hinweg an und meinte: »Max, dass du uns angeschwindelt hast und dein großes Karnickel-Ehrenwort gebrochen hast, ist nicht in Ordnung. Ich denke, das weißt du.«

»Na, klar Mama, deswegen habe ich auch ein sehr schlechtes Gewissen«, erwiderte er leise.

»Gut, dann sag uns in Zukunft einfach früher Bescheid, wenn dich etwas belastet. Dann können wir alle gemeinsam nach einer Lösung suchen. Wir dachten, wir hätten eine besonders gute Lehrerin ausgesucht, aber offenbar passt sie einfach nicht zu dir. Ich finde, Ida hat da eine tolle Idee gehabt – eine Lehrerin, die mit den Zähnen klappert und das Lachen verbietet, ist wirklich nicht die richtige. Also probier es mit Klavier-Kai, und sag uns Bescheid, wie du mit ihm zurechtkommst!«

Max konnte seinen Löffeln nicht trauen! Vorsichtig blickte er zu seinem Papa und auch der lächelte und nickte. Da machte Max' Herz einen Riesenhüpfer. Reihum gab er Mama, Papa und Ida einen dicken Hasen-Schmatz auf die Schnute und rief: »Ich habe die beste Familie der Welt!«

Und tatsächlich – auch bei Klavier-Kai fiel ihm das Üben nicht immer leicht. Er strengte sich jedoch immer wieder an, denn Kai ließ seinen Schüler Stücke aussuchen, die ihm Spaß machten und die er sehr gern fehlerfrei spielen können wollte. Und lief mal etwas nicht richtig rund, dann konnten beide darüber lachen. Vor allem aber: Max' Taktgefühl wurde nie wieder durch das Geklapper von Zähnen gestört.

Ich hatte mir etwas ganz Tolles ausgedacht. Etwas Großartiges. So etwas hatte ich noch nie gesehen und ich wollte es unbedingt bauen. Ich würde so stolz sein, wenn es fertig war. In meinem Bauch kribbelte es vor Freude, wenn ich nur daran dachte. Mein Herz hüpfte vor Aufregung, als ich mir ausmalte, wie es aussehen würde.

Als ich meinem großen Bruder ganz aufgeregt davon erzählte, sagte er: »Da hast du dir etwas viel zu Großes vorgenommen, Kleine, das kann nie funktionieren. Fang mal mit etwas Einfachem an.«

Plötzlich spürte ich einen Stein in meinem Herzen. Das freudige Kribbeln ließ nach und auch den Mut spürte ich nicht mehr. Auf einmal fühlte ich mich traurig und kraftlos.

Aber nach einigen Tagen kam die Aufregung wieder, wenn ich an meinen Traum dachte, und ich erzählte meiner besten Freundin davon. Sie meinte: »Das ist toll, aber viel zu kompliziert. Lass uns lieber etwas anderes zusammen bauen.«

Wieder spürte ich, wie mein Mut und meine Freude weniger wurden. Irgendwie traute ich mich nicht, meinen Traum anzupacken und einfach loszulegen. Ich hatte Angst, dass die anderen recht behalten würden und ich zu groß geträumt hatte und mein Plan nicht glücken würde.

Trotzdem dachte ich immer wieder an meinen wunderbaren Traum und schließlich erzählte ich Großpapa davon. Er hörte aufmerksam zu und lächelte mich an. Ich erzählte ihm auch, was großer Bruder und beste Freundin gesagt hatten und dass mich ihre Antworten mutlos und unsicher gemacht hatten. Großpapa reagierte ganz anders als die beiden:

»Weißt du, es gibt so viele Träume wie Sterne am Himmel. Unendlich viele Träume fliegen tagtäglich um uns herum. Sie bleiben nur bei dem Menschen, der sie erkennt, der sie auffängt und spannend findet. Und sie bleiben nur bei einem Menschen, wenn sie sich bei ihm wohlfühlen. Es funktioniert wie ein Magnet: Der Mensch zieht den Traum an, weil der sich bei ihm wohlfühlt, aber auch, weil er ihn spannend findet. Träume bleiben nicht bei Menschen, zu denen sie nicht passen, da fliegen sie schnell weiter. Und Menschen achten auch nicht auf Träume, die sie nicht toll finden, die erkennen sie gar nicht. Jeder Mensch kann nur allein herausfinden, ob der Traum, der ihn anfliegt, zu ihm passt oder nicht. Dein Bruder und deine Freundin haben nicht das Kribbeln, das du in dir hast, wenn du an deinen Traum denkst. Nur du kannst rausfinden, ob du ihn zum Leben bringen willst. Folge deinem Gefühl, lass nicht andere für dich entscheiden, ob er zu dir passt. Dein Kribbeln und deine Vorfreude, wenn du an ihn denkst, sind ein guter Kompass.

Um einen Traum zum Leben zu erwecken, braucht es Mut und Kraft, und manchmal hat man auch von anderen viel Gegenwind und ist oft allein damit. Hat man es aber einmal geschafft und seinen Traum wahr gemacht, so gibt es kaum ein schöneres Gefühl als die Freude, wenn der Traum zu Wirklichkeit geworden ist.«

Großpapas Antwort machte mir Hoffnung, aber ich war immer noch etwas unsicher. »Ja, Großpapa, das klingt gut, aber was ist, wenn der Traum zu mir passt und ich zu ihm, aber ich ihn trotzdem nicht hinbekomme?«

Und diese Antwort von Großpapa gab mir neuen Mut: »Das macht gar nichts. Nicht alle Träume gelingen immer, aber dann hast du es wenigstens versucht. Und bei dem Versuch lernst du etwas, was du vielleicht zu einem anderen Zeitpunkt nutzen kannst. Also ist die Mühe nie umsonst, und außerdem macht es Spaß, etwas auszuprobieren – auch wenn es nicht immer gelingt.«

Also machte ich mich mutig und mit Freude und Aufregung im Herzen an meinen Plan. Ich strengte mich an, überlegte, hämmerte, versuchte und fing oft wieder von vorne an. Ich arbeitete viele lange Stunden und Tage an meiner Traumvorstellung. Irgendwann hatte ich es wirklich geschafft, und mein Traum, der mich irgendwann angeflogen hatte, war Wirklichkeit geworden.

Das war ein fantastisches Gefühl! Ich war so stolz und so froh und war mir nun ganz sicher, dass ich nie wieder jemand anders entscheiden lassen würde, ob ein Traum zu mir passt oder nicht – ich wusste, das kann nur ich ganz allein erkennen.

Und ich hatte auch gespürt: Als ich nicht mehr darauf hörte, was die anderen sagten, sondern an meinen Traum glaubte und einmal anfing zu bauen und mir immer wieder das schöne Ergebnis meiner Arbeit vorstellte, da hatte ich ganz viel Kraft.

Großpapa hatte recht: Man muss nur seinen Träumen folgen.

DER ANGSTHASE IM PAKET

Als Emma wieder einmal traurig ist, weil sie sich nicht traut, auf die Straße zu gehen und bei den anderen Kindern mitzuspielen, fragt sie ihren Papa: »Papa, warum habe ich so viel Angst?« Ihr Papa kocht ihnen beiden einen heißen Kakao mit einer Extraportion Schlagsahne, nimmt Emma auf den Schoß und fängt an zu erzählen: »Weißt du, Emma, jedes Kind kommt als fertiger kleiner Mensch auf die Welt. Es ist sozusagen ein fertiges Geschenk, das seine Eltern geschenkt bekommen. Ein kleines aufregendes Überraschungspaket, in dem ganz viel drin ist. Manche Dinge in unserem Paket mögen wir, manche mögen wir nicht. Meistens mögen wir die Dinge, die wir gut können: schnell rennen, geschickt klettern, schön singen, hohe Türme bauen, uns fürsorglich um Hunde kümmern, gut mit der kleinen Schwester spielen, das beste Versteck finden, allein den Tisch festlich dekorieren, die buntesten Ostereier malen, die tollsten Schneemänner bauen, Gedichte super aufsagen und vieles mehr.

Aber da gibt es bei jedem von uns auch Dinge, die wir nicht gut können oder die uns ein doofes Gefühl geben, und die mögen wir nicht so gern. Manche Kinder sind sehr ungeduldig und werden schnell wütend. Sie regen sich schnell auf und müssen oft schreien und manchmal auch etwas kaputt machen, weil sie einen großen Wutbär in ihrem Paket haben. Der kommt einfach immer zu ihnen, wenn etwas nicht so läuft, wie sie wollen. Er ruft: ›Das ist unfair, das ist gemein, die anderen sind fies‹, bei den kleinsten Kleinigkeiten, und so spüren diese Kinder oft ganz viel Wut. Das ist ganz schön anstrengend für sie, denn wer schreit schon gern die ganze Zeit? Und wer macht schon gern alles kaputt, was er gerade aufgebaut hat? Es macht sie auch traurig, denn die anderen Kinder haben oft Angst vor ihnen, und die Erwachsenen sind häufig genervt von dem Wutbär, und deshalb haben diese Kinder oft niemanden zum Spielen, haben viel Ärger mit den Erwachsenen und fühlen sich allein.

Manche Kinder sind sehr langsam und trödeln den ganzen Tag und träumen viel. Sie haben eine Trödelmaus in ihrem Paket, die sie manchmal nervt, weil sie nicht so schnell sind wie die anderen Kinder, weil sie oft vor sich hinträumen und gar nicht mitbekommen, was der Lehrer oder andere Kinder sagen, und weil ihre Eltern oft schimpfen, dass sie sich beeilen sollen. Die Schule und die Schulaufgaben sind ganz schön anstrengend für sie, weil sie mit ihrem Träumen und Trödeln viel Zeit dafür brauchen und deshalb nicht so viel Zeit für die schönen Dinge haben wie Fahrrad fahren, angeln, klettern oder mit den anderen Kindern Verstecken spielen.

Manche Kinder haben viel Angst, sie haben einen kleinen Angsthasen in ihrem Paket. Sie beobachten sehr gut und kriegen besonders viel mit, was um sie herum geschieht, und meistens machen sie sich sehr viele Sorgen um alles Mögliche, was schiefgehen könnte. Das macht ihnen oft ein blödes Gefühl im Bauch, und deshalb trauen sie sich nicht so viel wie die anderen Kinder und wie sie selbst eigentlich gern würden. Sie haben oft Angst vor Klassenarbeiten, obwohl sie eigentlich gut gelernt haben, oder sie trauen sich nicht, andere Kinder zu fragen, ob sie mit ihnen mitspielen können. Manchmal haben sie auch Angst vor Einbrechern, obwohl Mama und Papa die Haustür gut abschließen und keiner in das Haus reinkann.

Es gab schon immer Abenteurer, also Menschen, die gern Abenteuer erlebten, die Reisen über weite Meere oder hohe Berge machten. Und es gab schon immer Menschen, die es sich gern zu Hause in ihrer Burg mit den dicken Mauern gemütlich machten, die Burgbewohner.

Oft sagt der Angsthase zu den Kindern, dass sie lieber in ihrer Burg bleiben sollen, weil es draußen in der Welt zu gefährlich ist.

Es muss nicht jeder ein Abenteurer sein – wohin sollten denn die

Abenteurer nach ihren Reisen zurückkehren, wenn es keine Burgbewohner gäbe, die sie nach ihren Abenteuern in die Arme schließen und sich ihre tollen Geschichten anhören?

Aber so, wie die Abenteurer auch mal zu Hause ausruhen müssen nach ihren spannenden Reisen, tut es den Burgbewohnern auch gut, ab und zu mal einen kleinen Ausflug außerhalb ihrer Burg zu machen. Das müssen keine gefährlichen Reisen sein, sondern können kleine Spaziergänge in die Umgebung sein, bei denen die Burgbewohner hinter ihren dicken Mauern hervorkommen und sich frische Luft um ihre Nasen wehen lassen und mal gucken, was da draußen so los ist.

Du siehst: Jeder hat schöne und auch blöde, störende Sachen in seinem Paket. Wir können das Paket, mit dem wir auf die Welt gekommen sind, nicht umtauschen oder zurückgeben, denn wir sind, wer wir sind, aber wir können uns das Leben etwas leichter machen. Wir können dem Wutbär, der Trödelmaus oder dem Angsthasen etwas erklären. Wir können ihnen beibringen, dass sie zwar in unserem Paket sein dürfen, aber dass sie sich nicht so breitmachen dürfen. Und dann müssen wir ihnen zeigen, dass wir die Chefs sind und nicht sie.

Ich kann dir helfen, dass dein Angsthase dich nicht mehr so erschreckt und du dich traust, kleine Ausflüge in die Welt zu machen. Nach jeder kleinen Mutprobe weißt du, dass du auch die Welt ent-

decken kannst und dass der kleine Angsthase ganz ruhig wird, wenn du ihm erklärst, dass du jetzt auch mal ein bisschen Abenteuer erleben willst. Hinterher kannst du deine Burg wieder richtig genießen.

Du bist richtig, genauso, wie du bist! Als Papa aufhört zu erzählen, drückt er Emma und gibt ihr einen Kuss auf die Nase. Inzwischen hat Emma ihren Kakao ausgetrunken, sie lächelt ihren Papa an, steht auf und sagt: »Gut, Papa, dann sage ich jetzt mal meinem Angsthasen, dass er ein Mittagsschläfchen halten soll, und gehe raus zu den anderen Kindern.« Ihr Papa zwinkert ihr fröhlich zu, als sie durch die Haustür zu den anderen Kindern auf die Straße läuft.

DER KLEINE FUNKE FREUNDLICHKEIT GEHT UM DIE WELT

In einem kleinen Dorf ganz oben im verschneiten Norden saß eine Familie am Frühstückstisch. Das warme Feuer knisterte schon im Ofen und verbreitete eine gemütliche Wärme an diesem ungemütlichen, bitterkalten und noch dunklen Morgen. Während kleiner Bruder seinen warmen Kakao trank, sah er aus dem runden Fenster der Stube. Trotz der Eisblumen, deren wunderhübsche, feine Kristalle sich auf der Fensterscheibe abzeichneten, konnte er im fahlen Licht der Straßenlaterne erkennen, dass es draußen schrecklich stürmte. Dichtes Schneetreiben tobte auf der dunklen Straße. Sorgenvoll blickte kleiner Bruder auf das Schneegestöber. Im Winter musste er im Dunkeln den weiten Weg zur Schule laufen, und wenn es so dicht schneite, hatte er immer Angst, vom Sturm davongeweht zu werden.

Großer Bruder war schon auf dem Sprung zu seiner Schule, er musste in eine andere Richtung laufen als kleiner Bruder. Er fing den ängstlichen Blick vom kleinen Bruder auf und fragte ihn: »Macht dir der Sturm Angst, kleiner Bruder?« Kleiner Bruder nickte verschämt. Manche in seiner Klasse nannten ihn Angsthase, weil er sich immer vor so vielen Dingen fürchtete. Das war ihm immer peinlich, aber jetzt war er doch froh, dass großer Bruder ihn mit einer ganz lieben und gar nicht spöttischen Stimme angesprochen hatte. Die Frage fühlte sich an wie eine freundliche Umarmung.

»Komm, nimm schnell deinen Ranzen, und dann laufe ich das Stück bis über die Brücke mit dir zusammen. Danach weht der Wind nicht mehr ganz so stark, weil du dann durch die Häuser am Feldrand geschützt bist.« Kleiner Bruder blickte großen Bruder überrascht an. »Kommst du dann nicht zu spät, das ist doch ein Umweg für dich?« »Nicht, wenn wir beide schnell gehen, komm, wir schaffen das.«

Glücklich zog sich kleiner Bruder die dicke Winterjacke, Mütze und Schal an, schulterte seinen Ranzen, gab kleiner Schwester und Mama einen Kuss und rannte großem Bruder hinterher, der schon aus der Haustür raus war. Zusammen liefen sie, so schnell es kleiner Bruder schaffte, durch das Schneegestöber. An großen Bruders Hand fühlte sich kleiner Bruder sicher und geborgen. Als sie die Brücke überquert hatten, bückte sich großer Bruder und sah kleinem Bruder in die Augen. »Jeder hat mal Angst, kleiner Bruder, mach dir nichts daraus, wenn es dir passiert, und lass dich von niemandem deshalb ärgern. Je größer du wirst, desto weniger Angst wirst du haben. Ich hatte früher auch mehr Angst, das ist normal.« Zum Abschied gab er ihm einen Knuff in die Seite und sprintete in die andere Richtung wieder zurück. Oh, was hatte kleiner Bruder da gespürt, war das nicht ein Funke in seinem Herzen? Ein warmer Funke, ausgelöst durch die Freundlichkeit seines lieben großen Bruders? Tatsächlich, auch wenn kleiner Bruder ihn nur spüren und nicht sehen konnte, so hüpfte in seinem Herzen der kleine Funke Freundlichkeit, der immer im Herzen der Menschen entsteht, wenn sie Freundlichkeit erleben.

Mit diesem wunderschönen Funken im Herzen und einem Lächeln auf den Lippen kam kleiner Bruder in der Schule an. Heute fühlte er sich gar nicht ängstlich, sondern stark und genau richtig, so wie er war. »Jeder hat mal Angst«, hatte großer Bruder gesagt, also war es normal und gar nicht schlimm, auch mal ängstlich zu sein. Kleiner Bruder spürte die Kraft des Funkens in seinem Herzen so sehr, dass er sich sogar traute, sich im Matheunterricht zu melden und die schwierige Aufgabe an der Tafel zu lösen. Heute hatte er Bärenkräfte! In der Pause machten die Kinder eine Schneeballschlacht, und als sich alle auf den kleinen Piet stürzten, um ihn mit Schnee einzureiben und Schnee in seinen Anorak zu kippen, traute er sich, Piet zu helfen. Er bekam selbst eine Menge Schnee ab, aber der kleine Funke in seinem Herzen gab ihm heute Kraft, Dinge zu tun, die er sich sonst nicht traute. Als die Pause zu Ende war, konnte er an Piets Lächeln sehen, dass er einen neuen Freund gewonnen hatte. Ohne dass man es von außen sehen konnte, war der kleine Funke zu Piets Herz übergesprungen. Als Piet unerwartet Hilfe vom kleinen Bruder erhielt, machten ihm die Gemeinheiten der anderen Kinder nicht mehr so viel aus, denn es hatte einen Jungen gegeben, der zu ihm gehalten hatte, der freundlich zu ihm gewesen war. Jetzt fühlte Piet die Kraft des Funkens in seinem Herzen.

Als Piet frohgemut und voller neuer Energie nach der Schule zu Hause ankam und seine Mutter ihr müdes und gestresstes Gesicht hatte, wie so oft, wenn sie viel arbeiten musste, räumte er, ohne dass sie ihn bitten musste, die Küche auf. Die langweilige Hausarbeit, um die er sich sonst gern drückte, machte ihm heute nichts aus; er pfiff fröhlich vor sich hin, während er das Geschirr vom Vortag spülte, trocknete und alles an seinen Platz räumte.

Er wollte gerade in sein Zimmer gehen und seine Hausaufgaben machen, als seine Mutter in die Küche kam und den blitzblanken, aufgeräumten Raum erblickte. Oh, wie blickte sie überrascht und oh, diesen fröhlichen Blick, dieses Strahlen in ihren Augen und dieses Lächeln hatte er lange nicht mehr in ihrem Gesicht gesehen. Sie nahm ihn fest in den Arm, streichelte ihm über den Kopf und flüsterte nur: »Danke, danke, du lieber Piet.«

Und in diesem Moment war der kleine Funke Freundlichkeit unsichtbar in das Herz von Piets Mutter gesprungen. Sie hatte so ein warmes Gefühl in ihrem Herzen wie schon lange nicht mehr.

Ihr könnt es euch schon denken: Der kleine Funke Freundlichkeit wanderte immer weiter und weiter: von der Mutter zur älteren Nachbarin, der die Mutter ein Stück von dem schönen Schokokuchen brachte, den sie aus ihrer guten Laune heraus spontan mit Piet gebacken hatte. Von der Nachbarin zur Postbotin, der die Nachbarin ein liebes Kompliment machte, weil sie den Funken in ihrem Herzen spürte und sie ihre Freude mit einem anderen Menschen teilen wollte. Die Postbotin half ihrem Mann bei seiner Büroarbeit, auf die sie eigentlich keine Lust hatte. Aber weil das Kompliment der älteren Nachbarin sie so beschwingt hatte, fühlte sie viel Kraft durch den kleinen Funken Freundlichkeit in ihrem Herzen und wollte diese auch weitergeben. So sprang der kleine Funke von einem Menschen zum nächsten, wie er es immer tut, wenn ein Mensch freundlich zu einem anderen ist. Der kleine Funke reiste von Norden nach Süden, von Süden nach Westen und von Westen nach Osten, und so umreiste er die ganze Welt. Er hatte Inuit-Familien besucht, Ureinwohner im Dschungel des Amazonas, Stadtkinder in New York und Farmer in Australien. Jeder, der ihn in seinem Herzen fühlte, fühlte sich geborgen und stark und hatte die Kraft, freundliche Dinge zu tun, an die er sonst nicht dachte, die er sich sonst nicht traute oder für die er sonst keine Energie besaß. Und so brachte der kleine Funke Freundlichkeit Wärme, Kraft und Geborgenheit zu Menschen rund um den Globus.

Leider hatte der kleine Funke Freundlichkeit einen Gegenspieler, das war der kleine Funke Griesgram. Auch er hatte Kraft, es war aber keine freundliche und warme Kraft, sondern eine kalte, unfreundliche Kraft, die entstand, wenn Menschen nicht freundlich miteinander waren.

In dem gleichen Dorf im Norden, in dem kleiner Bruder und seine Familie lebten, wohnte ein fleißiges Ehepaar. Der Mann betrieb eine Schreinerwerkstatt und zimmerte wunderschöne Möbel aus verschiedensten Holzarten, und die Frau war eine der besten Bäckerinnen der Region. Sie zauberte wunderbares Gebäck und köstliche Torten, die sie auf den Wochenmärkten der Gegend verkaufte. Als sie an diesem stürmischen Wintermorgen ihre Kuchen und Torten zu ihrem Transporter tragen wollte, um damit auf den Markt zu fahren, fragte sie ihren Mann, der noch beim Frühstückskaffee und seiner Zeitung saß, ob er ihr kurz beim Tragen helfen könnte. Ihr Mann war eigentlich ein gutmütiger Zeitgenosse, an diesem Morgen jedoch blickte er nur kurz auf und meinte kurz angebunden: »Du siehst doch, dass ich gerade lese! Kann ich nie meine Zeitung in Ruhe lesen?« Überrascht über den unfreundlichen Ton ihres Mannes, spürte die Frau einen Stich in ihrem Herzen, ihr Herz fühlte sich auf einmal irgendwie schwer an, und sie merkte, wie der morgendliche Schwung und die Vorfreude auf den Tag verschwunden waren. Der Funke Griesgram war in ihr Herz gesprungen, er gab ihm einen Stich und ließ es schwer werden. Ohne ein Wort zu sagen, packte sie die Bleche und Kisten mit den wunderschön verzierten Torten und wohlduftenden Kuchen in ihren Transporter und fuhr ohne ein Wort des Abschieds davon. Das hatte sie noch nie getan und ihr Herz fühlte sich sehr schwer und traurig an.

Als sie auf dem Markt ankam und ihren Stand einrichtete, grüßte sie ihre Nachbarn nicht so freundlich wie sonst, denn in Gedanken war sie noch bei dem unfreundlichen Verhalten ihres Mannes. Als sich gegen Mittag wie üblich eine Schlange vor ihrem beliebten Kuchenstand bildete und ein Mädchen sich nicht entscheiden konnte, ob sie lieber ein Stück Schokokuchen, ein Stück Zitronentarte, ein Himbeerbaiser oder nicht doch ein Stück Bananenbrot mit karamellisierten Walnüssen wählen sollte, riss ihr der Geduldsfaden, und sie fuhr das Kind in barschem Ton an: »Nun entscheide dich, du hältst hier den ganzen Betrieb auf.« Erschrocken blickte das Mädchen sie an, errötete, drehte sich um und rannte davon, ohne etwas gekauft zu haben. Auch sie hatte einen Stich in ihrem Herzen gefühlt, völlig unerwartet hatte sie die sonst so freundliche Bäckersfrau, auf deren köstliche Kuchen sie sich schon immer die ganze Woche vor dem Markttag freute, barsch angefahren. Das hatte sie wie ein Blitz getroffen und ihr Herz schwer gemacht. Der Funke Griesgram war von der Bäckersfrau in das Herz des Mädchens gesprungen.

Und wie du es dir denken kannst, geschah, was geschehen musste: Als das Mädchen nach Hause kam und ihre kleine Schwester sie fragte, ob sie ihr bei einer schwierigen Rechenaufgabe helfen könnte, fauchte sie sie ungeduldig an, sie habe keine Zeit. Und zog die Tür zu ihrem Zimmer fest hinter sich zu, vor der die kleine Schwester erschrocken und gekränkt stehen blieb. Der kleine Funke Griesgram war in ihr Herz gesprungen, und sie fühlte sich traurig und hatte den Mut verloren, die schwierige Aufgabe zu lösen. Und von der kleinen Schwester wanderte der Funke Griesgram weiter zu ihrer Freundin, die klingelte und fragte, ob sie raus zum Spielen kommen und zusammen mit ihr und den anderen Kindern der Nachbarschaft einen Schnee-Iglu bauen wollte. »Nein, keine Zeit, ist doch sowieso blöd, so etwas zu bauen«, antwortete die kleine Schwester mürrisch, obwohl sie eigentlich nur zu gern mitgespielt hätte. Aber der kleine Funke Griesgram verbreitete schlechte Laune und Unfreundlichkeit in ihr, und so gab sie den Funken an ihre Freundin weiter. Und von dort wanderte der Funke weiter von dem Dorf in die große Stadt, von dort in die anderen Dörfer und Städte, in die Nachbarländer und schließlich um die ganze Welt. Er verbreitete Unfreundlichkeit und Traurigkeit, schlechte Laune und Ungeduld, wo eigentlich Wärme und Freundlichkeit hätten sein können.

Es liegt allein an uns Menschen und daran, wie wir uns verhalten, ob der kleine Funke Freundlichkeit in den Menschen Freude und Kraft auslöst und die Welt ein bisschen schöner, heller und freundlicher macht oder ob der kleine Funke Griesgram sich ausbreitet und Unfreundlichkeit und schlechte Stimmung verbreiten kann. Schon ein Lächeln oder ein freundliches Wort kann bei einem anderen Menschen den Funken Freundlichkeit im Herzen entfachen. Und wir können uns jeden Tag neu entscheiden, ob wir lieber den kleinen Funken Freundlichkeit oder den kleinen Funken Griesgram auf die Reise schicken wollen.

NACHWORT

Dieses Buch trägt den Titel »Der Schatz des Selbstwerts«. Meine Erfahrungen als Therapeutin ebenso wie als Mutter bestätigen es immer wieder: Eltern können ihren Kindern keinen größeren Liebesdienst erweisen als ihnen zu helfen, diesen Schatz zu entwickeln. Ein stabiler Selbstwert trägt Menschen durch ihr ganzes Leben. Er ist *der* protektive Faktor, der Kindern hilft, eine gesunde Persönlichkeit zu entwickeln.

Umgekehrt gilt leider auch: Probleme bei Sozialkontakten, Ablösungsschwierigkeiten von uns Eltern, Konflikte in Kita und Schule – fast allen liegen Selbstwertstörungen und mangelnde Selbstliebe zugrunde. Nicht erst seit der Pandemie sehen wir, wie groß die Not unserer Kinder ist, und ich bin fest davon überzeugt: Viele ihrer Nöte hängen ganz eng mit ihrem – mangelnden – Selbstwert zusammen. Ein guter Selbstwert ist *der* Schlüsselfaktor der Persönlichkeitsentwicklung unserer Kinder, und wir Eltern können jeden Tag zu seiner Stärkung beitragen. Menschen, die sich selbst annehmen, wie sie sind, die ein gutes Selbstwertgefühl und einen liebevollen Blick auf sich haben, sind in der Regel weitaus besser in der Lage, auch liebevoll auf andere zuzugehen, als Menschen, die einen schlechten Selbstwert besitzen. Das Reservoir der Menschenliebe und Großzügigkeit scheint bei diesen Personen besser aufgefüllt zu sein, dementsprechend fällt es ihnen leichter, diese weiterzugeben.

Dies wiederum fördert einen positiven Kreislauf: Ihr positives Verhalten löst positive Reaktionen bei ihren Mitmenschen aus, die wiederum das eigene Selbstwertgefühl bestärken. Im umgekehrten Fall wird ein negativer Kreislauf in Gang gesetzt: Menschen, die ihren Mitmenschen mit einem kritisch-abwertenden Blick begegnen, erfahren wiederum eher negative Reaktionen von diesen und werden dadurch in ihrem Selbstwertgefühl nicht bekräftigt.

Wenn wir unseren Kindern helfen, einen liebevollen Blick auf sich zu richten, unterstützen wir sie nicht nur dabei, sich selbst anzunehmen, sondern eben auch dabei, ihren Mitmenschen auf eine positivere Art zu begegnen. Durch eine wertschätzende Haltung sich selbst und anderen gegenüber eröffnen wir ihnen vielfältige Wege, selbstwertstärkende Erfahrungen zu machen.

Der innere Blick strahlt nach außen.
Die Selbstliebe strahlt auf andere ab.

Wer einen liebevollen Blick auf sich selbst richtet, darf authentisch sein und muss sich nicht verstellen. Authentizität in zwischenmenschlichen Beziehungen ermöglicht Nähe. Menschen mit einem gesunden Maß an Selbstliebe erlauben sich, sich der Welt und ihren Mitmenschen so zu zeigen, wie sie sind. Schlüpfen Menschen immer in Rollen, bewahren sie stets eine Fassade, ist eine wirkliche Nähe zu ihren Mitmenschen nicht möglich. Denn es ist nicht die authentische Person, die in Beziehung geht, sondern eine unauthentische Variante ihrer selbst.

Du kannst bereits deinem kleinen Kind den positiven Effekt von liebevollem Verhalten erklären, indem du ihn mit einem Lichtfunken vergleichst, den man weitergibt. Weil man glücklich mit sich selbst ist, lächelt man eine andere Person an und ist freundlich zu ihr – man schenkt ihr einen Funken Freundlichkeit. Diese Person wiederum freut sich darüber, bekommt gute Laune und lächelt eine weitere Person an. Die wiederum ist ebenfalls positiv berührt und gibt diesen Funken, vielleicht in Form von Geduld, an eine andere Person weiter, die diese benötigt. Und so geht der kleine Funke des liebevollen Verhaltens weiter auf Reisen. Entsprechend kann ein kleiner Funke, den wir an eine Person weitergeben, große Kreise ziehen und eine ganze Straße, ein ganzes Dorf, eine ganze Region, ein ganzes Land, die ganze Welt erleuchten.

Leider gibt es auch den umgekehrten Effekt: Weil wir unzufrieden mit uns selbst sind, behandeln wir eine andere Person unfreundlich – wir übermitteln ihr einen Hauch von Unfreundlichkeit. Sie ist gekränkt und geht schroff eine andere Person an, die wiederum ist beleidigt und behandelt jemand anders ungeduldig. Und so kann ein Hauch lieblosen Verhaltens ein Haus erfüllen, dann eine Straße, ein Dorf, eine Region, ein Land und schließlich die ganze Welt. Anhand der Geschichte »Der kleine Funke Freundlichkeit geht um die Welt« kannst du diesen Zusammenhang deinem Kind spielerisch vermitteln.

Liebevolles und liebloses Verhalten sind Energien, die wir an andere Menschen weitergeben. Beide machen dort nicht halt, sondern werden energetisch weitergegeben. Schon kleine Kinder können begreifen, dass ihr Verhalten andere Menschen beeinflusst und dass wir immer die Wahl haben, positive oder negative Energie an unsere Umwelt weiterzugeben.

Weil mangelnder Selbstwert ursächlich, neben anderen auslösenden Faktoren, als Risikofaktor für die Entstehung von psychischen Störungen gilt und damit zu großem persönlichen Leid beitragen kann, sollten wir Eltern unseren eigenen Selbstwert und den unserer Kinder immer wieder neu nähren. Unabhängig davon, ob ein Mensch mit schwachem Selbstwert eine psychische Störung entwickelt oder nicht, kann dieser Mangel nicht nur zu persönlichem Leid, sondern auch zu Neidgefühlen, Minderwertigkeitskomplexen und Eifersucht führen. Einige Menschen wissen es nicht besser, als zu versuchen, ihr mangelndes Selbstwertgefühl durch Aggression, Gewalt und Dominanzverhalten zu kompensieren. Dass dies nie zielführend sein kann, muss hier nicht weiter ausgeführt werden.

Wie viel Leid und destruktive Energie könnte auf dieser Welt reduziert werden, wenn die Mehrheit der Menschen mit einem gesunden Selbstwertgefühl ausgestattet wäre. Bin ich gut zu mir selbst, so kann ich auch gut zu meinem Nächsten sein. Ein stabiler Selbstwert trägt nicht nur zum individuellen Glück bei, sondern auch zu einer größeren gesellschaftlichen Zufriedenheit. Menschen mit einem guten Selbstwert tragen positiv zu einer Gemeinschaft bei, denn sie sind in der Lage, konstruktive Beziehungen zu anderen Menschen zu führen. Gesellschaftlich gesehen profitiert die Welt von jedem einzelnen Kind, das sich selbst annimmt, sich schätzt, sich selbst als wertvoll empfindet und mit diesem Bewusstsein zum Erwachsenen heranwächst.

Unsere Kinder dabei zu unterstützen, ihren Selbstwert zu entwickeln, ist das größte Geschenk, das wir ihnen, uns und der Gesellschaft als Ganzem machen können.

LISTE MIT GEFÜHLEN

Wie wir uns wahrscheinlich fühlen werden, wenn sich unsere Bedürfnisse erfüllen:[20]

A
angenehm
angeregt
aufgedreht
aufgeregt
ausgeglichen

B
befreit
begeistert
behaglich
belebt
berauscht
berührt
beruhigt
beschwingt
bewegt

E
eifrig
ekstatisch
energisch
energetisch
energiegeladen
engagiert
enthusiastisch
entlastet
entschlossen
entspannt
entzückt
erfreut
erfrischt
erfüllt
ergriffen
erleichtert
erstaunt

F
fasziniert
freundlich
friedlich
fröhlich
froh

G
gebannt
gefasst
gefesselt
gelassen
gerührt
gesammelt
geschützt
gespannt
glücklich
gut gelaunt

H
heiter
hellwach
hocherfreut
hoffnungsvoll

I
inspririert

J
jubelnd

K
klar
kraftvoll

L
lebendig
leicht
liebevoll
locker
lustig
Lust haben

M
mit Liebe erfüllt
motiviert
munter
mutig

N
neugierig

O
optimistisch

R
ruhig

S
satt
schwungvoll
selbstsicher
selbstzufrieden
selig
sicher
sich freuen
spritzig
still
strahlend

U
überglücklich
überrascht
überschwänglich
überwältigt
unbekümmert
unbeschwert

V
vergnügt
verliebt

W
wach
weit
wissbegierig

Z
zärtlich
zufrieden
zuversichtlich

Wie wir uns wahrscheinlich fühlen werden, wenn sich unsere Bedürfnisse nicht erfüllen:

A
ängstlich
ärgerlich
alarmiert
angeekelt
angespannt
apathisch
aufgeregt
ausgelaugt

B
bedrückt
beklommen
besorgt
bestürzt
betroffen
bitter

D
deprimiert
dumpf
durcheinander

E
einsam
elend
empört
entrüstet
enttäuscht
ermüdet
ernüchtert
erschlagen
erschöpft
erschrocken
erschüttert
erstarrt

F
frustriert
furchtsam

G
gehemmt
gelähmt
geladen
gelangweilt
genervt

H
hasserfüllt
hilflos

I
in Panik
irritiert

K
kalt
kribbelig

L
lasch
leblos
lethargisch
lustlos

M
miserabel
müde
mutlos

N
nervös
niedergeschlagen

P
perplex

R
ruhelos

S
sauer
scheu
schlapp
schockiert
schüchtern
schwer
sorgenvoll
streitlustig

T
teilnahmslos
traurig

U
überwältigt
unbehaglich
ungeduldig
unglücklich
unruhig
unzufrieden
unter Druck
unwohl

V
verärgert
verbittert
verletzt
verspannt
verstört
verwirrt
verzweifelt
voller Sorgen

W
widerwillig
wütend

Z
zappelig
zitternd
zögerlich
zornig

ANMERKUNGEN

1. https://www.bptk.de/fast-20-prozent-erkranken-an-einer-psychischen-stoerung/?cookie-state-change=1614072346528 vom 2.10.2020 aufgerufen am 20.9.2021
2. https://www.uke.de/kliniken-institute/kliniken/kinder-und-jugendpsychiatrie-psychotherapie-und-psychosomatik/forschung/arbeitsgruppen/child-public-health/forschung/copsy-studie.html aufgerufen am 8.9.2021
3. https://www.fritzundfraenzi.ch/gesundheit/psychologie/entwicklungspsychologe-ulrich-orth-uber-die-entstehung-von-selbstwertgefuhl?page=all vom 2.12.2019 aufgerufen am 20.9.2021
4. Orth, Ulrich/Robins, Richard W.: »The development of self-esteem«, Current Directions in Psychological Science 23 (2014): 381–387
5. zum Weiterlesen: Rosenberg, Marshall, B: Gewaltfreie Kommunikation. Eine Sprache des Lebens. Paderborn: Junfermann, 2016
6. Gordon, Thomas: Familienkonferenz. Die Lösung von Konflikten zwischen Eltern und Kind. München: Heyne, 2012
7. Dweck, Carol: Selbstbild. Wie unser Denken Erfolge oder Niederlagen bewirkt. München: Piper, 2017
8. https://www.bundesgesundheitsministerium.de/fileadmin/Dateien/5_Publikationen/Praevention/Berichte/Abschlussbericht BLIKK Medien.pdf aufgerufen am 23.8.2021
9. Döpfner, Ulrike: Was für ein Kind waren Sie? München: Collection Rolf Heyne, 2014, S. 338
10. Döpfner, Ulrike: Was für ein Kind waren Sie? München: Collection Rolf Heyne, 2014, S. 262
11. Das Factsheet Stress Studie findet sich unter: https://www.bepanthen.de/kinderfoerderung/sozialforschung/stress-bei-kindern
12. https://www.uke.de/kliniken-institute/kliniken/kinder-und-jugendpsychiatrie-psychotherapie-und-psychosomatik/forschung/arbeitsgruppen/child-public-health/forschung/copsy-studie.html aufgerufen am 8.9.2021

13. Borba, Michelle: Unselfie. Why empathetic kids succeed in our all about me world. New York: Touchstone, 2016
14. https://www.mpfs.de/fileadmin/files/Studien/JIM/2020/JIM-Studie-2020_Web_final.pdf aufgerufen am 30.8.2021
15. Welt am Sonntag vom 31.5.2020
16. Döpfner, Ulrike: Was für ein Kind waren Sie? München: Collection Rolf Heyne, 2014, S.142
17. Wer mehr über GFK für und mit Kindern erfahren möchte, kann hier weiterlesen: Gaschler, Frank und Gundi: Ich will verstehen, was du wirklich brauchst. Gewaltfreie Kommunikation mit Kindern. Das Projekt Giraffentraum. Aktualisierte und erweiterte Neuausgabe. München: Kösel, 2020 (2. Aufl.) und Grubhofer, Hanna, Eder Sigrun und Weingartshofer, Barbara: Was brauchst Du? Mit der Giraffensprache und Gewaltfreier Kommunikation Konflikte kindgerecht lösen. Salzburg: Edition Riedenburg, 2019
18. Wenn du mehr zum Thema Kommunikation mit Kindern erfahren willst, könnte dich vielleicht mein Buch »Der Zauber guter Gespräche. Kommunikation mit Kindern, die Nähe schafft«. Weinheim: Beltz Verlag, 2019 interessieren.
19. https://doi.org/10.1073/pnas.1900712116 aufgerufen am 30.8.2021
20. Nach Rosenberg, Marshall, B: Gewaltfreie Kommunikation. Eine Sprache des Lebens. Paderborn: Junfermann, 2016, S. 54–56

ZUM WEITERLESEN

✳ Borba, Michelle: Unselfie. Why empathetic kids succeed in our all about me world. New York: Touchstone, 2016

✳ Branden, Nathaniel: Die 6 Säulen des Selbstwertgefühls. Erfolgreich und zufrieden durch ein starkes Selbst. München: Piper Verlag, 2019

✳ Brooks, Robert/Goldstein, Sam: Das Resilienz-Buch. Wie Eltern ihre Kinder fürs Leben stärken. Stuttgart: Klett-Cotta, 2017

✳ Cammarata, Patricia: Dreißig Minuten, dann ist aber Schluss! Mit Kindern tiefenentspannt durch den Mediendschungel. Köln: Eichborn, 2020

✳ Döpfner, Ulrike: Was für ein Kind waren Sie? München: Collection Rolf Heyne, 2014

✳ Döpfner, Ulrike: Der Zauber guter Gespräche. Kommunikation mit Kindern, die Nähe schafft. Weinheim: Beltz, 2019

✳ Dweck, Carol: Selbstbild. Wie unser Denken Erfolge oder Niederlagen bewirkt. München: Piper, 2017

✳ Fajembola, Olaolu/Nimindé-Dundadengar, Tebogo: Gib mir mal die Hautfarbe. Mit Kindern über Rassismus sprechen. Weinheim: Beltz, 2021

✳ Gaschler, Frank/Gaschler, Gundi: Ich will verstehen, was du wirklich brauchst. Gewaltfreie Kommunikation mit Kindern. Das Projekt Giraffentraum. München: Kösel, 2020

✳ Gordon, Thomas: Familienkonferenz. Die Lösung von Konflikten zwischen Eltern und Kind. München: Heyne, 2012

✳ Grubhofer, Hanna, Eder Sigrun und Weingartshofer, Barbara: Was brauchst Du? Mit der Giraffensprache und Gewaltfreier Kommunikation Konflikte kindgerecht lösen. Salzburg: Edition Riedenburg, 2019

✳ Orth, Ulrich/Robins, Richard W.: »The development of self-esteem«, Current Directions in Psychological Science 23 (2014): 381–387

✳ Rosenberg, Marshall, B: Gewaltfreie Kommunikation. Eine Sprache des Lebens. Paderborn: Junfermann, 2016

✳ Stahl, Stefanie: So stärken Sie Ihr Selbstwertgefühl. Damit das Leben einfacher wird. München: Kailash, 2020

DANK

Ich danke meiner Lektorin des Beltz Verlags, Petra Dorn, für ihr feinfühliges Lektorat, ihre Begeisterung für das Thema, ihre klugen Anmerkungen und die gute Zusammenarbeit.

Ich danke folgenden Testlesern für ihr wertvolles Feedback, den hilfreichen Austausch über das Thema und ihre wunderbare Unterstützung: Sebastian Karim Elias, Mathias Döpfner und Claudia Müller-Kallmeyer.

ÜBER DIE AUTORIN

Ulrike Döpfner wurde 1968 in Frankfurt am Main geboren. Sie ist Kinder- und Jugendlichenpsychotherapeutin und Mutter von drei Kindern. Ihr erstes Buch »Was für ein Kind waren Sie?« erschien 2014 und enthält Gespräche mit fünfzehn berühmten Zeitgenossen über ihre Kindheiten in unterschiedlichen Milieus und Zeiten. 2019 erschien ihr Buch »Der Zauber guter Gespräche. Kommunikation mit Kindern, die Nähe schafft«, das in mehrere Sprachen übersetzt wurde.

Das Geschenk der ungeteilten Aufmerksamkeit

Spricht Ihr Kind auch in Ein-Wort-Sätzen? Antwortet mit »gut« auf Ihre Frage, wie es in der Schule war, aber mehr kommt nicht? Das könnte sich mit diesem Buch ändern.

Die Psychologin Ulrike Döpfner hat 100 überraschende Fragen zusammengestellt, mit denen sich lebhafte und intensive Gespräche mit Kindern entwickeln lassen. Sie stellt zahlreiche Kommunikationstechniken für bedürfnisorientiertes Zuhören und Reden vor. Anschaulich erklärt sie, wie Sie Sorgen, Ängste und Glücksgefühle von Kindern im Alter zwischen 4 und 12 Jahren erfragen und erkennen können. Wissenswertes zu gelingender Kommunikation und Extrakapitel für Großeltern und getrennt lebende Eltern ergänzen dieses Buch.

»Döpfner ist überzeugt davon, dass sich über Sprache mit wenig Aufwand sehr viel erreichen lässt: Man schafft Nähe und lernt seine Kinder besser kennen.« Ilka Piepgras, Zeit Magazin

»Zum Glück gibt es jetzt das Buch, das den Leserinnen und Lesern zeigt, wie man die Sorgen und Gefühle von Kindern in Gesprächen erkennen kann.« Buchmarkt

Ulrike Döpfner
Der Zauber guter Gespräche
Kommunikation mit Kindern, die Nähe schafft
Gebunden, 243 Seiten
ISBN 978-3-407-86610-3

www.beltz.de **BELTZ**

Was ist mit unseren Kindern los?

Der Kinder- und Jugendpsychiater Michael Elpers schlägt Alarm: Immer mehr Kinder und Jugendliche leiden an Depressionen, Essstörungen, Angsterkrankungen oder Lern- und Leistungsstörungen. Doch die sozialen Ursachen dafür werden sowohl von den Medien als auch vom Gesundheits- und Bildungssystem weitgehend ignoriert – die Verantwortung wird oftmals allein den Eltern zugewiesen.

Dieses Buch eröffnet eine Debatte, die längst überfällig ist. Es zeigt auf, was sich in Gesellschaft, Bildung und Medizin ändern muss, damit wir unsere Kinder besser schützen und die Eltern entlasten können. Leistungsdruck in der Schule, soziale Ausgrenzung, übermäßiger Internetkonsum und instabile Familienstrukturen: Wir müssen endlich offen darüber sprechen, warum es unseren Kindern schlecht geht.

»Michael Elpers hat sie täglich in seiner Praxis: psychisch erkrankte Kinder. In diesem Buch macht er deutlich, warum ihre Nöte immer größer werden. Ein eindringlicher Warnruf an alle professionellen Helfer_innen und ein Plädoyer für die Entlastung der Eltern.« Prof. Dr. Klaus Hurrelmann, Kindheits- und Jugendforscher und Autor von »Generation Greta«

Dr. med. Michael Elpers
Wenn die Kinderseele streikt
Warum immer mehr Kinder psychisch erkranken und wie wir sie schützen können
In Zusammenarbeit mit Claus Peter Simon
Gebunden mit Schutzumschlag, 280 Seiten
ISBN 978-3-407-86672-1

www.beltz.de **BELTZ**